오늘날의 국내외 기업환경은 한치 앞은 내다보기가 어려울 정도로 예측이 어려운 데다가 장기간 경기가 냉각상태를 유지하여 도무지 회복기미가 보이지 않고 있다.

그렇다보니 빈익빈, 부익부라는 이분법적인 양극현상으로 나타나 90, 10이라는 신조어가 탄생되기도 했다는 점은 시사하는 바가 매우 크다.

즉 90은 어려운 반면에 10은 오히려 호황을 누리고 있다는 사실로 보아 아마추어는 설자리가 없고 극소수 프로만 생존하고 성장할 수 있다는 새로운 패러다임의 변화를 말해주는 것이다.

이는 경기침체라는 남의 탓보다는 모든 것을 내탓으로 인정하고 자사와 자신은 혁신하지 않으면서 자기목표만을 생각하는 이기주의적인 과욕에서 벗어나 감성적인 우리의 소비풍토와 중국, 미국, 일본 상품과 시장의 틈바구니 속에서 생존, 성장방안을 찾아야 한다.

즉 전문화, 차별화, CS화시키기 위해 철저한 시장정보 조사분석 아래 합리적인 고품질, 고가격의 부가가치상품을 기획, 개발하여 촉진시키기 위한 장기적이고 전사적인 프로시스템적 연구가 필요하다.

더구나 신지식 정보마케팅시대이자 프로시대, 뉴CS시대가 도래되었고 국제화와 개방화 및 창지화로 인해 고객들의 욕구의식이 높아졌으므로 〈어떻게 하면 타깃포지셔닝 고객의 욕구를 발견, 예측하고 창출하여 경쟁사보다 더 빠르고 더 많이 감동시킬 것인가?〉를 고민하고 해결하려는 프로마케터를 간절히 바라고 있는 추세이다.

이런 점에서 기업의 목적은 경영혁신과 고객감동 및 창출에 있으므로 모든 에너지의 극대화에 의한 경쟁력강화를 위해 항시 기업의 지능화와 함께 끈임없는 자기계발 혁신경영관리가 요구된다.

이를 위해서는 투철한 사명감과 자기비전아래 마케팅에 대한 신지식을 이해하며 학습한 후에 시장과 연계하여 조사, 분석하고 예측하여 대응하려는 적극적인 프로마케터근성으로 변신, 성숙할 때 비전이 현실로 다가오기 마련이다.

즉 창조적 혁신이야말로 마케팅력을 강화시키는 원동력이 되므로 보다 신선하고 진정한 고객만족창출경영으로써 표적고객의 필요, 충분조건을 충족시키기 위한 인재육성과 자기계발 혁신관리를 통해 국내 및 국제경쟁력을 강화하려는 노력이 절실하게 필요하다.

이를 위해 필자는 20여 년 간의 365일, 꿈에서까지도 오직 창의효율적이고 감동적인 창의마케팅만을 생각하여 대학강의, 조사연구 프로젝트, 기업체 연수교육, 저술, 컨설팅, 상담활동 등 나를 원하는 곳이라면 달려가 마케팅전도사로서의 활동은 가장 보람되고 행복한 생활의 전부로써 언제나 이를 즐기고 있다.

보다 폭넓고 심오한 마케팅의 터득은 어떤 일이든지 이기법을 적극 활용하다 보니 신선하며 과학적 합리적으로 풀 수 있는 한편 경제효율성을 이룰 수 있다는 확신을 얻게 되었으니 모든 분야에서 기초

응용력을 기르는 척도로써 마케팅찬양론을 주장하는 바이다.

이런 노하우를 바탕으로 보다 쉽고 친근감이 들며 실무에 활용되도록 그 동안의 이론을 보완하여 창의적인 이론을 세상에 내놓게 되어 매우 기쁘게 생각하며 대학생, 샐러리맨, 경영진들에게 널리 읽혀 시너지효과를 냈으면 한다.

신지식 마케팅서로써 시장세분화에 의한 고객만족, 기업만족, 사회만족 등 최대다수의 최대만족을 이룰 수 있는 마케팅 바이블이자 친근감이 있는 마케팅실무서로써 보다 유익했으면 하는 마음 간절하다.

끝으로 항시 나의 성장활동에 채찍질을 해주시는 부모님과 수많은 마케팅관련 학자들 그리고 기업체 연수팀 관련자들의 초청에 감사드리며 출판사의 무궁한 발전을 기원하는 바이다.

2002. 새해 첫날에
연구실에서 채 수 명

제2장 마케팅 정보전략

CONTENTS

CONTENTS

제3장 마케팅 핵심 요소

CONTENTS

제4장 마케팅 컨설팅 실무

1. 마케팅에도 컨설팅이 필요하다 ● 299

2. 대박터지는 히트·장수상품과 실패상품의 원인분석 ● 309

제 1 장
프로마케터 입문

1. 신지식 프로마케터 입문

21세기 초는 정보마케팅시대이다.

따라서 정보마케팅기법은 고객만족, 고객창출과 기업의 생존, 성장의 핵심으로서 매우 중요하지 않을 수 없다.

이런 점에서 정보와 뉴마케팅기법을 바탕으로 부가가치를 높이려는 프로마케터로서의 신지식인이 되기 위한 연구노력이 최대의 과제임에 틀림없다.

여기에 그 구체적인 방법론을 제시하니 이를 바탕으로 참고하여 자기만의 노하우를 개발하고 실천함으로써 프로마케터가 되기를 바란다.

1) 뉴밀레니엄 신지식, 신지식인

① 21세기 신지식시대의 도래

이미 뉴밀레니엄시대가 도래하였다.

밀레니엄이란 예수가 재림하여 이 땅을 다스린다는 신성한 천년 간을 말하는 것으로 이는 시대적 상황 변화를 말하는 것이다.

이런 변화에 의해 지식혁명, 지식기반경제, 지식경영, 신지식 뉴마케팅 등의 용어가 등장하였다.

여기에서 지식이란 '안다' 라는 뜻의 知와 識의 합성어로서 인간의 머릿속에 무엇인가가 내재되어 있는 상태를 말한다는 점에서 자기의 적성을 발견하고 이를 체계적인 연구방법의 접근을 통해 생활의 지혜로 삼아 조직발전과 지역사회, 나아가 국가발전에 기여하는 데 그 목적이 있다.

그러나 우리 사회의 풍토는 아직까지도 지식 그 자체를 중시한 결과 획일화되고 보편적인 선진이론을 무조건 암기하고 답습하다보니 고학력, 명문대학(?) 중심적이어서 급변하는 환경에 능동적으로 적응하지 못할 뿐만 아니라 현대에 이르러서는 오히려 개인, 조직, 국가 및 사회발전의 저해요인이 되고 있다.

교육철학과 국가정책의 부재는 물론 교육자들의 자질과 능력 부족으로 개성과 시민으로서의 자질을 갖추지 못했고 오직 명문대학에 입학만 하면 평생 신분보장이 되는 것으로 여겨왔으며 우리 사회도 암기력이 강한 사람들을 지나친 기대 속에 예우를 해주었다.

그 후 이들만이 주요 핵심위치를 독식하여 관리통제적인 관습으로 인해 1960, 1970년대 사회에 많은 기여를 했음에도 불구하고 경쟁력을 갖추지 못한 채 현실에 안주하여 발전이 없는 정체성으로 1980년대 이후부터는 오히려 국제경쟁력을 약화시키는 요인만 초래하였다.

　기본적인 자질향상과 도덕성 및 개성의 전문화를 통한 선의적인 경쟁력 속에 더불어 사는 사회풍토가 필요한데도 오직 암기에 의한 시험이 모든 기준의 척도가 되어 수단을 가리지 않고 오직 목적을 달성하기 위해서 모든 것을 동원하는 등 결과주의적인 개인이기주의가 인생평가의 출세기준이 되었으니 개탄스러울 뿐이다.

　1997년 11월 IMF 이후 소위 명문대학을 졸업한 사람들도 취업이 어려워 고학력 청년실업자가 증가함에도 불구하고 기업에서 필요로 하는 우수인재가 전무한 우리의 이중적 구조는 고난도 암기보다는 살아 숨쉬는 신지식, 즉 지혜를 간절히 원하고 있다는 증거이다.

　시대상황이 변하면 이에 따른 사고와 행동 및 인재상도 변화해야 하는데 그렇지 못하면 점차적으로 이질적이 되며 생산성은 급격히 저하되어 지구촌 경쟁시대에 선진 국가들과의 경쟁력에서 밀릴 수밖에 없다.

　따라서 국내외적인 시대상황을 읽고 우리의 나아갈 바를 찾는 신사고 아래 신지식으로 무장된 도덕적 책임성과 전문성을 갖추고 지역사회의 발전에 기여하는 신지식가치화가 절실하다.

　신지식은 시대와 상황에 요구되는 도덕적인 참인간으로서 지식의 경제적 가치창출, 즉 지식의 상품화를 말하지만 거시적인 신지식이란 미시적인 지식을 포함한 참된 지식인으로 무지한 사람들을 일깨워줌으로써 지역사회에 기여하는 등 존경의 대상이 되는 사람이 필요하다는 뜻이기도 하다.

　따라서 고학력과 고난도 지식의 양적 정도가 중요한 것이 아니라 지식의 활용능력, 즉 생활과 업무를 원활하게 하기 위한 창의적 기획력과 추진 해결력 및 경제효율성 그리고 인격, 도덕성, 사명감이 중시되고 있다는 점이다.

1. 신지식 프로마케터 입문

지식과 신지식의 비교

구 분	지 식	신 지 식
특 성	획일적인 암기(속도, 정확성, 양)	새로운 창조(용도, 질)
	단순 반복업무 관리자	고도기술업무 경영(해결사)
	권한, 의무/시공간 통제	권한, 의무, 책임/시공간 파괴
방 법	오직 결과, 수단/단기성 결과	방법, 결과 중시/중장기성 결과
척 도	학력중심(명문대학), 경력, 직책	능력중시(학력무관), 프로근성
시 기	20세기/지식인, 다수 인원	21세기/신지식인, 극소수 인원
중시점	외국어, 학식, 선진학문 과시, 과거지향	특성 전문성, 창의기획력, 자기 계발 혁신경영, 연구, 노력, 현재 중시, 미래 지향
	개인 출세(도덕성 부재)	도덕성, 사회봉사
결 과	샐러리맨, 월급/전투	전문인, 연봉/보람의 일터
	구성원, 비전 불투명(정체, 퇴출)	소사장, 벤처사장, 비전(성장)
과 제	프로근성(전문차별, 효율성) 시급	프로 중의 프로 육성

ⓒ Chae Soo Myung 1

이로써 과거처럼 저임금의 3D업종이 동남아시아 사람들과 조선족으로 대체된 시대에서 벗어나 앞으로는 일본인·미국인으로 구성된 고품질·고임금의 신지식인을 영입해야 할 시기에 왔으며, 단순업무는 위탁 및 파트타임제를 도입해야 한다는 점에서 아마추어는 설자리를 잃게 된다는 사실을 깊이 인식해야 한다.

이런 점에서 학력은 한 장의 졸업장으로서 정력과 시간, 돈을 헛투자했지만 프로는 고액의 연봉과 인센티브는 물론 명예를 얻는 한편 보람의 일터운동과 자아성취 및 헤드헌터들의 치열한 스카웃 공략 대상이 된다는 점에서 능력은 곧 품질이고 서비스이며 지식인 동시에 학력이 될 수 있다

22

는 결론이 나온다.

기존의 이론을 단순히 외우거나 처리하는 화이트 칼라는 몇 명만 있으면 충분하므로 사명감과 프로젝트 목표 아래 시장정보조사를 통해 분석포지셔닝하여 창의적 기획력을 통한 추진력과 문제 해결을 위해 발로 뛰면서 생각하는 골든 칼라(프로)를 원하고 있다.

과거형의 고학력이라는 외형으로만 포장된 무능력한, 우리가 말하는 고급인력은 수없이 많아도 현재 필요한 우수인재, 즉 프로는 전무하다는 점에서 일대혁신이 절실하며 시대가 요청하는 도덕적 윤리성과 전문화된 차별성 및 효율가치성을 갖춘 신지식인은 결국 신인류인이자 신문화인이라고 표현하는 것이 바람직하다.

신지식, 신지식인의 본질

- 신지식(시대적 요청, 새로운 사용가치 지식) → 신지식인(신사고) → 신문화인(보람, 존경)
- 신인간(시대적 요청, 도덕성과 전문성을 갖춘 인간) → 신인류인(신행동)

ⓒ Chae Soo Myung 2

결국 어제의 지식은 오늘의 상식이므로 내일의 지식 가치가 되는 동시에 단 한 번밖에 없는 인생을 의미 있게 지내기 위해서는 프로근성이 요구되며 든 사람(신지식인)이면서 난 사람(영웅)이고 된 사람(인격 존경인)이어야 한다.

② 지식구조와 종류 및 선진국과의 비교

원래 진정한 지식은 생활과 업무의 지혜로써 적용될 때 그 가치가 있다.

ⓒ Chae Soo Myung 3

이에 대한 준비를 하지 않으면 어떤 형태로든 간에 신지식인, 신지식기업, 신지식국가로부터 직간접적으로 지배를 받을 수밖에 없다는 점을 깊이 인식해야만 한다.

지식인식에 대한 한국과 미국의 비교

구 분		한 국	미 국
유 형		지식(이론), 실무(현장), 공상(추상)	지식(현장이론), 공상(상상)
		지식인(학자), 실무자(직장인)	지식인(학자, 프로직장인)
지식인		고학력자, 학자(외국이론 전달자)	건전한 시민, 신실무이론 창조자
		신지식인(신학문인)	신지식인(창조문화인)

ⓒ Chae Soo Myung 4

경제 · 기술 경쟁의 원천은 곧 지식이므로 세계흐름에 부합되면서 부가가치가 큰 신지식을 습득하여 활용하는 지식상품화 또는 지식비즈니스 나아가 지식사회봉사자가 되어야 할 때가 왔다. 지식은 원래 개인의 소유물

지식의 종류

구 분		내　용
시 기	과거지(過去知)	시대가 지난 옛지식 → 과거연구, 교훈
	현재지(現在知)	현재 요청되는 지식 → 현재 문제점과 발전방안 연구
	미래지(未來知)	미래가 요청할 지식 → 미래예측, 준비
내 용	사물지(事物知)	사물존재 자체에 대한 인지상태 → 감각기관
	사실지(事實知)	사물의 특징, 상태, 원리 → 구성상태
	방법지(方法知)	인간의 욕구문제 해결 → 고객욕구 만족
형 태	암묵지(暗默知)	행동에 영향을 끼치게 되는 지식 → 행동지침
	형식지(形式知)	언어, 문자, 행동, 그림표현 → 표현화
적 용	사회지(社會知)	사회현상에 관한 지식 → 사회과학(경제, 경영, 사회, 심리, 법)
	자연지(自然知)	자연현상에 관한 지식 → 자연과학(생물, 물리, 화학, 지질, 천체)
	응용지(應用知)	응용지식 → 농학, 의학
가 치	경제지(經濟知)	지식의 경제적 가치화 → 상품화
	가치지(價値知)	의미 있는 가치화, 지혜 → 삶의 양질화

ⓒ Chae Soo Myung 5

이 아니라 조직 나아가 사회와 국가를 위한 사회봉사지식이기 때문이다.

이때 지나치게 세분화된 얄팍한 지식에서 벗어나 주변 근접학문과 현상을 끌어들이는 잡학박사(저널리스트)로서의 세부전문가(스페셜리스트)로 변신하는 폭넓고 심오한 조사 연구와 활용이 필요한 시기에 이르렀다.

2) 프로시대의 프로마케터

① 프로페셔널시대에 요청되는 조건들

지난 20세기가 후기산업 아마추어시대였다면 21세기는 창의력을 갖춘
프로시대이다.

개인능력보다는 조직의 조화를 중시했던 풍조 때문에 대다수의 아마추
어가 아주 극소수의 프로를 튀는 사람으로 여겨 왔을 뿐 그 능력을 인정해
주지 않았던 것이 우리의 풍토였다.

그러나 1990년대 중후반부터 국제화와 기업생존의 어려움 속에 가치관
의 다양화로 창의성이 갖춰진 개성과 효율성을 중시한 결과 프로에 대한
인식이 급속하게 퍼지기 시작하였다.

특히 프로스포츠계에서 차별경쟁적으로 고액의 연봉과 대우를 한 것이
계기가 되어 일반 기업에까지 그 영향이 파급되었으며 프리랜서들의 활동
은 더욱더 분위기를 고조시켰던 것이다.

프로페셔널의 의미와 본질

Professional —

- P(Power : 힘, 체력) – 건강관리성
- R(Royal : 왕, 보증된) – 품질성
- O(Outsmart : 압도하다, 수가 높다) – 능력탁월성
- F(Free : 자유로운, 독립의) – 자율성
- E(Energy : 정력, 활력) – 에너지극대화성
- S(Science : 과학, 기술) – 전개방법 논리성
- S(Success : 성공, 좋은 결과) – 결과효율성
- I(Idea : 생각, 관념) – 건전성
- O(Only : 유일한, 최상의) – 최선노력성
- N(New : 새로운, 신선한) – 혁신성
- A(All : 모든, 전체) – 최대성
- L(Light : 빛, 광선) – 미래비전성

© Chae Soo Myung 6

즉 프로시대란 전문가중심시대라는 점에서 전문상품과 전문기업이 인
정받는 시대이므로 아마추어, 일반상품, 일반기업은 당연히 침체, 퇴출된
다는 결론이 나온다.

이런 점에서 보편적인 자격증 하나만으로 평생 동안 삶을 영위하였던
시대는 이제는 사라져 갈 것이다.

따라서 경영자, 샐러리맨, 법조계, 정계, 의료계, 학계, 공직계, 농업계
등 사회전반에 걸쳐서 자기영역에서 벗어나 상당히 그 문이 개방될 것이
므로 지각변동이 예상된다.

원래 프로(전문가)란 어떤 일에 대하여 탁월한 해결능력을 갖춘 사람을
말하고 아마추어는 단순업무를 수행하는 단편적인 사람을 말하기 때문에

아마추어와 프로페셔널의 비교

구 분	아마추어	프로페셔널
특 징	애호가, 비전문가 / 화이트 칼라	전문가 / 골든 칼라
	비전문성, 보조자, 단순업무	전문성 탁월, 핵심참모, 컨설턴트
시공간	절대적, 규제 위주 / 20세기	자유, 업무 위주 / 21세기
삼면등가	의무, 권한 / 구성원	의무, 권한, 책임 / 독립사(팀)장
업무진행	관습적, 보편적 / 자기관리전무, 불필요, 인기관리	창의적, 고도해결력, 시테크 관리 적극 주기 습관화, 품질신뢰, 관리 연구노력, 건강관리
진행과정	오직 결과주의, 변명(남의 탓) / 일이 없으면서도 바쁘다	과정중시의 결과 / 변명이 통하지 않음(나의 탓), 일을 창조함
사고행동	무사고 무바람	신사고, 신바람
대 우	월급, 진급(누락, 줄타기)	연봉, 인센티브, 초고속(질투대상)
결 과	하루살이, 생존 퇴출위기	비전, 성장, 발전

사고와 행동 및 운명은 전혀 다르다.

이에 위화감 조성이라는 인간적인 갈등의 단점도 있겠지만 시대 상황 흐름과 획일성 및 무경쟁에서 탈피하여 창의성과 개성 및 효율성을 위해서는 선의의 경쟁을 유도하기 위한 불가피한 도입방법일 수밖에 없다.

따라서 평생 보장되는 일은 거의 사라져 갈 것이라는 뜻은 우리 사회가 이제야 능력을 중시하는 사회로 전환하고 있다는 증거이자 자연적인 순리이므로 이러한 현실을 깨닫고 대비하여야만 한다.

현재에 만족하거나 자만하기보다는 연구를 생활화하여 프로가 된 후에 프로 중의 프로가 된다면 오히려 보람과 비전이 보일 것이다.

② 합리적인 신지식 획득방법

신지식을 획득하는 올바른 방법은 항상 신지식을 학습하고 이를 접목하며 평가하는 등 연구하는 길밖에 없다.

기존의 보편화된 지식은 아주 일반화된 상식에 불과한 이미 쓸모 없는 지식이 되었으므로 시대가 간절히 원하고 활용가치가 높은 새로운 지식마케팅화가 필요한 것은 당연한 일이다.

지식 획득방법

지식획득단위	암묵지		형식지	지식획득 방법
	인지적 측면	방법적 측면		
개인	도식 관점	숙련 노하우	개인 데이터 베이스, 메모	사색, 행동, 반성
집단	집단 규범	팀워크	집단 데이터 베이스, 파일	대화, 관찰, 모창
조직	조직 문화	기술	특허, 메뉴얼	메뉴얼, 순환보직
조직 간	기업집단규범	기업그룹기술	기업그룹 특허	제휴, M&A

신지식 획득방법

구 분		내 용
학습 목적	내부	자기만족, 자기계발혁신, 이미지확립, 신뢰구축, 비전 확신
	외부	프로화, 연봉향상, 승급, 과시, 팀워크, 목표관리, 로스 제거, 생산성 향상
학습 방법	자기	서적 탐독, 정보(신문, 잡지, 매스미디어, 인터넷), 학술지(논문), 학습 연구이론창안(개발)
	타인	교육(교양 전문교육 연수, 대학원 진학, 아카데미학습), 스터디그룹, 협회 및 학회활동
학습 시기	단기	집중연수교육, 개인지도학습
	장기	대학원, 개인적 학습

© Chae Soo Myung 8

암기와 과시를 위한 옛지식보다는 인격과 교양은 물론 활용가능한 지식과 기술을 학습하고 터득한 후에 이를 적극적, 효율적으로 응용하려는 지혜가 바로 지식의 생명이자 목표이고 효율성이다.

이처럼 신지식 획득 방법에는 근본적인 정신혁명부터 일어나 전문성을 키우는 한편 이를 전략적 CS마케팅화할 수 있는 응용력을 기르는 자신만의 노하우가 필요하다.

③ 프로페셔널 마케터의 길

프로마케터가 되는 길은 험하지만 누구나 확신을 갖고 연구 노력을 한다면 목표를 달성할 수 있기 때문에 지금부터라도 자신감과 적극적인 사고와 추진력을 가지고 행동한다면 불가능도 가능해진다.

이를 위해서는 자가진단 후 이를 인정하고 비전을 수립한 후에 문제점과 발전방안을 찾는 한편 장·단기 계획을 세워 추진하는 주기적 관리가 요청된다.

　이때 지나친 과욕으로 작심삼일이 되기보다는 자신이 실현할 수 있는 계획 아래 일정기간 동안 목표를 향해 계획을 추진하면서 체크하는 등 과학적이면서도 합리적인 학습의 실천적 습관이 중요하다.

　반면에 수직적 사고와 수평적 사고의 창의성과 이를 기획력 및 행동에 옮기려는 추진력에 박차를 가하는 가운데 경제적인 안전속도조절을 하는 것이 가장 이상형이 된다.

프로 진행 과정

자가진단(과학적) → 판정인정 → 비전(목표)수립 → 장 · 단기계획 수립
→ 구체적인 방법론 → 추진 → 주기적 관리(수정, 보완)

ⓒ Chae Soo Myung 9

아마에서 프로까지

노동자 → 근로자 → 아마추어 → 준프로 → 프로 → 프로 중 프로
아르바이트(파트타임) → 고용직원 → 독립 소사장(연간계약)

ⓒ Chae Soo Myung 10

프로근성(조건)

- **정신** : 인간성, 건전성, 도덕성, 합리성, 책임성 – 신인류인
- **업무** : 전문성, 차별성, 경제성, 과학성, 가치성 – 신지식인 → 신인간
- **기타** : 건강, 인간관계, 시테크, 이미지메이킹 – 신문화인

ⓒ Chae Soo Myung 11

이때 타의에 의한 충격요법보다는 자신이 자신을 발견하고 계발 혁신하여 관리 경영하는 한편 우호적이고 신뢰적인 이미지메이킹과 자신을 컨트롤하는 등 장·단기적인 인간마케팅을 하여야 한다.

미시적인 프로마케터가 아닌 거시적이고 진정한 프로 중의 프로마케터가 된다면 생활에 활력과 함께 어떤 업무라도 소화낼 수 있는 자신감 및 추진력이 생긴다는 점을 잊어서는 안 된다.

2. 뉴마케팅 본질과 접근방법을 찾아서

우리 사회는 지금 마케팅에 푹 빠져 있다.

대기업 및 중소기업은 물론 소점포에서 개인적인 비즈니스에 이르기까지 마케팅기법을 도입하고 있는 추세이므로 이제는 그야말로 움직임 자체가 마케팅이라고 하여도 과언은 아니므로 이에 대한 입문은 필수적이라 하겠다.

이런 점에서 마케팅에 대한 올바른 이해와 합리적인 접근방법을 배운 마케팅의 경제원칙을 실천한다면 어려운 이 난국을 충분히 헤쳐나갈 수 있을 것이다.

1) 마케팅의 개념변화와 유형

① 마케팅의 탄생과정과 개념변화

영국의 산업혁명이 일어난 초기 자본주의시대에도 공급이 수요를 따라가지 못했다.

그러나 1930년대 미국의 경제대공항을 겪은 후 과잉생산은 급기야 "판매 없이 기업 없다, No Sales No Business."라며 공급이 수요를 결정하던 판매자중심에서 구매자중심으로 급변화하게 되었다.

1945년 8월 15일 제2차 세계대전에서 승리한 미국은 채무국에서 채권국으로 변신하였고, 이러한 미국의 승리는 세계의 중심축이 대영제국에서 미국으로 이동하게 된 계기가 되었으며, 그 결과 문명의 중심축 변화가 일어났다.

그 여세로 결국 미국에서의 공장설립 열풍으로 생산이 급격하게 증대되었지만 판매가 부진하자 '어떻게 하면 수요를 많이 창출하여 대량생산된 재화를 대량으로 소비시킬 것인가?' 라는 기업중심적인 판매목적의 교환문제를 해결하기 위해서 시장(Market)의 중요성을 강조한 마케팅(Marketing)이란 용어와 기법이 탄생된 것이다.

┌── 마케팅의 정의 ──

마케팅이란 market에서 유래된 말로서 제품계획에서 판매에 이르기까지 시장과 관련된 제반활동을 의미한다.

- **P. 코틀러** : 마케팅이란 선택된 고객층의 필요와 욕구를 이용하여 기업이 이익 추구를 목적으로 고객에게 투입할 기업의 자원, 정책 등 모든 활동을 분석·계획·조직·통제하는 것.
- **M. P. 맥네어** : 마케팅이란 생활수준의 창조와 배달이다.
- **에드거 W. 벨슨** : 마케팅이란 소비자 만족이라는 궁극적인 목표를 향해 모

2. 뉴마케팅 본질과 접근방법을 찾아서

든 노력과 주의를 지향하는 것.
- **미국마케팅협회(AMA)** : 마케팅이란 생산자로부터 소비자나 사용자에게 상품 및 용역을 유통시키는 기업활동의 수행이다.

이에 대해 피터 드러커는 "마케팅의 목적은 과도한 판매활동을 방지하는 것으로 고객을 잘 알고 이해함으로써 고객의 욕구에 맞는 제품과 서비스를 개발하여 스스로 팔릴 수 있는 제품이 되게끔 하는 데 있다."라고 하여 그 중요성을 강조했다.

이런 점에서 마케팅이란 시장과 관련하여 표적시장을 대상으로 소비자의 기본적인 욕구(Needs)와 2차적 욕구(Wants)를 동시에 충족시키는 인간의 모든 교환활동을 의미한다.

이때 재화(Things)보다는 인간(People)의 정신적, 물질적인 욕구를 충족시키기 위한 모든 서비스활동이라고 하여도 과언은 아니라는 점에서 시장환경변화에 능동적으로 적응하여 경쟁력을 기르고 고객만족을 위한 조직활동의 총체이다.

이로써 마케팅은 곧 시장환경변화에 맞는 경쟁력이 있는 고객창조활동

마케팅(Marketing)의 개념

- **M**an(사람) : 인간에, 인간의, 인간을 위한 – 친화력
- **A**bility(능력) : 전문화, 차별화 – 프로근성력
- **R**ich(풍부한) : 자료가 준비되어 풍부한 – 대비력
- **K**ey(열쇠) : 키포인트 – 문제해결력
- **E**ffort(노력) : 인적, 물적 자원의 극대화 – 연구개발력 →
- **T**ime(시간) : 시대환경의 적응 – 타임력
- **I**dea(아이디어) : 신선한 발상력 – 창의력
- **N**eed(필요) : 고객중심 – 고객만족력
- **G**ood(좋은) : 우호적인, 친근한 – 이미지파워력

시장환경 적응을 위한 조직활동의 총체
(상품시장실무론)

이라는 점에서 굳이 번역한다면 '상품시장실무론'이라고 정의를 내리는 바이다.

이는 생산자와 소비자 간의 필요와 충분을 동시에 충족시키기 위한 에너지 극대화로써 어떻게 얼마나 충족시키느냐가 관건으로 불일치나 부분 일치보다는 완전일치를 위한 총체적인 기업노력으로 기대하는 목표를 달성하려는 노력이 필요하다.

기업과 소비자 간의 충족형태(A:기업, B:고객)

구 분	불일치	부분 일치	완전 일치
그 림	A B	A B	A·B
특 징	상호거부, 외면	부분 일치	완전 찰떡궁합
과 제	컨설팅 시급	충족보완	충족지속화

© Chae Soo Myung 15

다시 말하면 고객만족을 통해 기업발전을 꾀하자는 신선하고 의욕적인 창업정신을 실천하는 것이 바로 마케팅이므로 시대상황을 고려해 전문화, 차별화한 고객만족으로 기업만족 나아가 사회만족을 가능케 한다.

이와 같이 기업 마케팅 환경변화에 따른 본질이 발전하고 있는 상황에서 일부 사람들은 아직까지도 1970년대 말 마케팅 도입 당시의 마케팅＝판매라는 한정적인 잘못 인식된 개념을 마케팅의 본질로 이해하고 있어 무지는 무지를 낳기 때문에 인식변화가 시급하다.

2. 뉴마케팅 본질과 접근방법을 찾아서

마케팅과 판매의 개념 비교

구 분	마케팅 (Marketing)	판매 (Selling)
개 념	고객이 원하는 제품을 기획, 개발, 생산, 유통, 판촉(계획적)	이미 생산된 제품을 판매촉진 (무계획적)
용 어	Buyer's market	Seller's market
	고객중심적, 저압적	판매자, 생산자, 기업중심적, 고압적
초 점	고객의 욕구와 필요 / 고객 중심	판매자의 욕구 / 생산 · 판매자 중심
	고객만족, 소비자보호, 사회적 책임	판매자의 이익추구
기 타	시장경쟁치열 / 연구노력	내수독점, 자만 / 퇴출

ⓒ Chae Soo Myung 16

즉 마케팅은 시장상황을 고려한 고객만족을 위한 포괄적인 기업활동의 총체이며 판매는 마케팅의 일부분인 하부구조로서 생산된 제품을 파는 것이므로 이제부터라도 마케팅과 판매를 동일시하거나 혼동하는 오류를 범하는 무지함을 드러내지 말기 바란다.

② 마케팅 유형의 다양성

본질적으로 영리를 추구하는 기업의 영리마케팅은 고객의 욕구충족에 따른 경제원칙에 의한 상호만족을 중시한다.

반면에 정당, 박물관, 종교단체, 교육기관, 관공서, 병원, 시민단체 등과 같이 공익을 위한 비영리조직은 외면적으로는 비영리를 추구한다고 하여도 그 내면 속에는 간접적으로 작지만 영리가 내포되어 있다.

그러므로 요즘은 각 분야에서 경영마인드와 마케팅전략 기법에 의한 고객만족으로 경쟁력을 강화하려고 노력하고 있는 것이다.

마케팅의 유형

구 분	마케팅의 유형
영리 유무	영리마케팅(이익추구, 기업 / 관리적, 사회지향적), 비영리마케팅(목적 달성, 병원, 교육, 정부, 지자체 / 사회적)
시공간	거시마케팅(장기, 사회가치), 미시마케팅(단기, 기업내부)
주객체, 목적	사회지향적 마케팅, 사회마케팅, 관리적 마케팅, 내셔널마케팅(국가)
세부적	영업마케팅, 브랜드마케팅, 유통마케팅, 정보마케팅, CS마케팅, 디자인마케팅, 포장마케팅, 컬러마케팅, 틈새마케팅, 다단계마케팅, 이벤트마케팅

© Chae Soo Myung 17

또한 유통이라는 국민경제측면에 초점을 두고 생활문화의 창달을 위한 과정을 사회적인 유통현상으로 파악한 거시마케팅과 생산된 재화와 용역의 분배라는 기업 전체활동의 일부로서 그와 관련된 모든 현상을 분석·고찰하는 미시마케팅이 있다.

이 밖에 주체와 객체, 범위와 목적에 따라 거시적으로 사회를 지향하는 사회지향적 마케팅과 중간적인 성격에서 사회적인 접근을 위한 사회적 마케팅은 물론 미시적이고 내부 경영관리적인 관리적 마케팅도 있다.

기업 내부적인 관리적 마케팅에서 기업 외부적인 사회지향적 마케팅으로 마케팅이 기업만족에서 고객만족, 나아가 사회만족으로 그 영역이 확대되어 가고 있으므로 이에 대비해야 한다.

그러나 이 모두 고객의 필요성에 초점을 두어야 하고 그 필요충족을 통해서 이익을 획득하며 제품개발과 유통 등의 기능이 원활하도록 노력하는 것이다.

2. 뉴마케팅 본질과 접근방법을 찾아서

2) 마케팅 견해차와 접근방법의 과학화

① 마케팅에 대한 업무부서별 견해차

1980년대 초 당시 기존방식으로는 급변하는 환경에서 생존, 성장하기 어렵게 되자 마케팅기법이 새로운 경영방식으로 폭넓은 공감대를 형성하면서 적극 도입되어 효과를 얻으면서 각광을 받게 되었다.

마케팅에 대한 전체는 동일하나 세부적 직무에 따라 바라본 인식과 접근방법이 다를 수밖에 없고 또한 달라야 한다.

마케팅의 관련성

© Chae Soo Myung 18

하지만 마케팅에 대한 다양한 견해와 에너지가 모여 거대한 조직에너지를 만드는 그야말로 시너지(협동상승작용) 효과를 구축해야 한다는 것은 공

부서별 마케팅에 대한 인식

구 분	내 용
기업경영 차원	기업과 고객 간의 매개체이며 기업경영의 생존 키포인트이다.
최고경영진	프로마케터, 전사적 프로기업으로 에너지를 극대화하자.
자본투자자	창업정신과 투자 및 비전의 실천은 마케팅뿐이다.
상품기획팀	상품 나아가 기업의 성패는 상품기획력에 달려 있다.
업무지원팀	업무지원은 전문차별화를 위한 마케팅력이다.
연구개발팀	전략마케팅력의 생명은 핵심기술이다.
디자인팀	디자인은 마케팅의 핵심이다.
생신품질팀	100PPM, 품질은 곧 CS이자 재구매의 지름길이다.
홍보광고팀	홍보는 기업활동의 원심력이다.
판매촉진팀	판매 없이 기업 없다.
협력업체팀	상호간 비즈니스 매개체이다.

© Chae Soo Myung 19

통분모이다.

즉 2+3=5가 되는 것은 일반논리로 시너지 효과는 플러스(+) 시너지 효과(2 + 3 = 6, 7, 8 그 이상)와 마이너스(-) 시너지 효과(2 + 3 = 4, 3, 2 그 이하)가 있으나 가치가 없으므로 6, 7, 8 아니 그 이상이 되는 상승효과는 진정한 의미에서 상생원리로 통합된 팀워크가 이루어져야 하는 것이다.

② 시대상황별 마케팅의 효율적인 접근방법

마케팅에 대한 접근방법은 시대상황에 따라 다음과 같이 변화하여 왔다.

2. 뉴마케팅 본질과 접근방법을 찾아서

◉ **전통적 접근방법** : 마케팅개념이 발생된 초창기의 개념으로서 P. D. 컨버스는 '마케팅은 상품과 서비스를 생산자로부터 소비자 또는 사용자에게 전달시키는 기업 활동'이라는 관점에서 연구했다.

즉 도·소매 기관에 대한 구체적인 분석, 중요성, 기능, 특징 등에 대한 유통기관별 연구와 특정 상품이나 상품부류에 초점을 맞추어 이들이 어떻게 생산되고 중간상을 거쳐 산업 사용자나 최종소비자에게 유통되는가를 분석하는 상품별 연구가 있다.

이 밖에 판매, 구매, 보관, 수송, 금융, 촉진, 위험부담, 정보제공 등과 같은 기능에 초점을 맞추어 분석하는 기능별 연구가 있는데 이는 전통적인 관리기법이므로 매우 비효율적이다.

◉ **현대적 접근방법** : 복잡 다양한 마케팅환경과 경쟁사에 적절히 대응하기 위해 개별기업의 포괄적인 운영의 경영자적인 관점에서 마케팅을 전체 기업의 경영활동과 관련을 가진 중요한 기능으로서 분석해가는 방법이므로 효율적이다.

◉ **시스템적 접근방법** : 마케팅은 여러 가지 요소와 활동을 유기적으로 체계화시킨 통합체이므로 이를 하나의 시스템으로 기획하고 운영, 관리해가는 방법이기 때문에 가장 효율적이다.

즉 제품, 가격, 유통, 판매촉진 등과 같은 사물과 현상의 유기적인 상호작용의 체계가 마케팅이므로 그 목표인 소비의 극대화, 소비자만족의 극대화, 선택의 극대화, 생활의 질의 극대화를 달성하고자 하는 것이다.

오늘날 마케팅 의사결정인 생산, 인사, 재무 등 모든 관리영역은 물론 기획, 생산, 유통, 판촉 등 기업이 보유하고 있는 여러 자원을 합리적으로 적응시키기 위해서는 전략마케팅 관점에서 관계되는 모든 요인을 한 시스템으로 생각하여 분석하고 접근하는 방법은 긴박한 당면문제를 신속하게 규명하고 성과를 계량적으로 평가할 수 있다.

마케팅 용어가 탄생된 초기의 전통적인 개념은 '생산된 제품을 어떻게 판매하면 이윤을 극대화시킬 것인가?' 라는 기업중심적인 사고와 행동이 지배적이었으나 현대에 이르러 '어떻게 하면 고객이 만족할 상품을 개발하여 판매할 것인가?' 라는 고객중심적인 사고와 행동을 하게 되었다.

즉 기업이익이 계획대로 이루어지고 시장경쟁적인 소비자문제를 해결하는 데 도움이 되기 위한 목적으로 기업의 모든 활동을 총동원하여 활용, 통제하는 것과 관련된 경영관리기법이다.

마케팅의 개념변화도

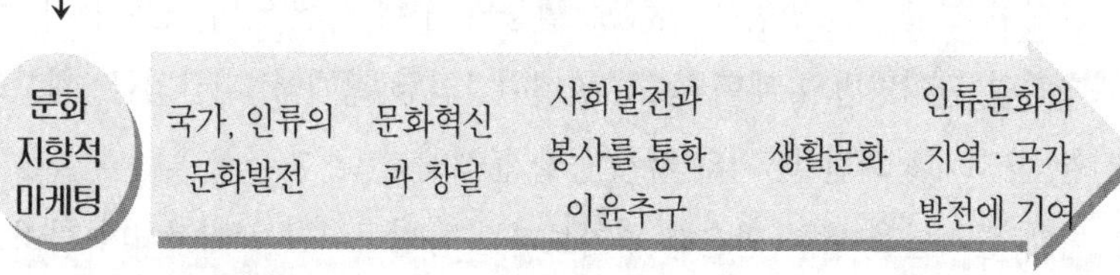

출전) Kotler. P., Marketing Management, Analysis, planning, Implementation and Control, 6thed, 1988, p.17 보완.

3) 마케팅의 이해득실과 실허

① 마케팅 능률향상기법과 측정방법

마케팅은 기업경영과 직결되므로 필요 없는 요인들을 제거하거나 축소하여 핵심요소로 만들어 전체와 소단위 팀에 알맞은 마케팅 능률향상방법을 과학적으로 조사, 연구하여 활용해야 효과적이다.

특히 소비자를 고정고객으로 확보하기 위한 고객만족경영의 실천을 위해서는 기업은 살아 숨쉬는 유기체로서 〈고객을 위해 기업이 존재해야 한다〉라는 인식을 하여야 한다.

이에 성공에 필요한 핵심요소를 찾아내 마케팅자원을 집중강화시키는 한편 모든 사원의 프로화를 통한 완벽한 품질과 서비스를 제공하여 고객만족은 물론 국내외 시장을 선도하는 것이 성공마케팅의 지름길인 것이다.

이를 위해서는 마케팅현상에 대한 지식을 체계화하는데 그치지 않고 마케팅매니지먼트의 의사결정룰을 제공하기 위한 과학적 방법의 이론을 적용하는 것을 목적으로 해야 한다.

그 대내적 방법은 모든 구성원이 마케터화하여 고객중심적인 사고와 행동을 위해 시장상황을 관찰 분석하고 그에 따른 과학적인 대응과 관리를 해야 하며 대외적 방법은 소비자욕구에 부응시키도록 유통경로, 가격, 판매촉진, 서비스, 기업이미지를 효율적으로 관리하고 개발하는 것이다.

마케팅 능률 측정방법은 대체로 활동의 수행비, 영업비, 순이윤의 폭, 과학적인 관리방법의 채택 정도, 판매원 1인당 판매액, 지급임금, 재고회전율, 수취계정회전율, 기타 비용 등을 분석한다.

이때 결과만을 위한 단순한 평가보다는 통합적이고 체계적이며 합리적인 측정방법을 개발하여 누구나 공감하는 합리적이고 발전적인 방안의 제시는 목표의 극대화와 개인의 평가에도 도움이 된다.

② **마케팅에 대한 강력한 비판**

강점이 많은 마케팅기법을 악이용해 고객에게 막대한 피해를 주는 경우도 있다.

◉ **제품** : 성능은 기존의 제품과 거의 같고 외형적인 디자인만 약간 변형하여 신제품이라는 명분으로 가격인상은 물론 과대포장하고 라이프 사이클을 짧게 함으로써 소비자들의 심리적 구매충동을 유발시켜 부당이익을 챙길 뿐만 아니라 소비자들을 우롱하는 경우도 많다.

◉ **가격** : 권장소비자가격, 공장도가격, 가격파괴, 가격혁명이라는 애매모호한 표기의 남발과 과다 할인은 오히려 소비자들에게 품질과 진품 유무를 혼란스럽게 만든다. 특히 화장품은 표시가격의 30~50%까지 할인판매하고 있으므로 소비자들의 불신이 증폭되고 있어 심각한 문제로 지적되고 있으므로 정가격으로 환원해야 한다.

◉ **유통** : 불필요할 정도로 중간상인이 많고 유통경로가 길어 과다비용이 되는 등 문제가 심각하여 직거래 등 유통구조의 단축과 과학화를 이루어야 한다.

◉ **판매촉진** : 광고와 판매촉진의 지나친 과당경쟁으로 인해 소비자들이 혼란에 빠지게 되며 광고비를 소비자에게 부담시킨다. 한편 과대·허위광고가 많을 뿐만 아니라 온갖 유혹으로 떠넘기기식 강제판매 외에 약속과는 달리 서비스가 빈약하다.

이러한 행위는 순간적인 이익을 취득할 수 있지만 장기적으로는 오히려 역효과를 초래하여 기업의 이미지가 실추되고 그 결과 막대한 손실은 물론 침체, 퇴출되는 결정적인 요인이 될 수 있다.

따라서 건전하고 효과적인 판매촉진과 기업서비스를 정착시켜 원대한 목표를 달성하기 위해서는 진정한 고객만족을 위한 정도에 맞는 마케팅기법만을 활용해야 한다.

3. 신지식 마케팅기법은 경영관리의 중핵

오늘날 기업의 목표는 경영혁신과 고객창조에 있다.

그만큼 기업이 환경변화에 적응하기 위해서는 필수적으로 경영혁신을 해야 하고 기업의 생존과 성장의 열쇠인 고객의 만족과 창출 등 경쟁력을 강화해야 한다.

21세기에 접어든 현 시점에서 새로운 패러다임(모범)으로 성장하고 있는 기업들의 한결같은 공통점은 전략마케팅 중심적인 기업이지만 침체되거나 퇴출된 기업들은 고압적으로 20세기의 생각과 실천을 하고 있다는 점이다.

1) 마케팅의 기능과 전사화

① 마케팅의 중요성과 기능

정보화와 개방화에 더불어 고객의 의식변화와 소득수준의 향상 등으로
점차 기업 간의 경쟁이 치열해져 가고 있다.

기업활동이 과거와 같지 않기 때문에 기업 나름대로의 돌파구를 찾기
위해 노력하고 있으나 쉬운 일은 아니다.

이런 상황하에서 '어떻게 하면 많이 판매할 것인가?' 라는 고압적인 자
세에서 '어떻게 하면 고객욕구를 만족, 감동, 창출할 것인가?' 로 변신함으
로써 조직의 중요한 요소를 효과적으로 해결하고자 마케팅에 대한 중요성
을 깊이 인식하게 되었다.

즉 사회 · 경제적인 측면에서 시간 · 장소 · 정보 · 소유효용의 창조, 소
비자 수요의 충족과 생활양식의 지원, 소비경제자 커뮤니케이션의 촉진,
경제 · 복지의 향상, 국가자원의 적정배분과 경제발전에 기여하는 등 변화
를 촉진시킨다.

또한 기업적인 측면에서는 경영상 뉴마케팅 이론과 기법을 습득해서 대
량소비를 위한 대량판매의 새로운 국면을 개척하며 소비자의 욕구수준의
향상과 수요를 자극해야 한다.

제조업 · 판매업 · 서비스업과 같은 마케팅 외의 고용증대는 물론 수요
와 공급을 순조롭게 연결시켜줌으로써 생활수준의 발전 및 수요에 부합하
는 자원의 배분이라는 사회적 기능을 수행해야 하는 것이다.

한편 마케팅의 기능은 미시적인 선행적 기능(판매예측, 시장조사, 제품계
획)과 후행적 기능(유통경로, 가격결정, 판매촉진)으로 구분되며 거시적 기
능은 수집 · 분배기능(운송, 보관)과 시장정보기능 및 위험부담 금융기능으
로 구분되기도 한다.

3. 신지식 마케팅기법은 경영관리의 중핵

이와 같이 마케팅은 다양한 기능을 갖고 그 가치를 발휘할 수 있는 중요한 요인이 되므로 사회전반에 걸쳐 마케팅붐이 일어나고 있는 것이다.

마케팅의 가치적 측면

측 면	내 용
경제가치효용	공간적 · 시간적 효용과 그 창출에 포함되는 모든 활동 기능
기업주체	제품소유권 이전이나 시장에 필요로 하는 요소의 탐지, 상품화계획, 물자의 배합과 모든 유통과정을 효율적으로 추진하기 위한 모든 활동기능
사회 · 경제	상품과 서비스를 교환하고 이것을 화폐가치화 과정과 소비자의 욕구를 가능한 만족시키는 방법으로 생산자에서 소비자까지 배급하는 경제적인 모든 활동을 수행
사용가치	생산자로부터 소비자에 이르는 상품과 서비스의 흐름을 지향하는 경영활동
소비자의 필요 요소	인간의 욕구를 탐지하고 창조하여 만족시키고 이에 대응하는 이익을 획득하는 배합활동
시스템지향	수요의 탐구와 예측, 상품디자인과 제품화계획, 실제 판매활동과 상품의 배달 및 소비자 구매만족을 파악하기 위한 시장조사를 통해 기업 노력의 적용을 전략적으로 계획, 감독, 통제하는 활동

시장경쟁이 치열해지고 고객들의 의식변화로 경쟁사보다 보다 더 고객의 욕구를 충족시키고 창출하기 위한 과학적인 방법이 시장경쟁적 전략마케팅기법이나 과욕보다는 실현 가능성이 있어야 한다.

기업의 현실과 마케팅 대책

순위	현 황	원 인	대 책	
1	매출액 감소	마케팅 활동 부진	마케팅 활동활성화	• 마케팅 조사 • 마케팅 믹스 • 판매조직과 인력 관리의 합리화 • 마케팅 경비 절감 • 마케팅 효율성의 증대
2	성장의 둔화	기업체의 능력축소	마케팅 전략 강조, 마케팅 활동 확대	
3	소비자 구매행동 패턴의 변화	마케팅부서의 능동적 대책 미비	마케팅 조사와 전략 수립 및 실행	
4	시장의 경쟁심화	전통적 · 관습적 관념	적극적이고 장기적인 마케팅 전략 수립 및 집행	
5	마케팅 경비증가, 이익감소	소비자의 불만족	마케팅 조사, 신제품 개발, 유통경로의 확대, 마케팅 인력 예산투입	

② 전사적 마케터화의 필요성과 선결과제

기업의 활동은 시스템적이므로 일부 인원만 마케터로 변신하는 것으로는 한계점이 있으므로 원활성을 위해서는 어쩔 수 없이 전사적인 프로마케터로 무장되어야 한다.

즉 최고경영자는 물론 영업직, 관리직, 생산직, 개발연구직 등 모든 사원, 나아가 협력업체 구성원까지도 프로마케터로써 팀워크를 바탕으로 능률의 극대화를 이루기 위해 온갖 에너지를 극대화시킬 때 그 힘은 무한대가 된다.

이를 위해서는 최고경영진의 사고와 리더십은 물론 실무자들은 마케팅 관점에서 생각하고 행동하는 동시에 인사 · 조직, 재무 · 회계, 생산, 판매 등을 전략마케팅적으로 상호조정하고 통합적으로 수행할 때 상승효과를

47

일으켜 기업의 목적을 극대화시킬 수 있다.

다시 말해서 생산중심의 과거에는 경영관리 속에 판매(마케팅)가 포함되었으나 소비자중심의 현대에는 시장활동의 틀 속에 인사·조직, 재무·회계, 생산, 유통 등이 포함된다는 점에서 마케팅은 경영관리를 포괄하는 범주로까지 확대되고 있는 실정이다.

마케팅 영역의 확대

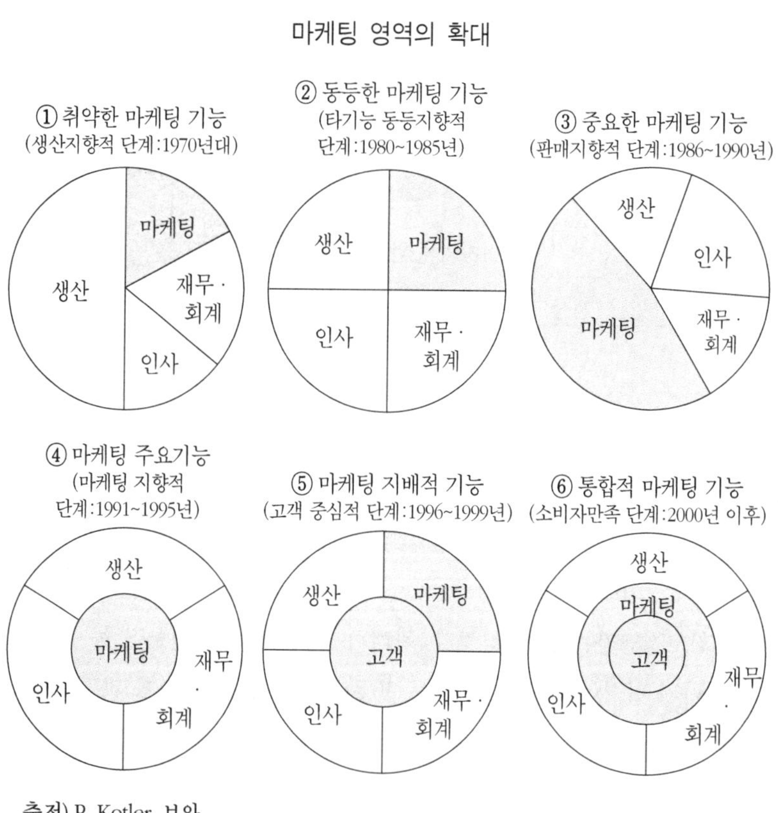

출전) P. Kotler. 보완.

기업환경에 부합되고 고객지향적인 사고를 실현하기 위해서는 조직구조의 대혁신을 위해 '어떻게 하면 관료조직에서 시장중심적인 프로조직이

될 것인가?' 를 다각적으로 연구 · 검토한 후 기업의 모든 조직이 마케팅활
동에 참여하는 전사적이고 시스템통합적 마케팅조직으로의 전환이 절실
하다.

이때 내부의 관리업무는 모두 업무지원본부로 일원화시키고 시장과 관
련된 업무는 전략마케팅본부 아래에 시장정보조사, 상품기획, 마케팅 전
략평가, 유통과 가격, 광고판촉, CS서비스팀을 두어 상호간에 긴밀한 협조
와 경쟁이 필요하다.

나아가 상품과 기업의 운명을 좌우하는 요소들을 책임 있게 전담하는
전략마케팅연구소의 설립은 시대적 과제이며 지나치게 비대해진 조직에
서 극소수 프로들만의 사업부화에 의한 네트워크기업화가 보편화될 것이
므로 이에 대한 준비도 시급하다.

조직의 변화

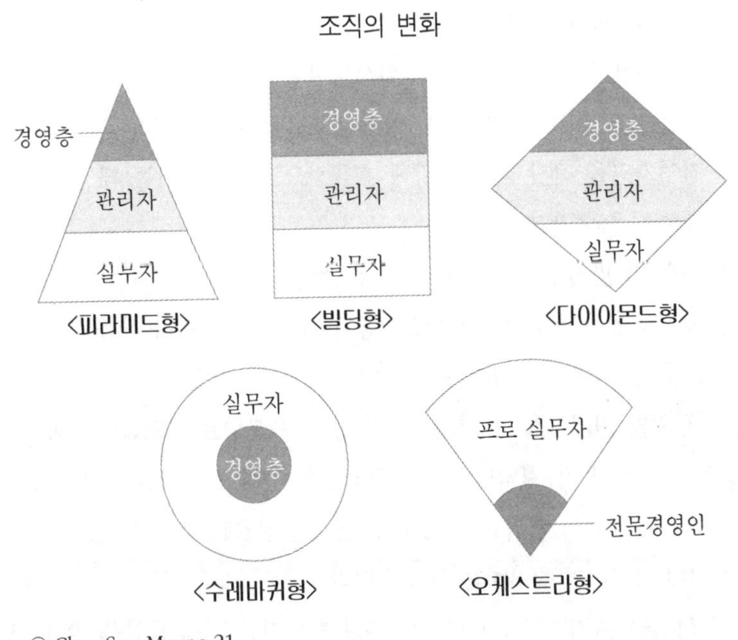

ⓒ Chae Soo Myung 21

3. 신지식 마케팅기법은 경영관리의 중핵

마치 오케스트라와 같이 개개의 특성과 기능을 최대한 발휘하면서 전체적인 조화를 이루어 생동감 있고 원활하게 활동하도록 하는 것은 오직 전사적 마케팅화뿐이다.

유연하면서도 강한 마케팅력으로 앞서 가는 기업들은 이미 토털 마케팅 시스템을 도입하여 의사결정과 명령 및 지휘계통을 단일화시킴으로써 효율성을 증대시키고 제품과 기업의 여러 가지 특성과 환경을 고려하여 합리적인 조직관리 및 인재양성을 원활하게 추진해나가고 있다.

통합마케팅체제를 위해서는 최고경영자가 이에 대한 필요성과 중요성을 깊이 인식하고 전문팀의 구체적이고 합리적인 방법론을 바탕으로 하여 모든 사원의 마케팅화로 팀워크가 밑받침된 마케팅 전문가의 영입은 물론 육성방안 및 성과급체계가 체계적으로 이루어져야 한다.

③ 목표달성을 위한 마케팅조직화의 유형

오늘날 조직의 목적은 과거처럼 일사분란한 명령계통을 유지하는 그 자체에 있는 것이 아니라 경쟁에서 살아남고 창조적으로 성장, 발전시키기 위해 경영자원을 적시 적소 적량에 효율적으로 결합시키는 데 있으므로 그 유형은 다음과 같다.

◉ **기능별 관리조직** : 전문기능을 분할하였기 때문에 직무에 정통하며 상품수가 적고 시장이 지리적으로 집중된 기업에 적합하나 상품, 지역, 고객의 관점이 부족하여 보완이 필요하다.

◉ **지역별 관리조직** : 시장을 지역, 광역, 세분별로 분할하였기 때문에 상품을 유통시켜 각 지역담당자가 책임감을 가지고 관리할 수 있으므로 그 지역에서 기업의 지위를 확보할 수 있으나 상호간 조정이 없으면 갈등이 생기며 관리비가 증가하는 단점이 있다.

◉ **상품별 관리조직** : 관련 상품마다 담당자를 정해 책임을 맡김으로

써 전문화를 꾀할 수 있으나 관리비가 증가하고 마케팅업무가 중복되므로 시장과 고객층이 복잡 다양한 기업과 상품마다 마케팅방법 및 판매경로를 달리하는 기업에 적합하다.

● **고객별 관리조직** : 각 고객에 적합한 마케팅정책과 방법이 정해진 전문적인 마케팅요원이 조직화될 수 있다는 것이 장점이다.

그러나 관리비의 증대와 마케팅업무가 중복된다는 단점이 있어 특정 고객에 대한 매출액이 상당히 크며 지역적으로 분산되지 않고 고객에 따라 마케팅문제가 달라지는 기업에 적용이 가능하다.

● **기업별 관리조직** : 점차 기업의 규모가 커짐에 따라 각 제품을 별도로 관리하기 위한 계열기업을 설치한 사업부제 성격으로 각기 인센티브를 제공하는 것이 바람직하다.

● **S (Satellite : 위성) 형 조직** : D(사업부제)형과 M(Matrix조직)형을 형성하는 기존 사업조직에서 벤처적인 사업창조조직을 완만하게 접목시킨 조직이다.

이와 같이 기업의 마케팅활동은 전적으로 마케팅부서만의 노력으로는 기업의 목표를 달성할 수 없기 때문에 회사 전체가 전략적인 CS마케팅사고를 생활화하고 시스템적인 조사, 연구, 노력을 할 때 효과적이다.

2) 마케팅활성화를 위한 경영마인드

① 진정한 기업의 목적과 이윤추구변화

기업의 목적이 오직 이윤 극대화 추구를 위한 기업중심적인 시대는 지났다.

마케팅 측면에서의 기업 목적은 내적으로는 기업환경변화에 순응하기

3. 신지식 마케팅기법은 경영관리의 중핵

위해 경영을 혁신하는 것이고 외적으로는 고객의 욕구를 만족시키고 창출하는 것이다.

이렇게 되면 기업의 목적을 효율적으로 달성할 수 있게 되지만 오직 이윤추구에만 초점을 맞추다보면 고압적이 되어 품질과 서비스에 문제가 생겨 더 큰 것을 잃어버리는 경우가 많다.

즉 기업은 변화를 리드하여 소비자들의 욕구를 충족시키고 신규수요를 창출함으로써 문화생활을 창조적으로 혁신하며 지역사회와 국가발전, 나아가 세계 인류발전에 기여하는 데 목적이 있다.

따라서 시대환경에 적응하기 위해서 변화에 맞는 혁신추구와 고객만족 및 창출은 기업의 의무이자 권한이고 책임이며 경쟁력강화와 시장점유율 확대를 이루어 생존과 성장을 이루게 하는 원동력이 된다.

이로써 경영활동은 일정한 경영사고하에서 가능한 경영자원을 최대한 활용하여 그 기업이 목적으로 하는 부가가치를 창출하고 고객을 만족시키는 등 변화하는 환경에 창조적으로 적응해 나가는 과정이다.

경영패러다임의 변화

변화내용	20세기형 경영	21세기형 경영
전체시장	국내 · 국제시장	세계시장, 무한 경쟁
경쟁개념	힘겨루기	상호협조
생산수단	유형자산(설비 · 자금)	무형자산(정보 · 기술 · 지식 · 서비스)
자원	독점적 기술과 내부조달	핵심역량과 외부조달
전략	시장의 선점과 지배	시장에서 가치창출
	시장점유율 중시(양적 증대)	고객만족 중시(질적 향상)
	자체제조와 수직통합	외부조달과 전략적 제휴
	자원의 소유와 통제	내 · 외부 자원활용

조직	대규모 관리조직(위계서열)	유연한 수평조직(네트워크)
	내부논리에 따른 경직성	시장논리에 따른 유연성
리더십	관리와 행동 중심	조정과 동기부여 중심
	지위와 통제에 바탕	창의성과 전문능력에 바탕
	규정대로 지키는 관리자	자율적인 지도자
고용	충성심 요구	조직원 만족

출전) 포항제철 : 「녹색경영철학과 그 실천」. 1995., p.16.

기업의 목적 변화 예상도

사회구성원으로서의 활동 (문화지향)	인류 문화발전에 기여 국가 · 민족의 발전에 기여	거시적(초일류기업 : 신뢰, 존경으로 성장)
기업과 고객의 공존공영	사회적 책임과 봉사	
고객지향	소비자의 욕구충족과 만족	
	이해자 집단의 공존공영	
	이윤극대화	
기업중심 (판매지향)	이윤추구	미시적 (이기주의 : 고객외면, 도태)

기업의 미시적 목적

- **내적** : 경영혁신(인적, 경영, 기술, 관리) → 환경변화의 적응
- **외적** : 고객창조(욕구창출) → 고객욕구의 적응, 만족

ⓒ Chae Soo Myung 22

그러나 우리 기업들 대부분은 혁신적인 상품개발보다는 영리추구라는 근시안적인 매너리즘에 빠져 생각하는 범위와 행동반경이 작다보니 국내

3. 신지식 마케팅기법은 경영관리의 중핵

판매경쟁이 전쟁터와 같이 치열해진 결과 침체의 늪에서 헤매고 있다는 점은 어두운 미래를 스스로 만들고 있는 것이다.

이제는 국제화시대에 걸맞는 올바른 경영마인드를 키우는 한편 업종전 문화를 통한 지식과 기술을 바탕으로 세계적인 상품개발과 유통을 통해 세계 초일류기업이 되기 위한 원대한 비전을 가지고 실천하는 추진력이 필요하다.

〈국부론〉의 저자 애덤 스미스는 '자유로운 욕망의 추구로 국부를 최대로 하는 것'을 기업의 의무라 규정했고, 피터 드러커는 '기업의 이익과 공익의 이익은 일치되어야 한다'라는 기업의 사회성을 강조했다.

이와 같이 민주적이고 투명한 경영활동을 통해 최대다수의 최대행복의 실현은 물론 국가와 인류문화 발전에 기여하고 봉사하는 것이 거시적인 기업의 의무이며, 이를 실천할 때 세계 초일류기업으로서 성장하게 된다.

이런 점에서 기업은 재화와 서비스 및 고용기회를 제공하고 경제성장과 발전을 촉진시키며 국민생활과 복지향상에 이바지하는 등 사회 전체의 요구를 충족시키기 위해서 존재하는 것이다.

따라서 이제는 모든 기업들이 기업본래의 근본이념과 목적을 추구하는 한편 경영자와 기업의 모든 구성원들은 소비자의 문화생활을 창조하기 위해서는 국제화시대에 맞는 대대적인 의식전환과 실천을 해야 할 것이다.

기업은 지역사회와 국가 경제발전의 원동력으로서 창조적 기업정신과 철학을 기반으로 시대변화에 맞춰 혁신을 추구함으로써 낡은 사고와 행동 및 관행을 과감히 씻어버리고 시대에 부합하는 새롭고 건전한 전통을 창조하는 동시에 발전시켜야 한다.

- **일본기업** : 기업의 주인은 종업원이다.
- **한국기업** : 기업의 주인은 대주주이다.
- **독일기업** : 공통체정신을 바탕으로 서로 신뢰하는 입장에서 공동의사 결정
  방식과 협력관계를 갖는다.
- **미국기업** : 기업의 주인은 고객이다.
- **이상향** : 기업의 주인은 고객이며 기업은 지역사회 나아가 국민의 것이다.

© Chae Soo Myung 23

또한 경제적 성과(이윤극대화)와 기업공동체 성과(조직원들의 후생복지) 등의 사내적 목적과 사회공동체 성과(사회적 책임과 봉사)인 사회적 목적을 함께 수행해야만 하는 것이다.

기업의 종합적 목적

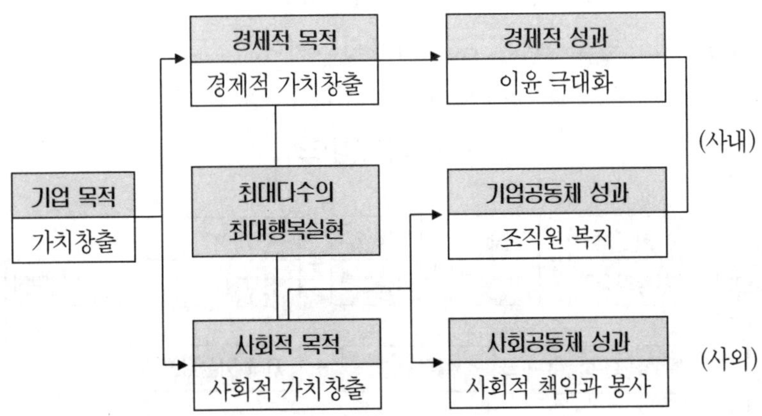

출전) 전유상 : 「2000년대를 향한 전략경영의 전개」. 어문각, 1992., 보완.

3. 신지식 마케팅기법은 경영관리의 중핵

이와 함께 기업의 이윤추구도 지나치게 미시적인 이윤추구에서 벗어나 거시적이고 실제적인 이윤추구로 변화해야 한다.

이윤추구(투자자 만족) → 이윤극대화(투자경영자 만족) → 최저필요 이윤추구 (구성원 만족, 생존) → 적정이윤추구(이해자 만족, 성장) → 만족이윤추구(지역사 회와 국가발전에 기여, 번영)

출전) 채수명 : 「아이디어경영」. 일송미디어, 1999.

② 창조적인 경영기법이 필요하다

21세기는 기획과 아이디어를 중시하는 창조시대이기도 하다.

때문에 기업의 경영활동도 일정한 경영전략 시나리오를 가지고 가용한 경영자원을 활용하여 그 기업이 목적으로 하는 부가가치를 창출함으로써 변화하는 환경에 능동적으로 적응해 나가야만 한다.

이를 위해서는 의사결정의 민주성과 투명성 및 합리성에 입각하여 고가 치의 창조적 경영을 강력히 추진하여야 할 것이다.

기업능력의 구성요소

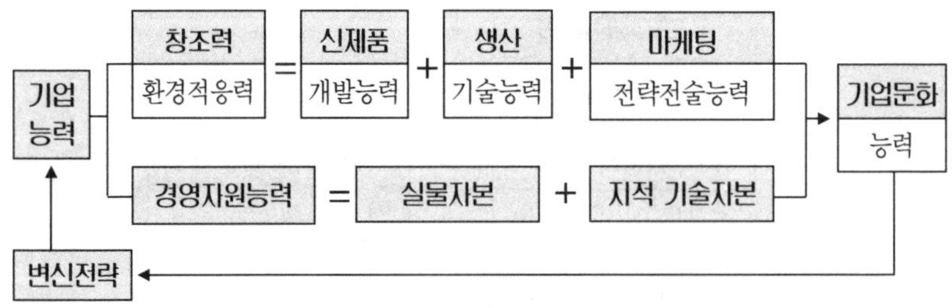

출전) 전유상 : 「2000년대를 향한 전략경영의 전개」. 어문각, 1992., p.38 보완.

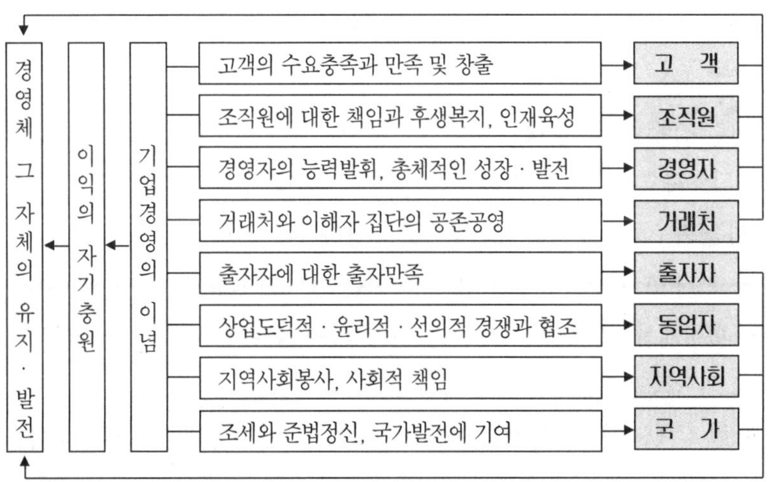

출전) 三上富三耶 :「經營論斷學」, 1973.

경영세계의 구성요소

구 분	내 용
인간요소	경영자의 역할, 리더십과 의사결정, 노동력, 기술력, 정보력, 기업문화
공간요소	국내외 환경, 고객, 경쟁사, 매스미디어, 변수
시간요소	시간의 창조력, 순발력, 적극적, 능동적

© Chae Soo Myung 24

이것은 변화하는 환경에 적응하기 위한 혁신적인 경영으로서 모든 조직원이 창조적인 사고와 행동을 경영으로 촉진시켜 기업의 생존 · 성장 · 발전은 물론, 소비자들로부터 신뢰를 받고 지역사회에 봉사하며 국가발전에 기여할 수 있는 유일한 방법이기도 하다.

3. 신지식 마케팅기법은 경영관리의 중핵

이를 위해서는 인간존중경영, 품질본위경영, 고객감동경영, 창조적 아이디어혁신경영의 4대 축을 중심으로 이루어질 때 고객과 기업 간의 상호만족은 물론 초일류기업으로 발돋움하게 될 것이다.

이런 점에서 기업능력인 기업가정신, 마케팅경영전략 시나리오, 인력개발, 강력하고 민주적인 리더십, 건전한 기업문화 등의 자원관리는 기업의 성패를 좌우하므로 이를 효과적으로 운영하여야 한다.

즉 보다 효과적인 경영관리를 위해서는 인사조직개발, 재무·회계관리, 사무환경개선, 틈새전략마케팅 등 기업활동에 관련된 모든 분야의 다각적이고 과학적인 검토와 함께 효율화가 필요하다.

이런 점에서 전략적인 사고 아래 전략기획으로 접근한다면 현재의 문제점인 손실을 줄이는 한편 경쟁력을 강화하고 기대하는 효과를 얻을 수 있다.

전략기획과 전략적 사고의 비교

구 분	전략기획	전략적 사고
개 념	폐쇄적 / 완결형 / 체계적	개방적 / 진행형 / 단편적
필요성	환경의 불안전성	환경의 불확실성
	체계적인 대응	총체적인 대응
	기획의 전문성	사고의 창의성
내용적 차이	일정기간에 국한	계속적 학습과정
	연속적 전략	영속적 · 불연속적 전략
	스태프 주도	라인 주도, 현장 중심
	부서 중심	전 사원 참여
	기능(절차 : 합리성)	리더십(결단)
	계획 중시	계획하는 것 중시

4. 마케팅관리란 계조지조통

　　오늘날의 관리란 과거처럼 통제하는 것이 아니라 효율화를 위한
팀경영을 의미한다.

　　즉 철저히 계획하고 조직하며 지휘하는 동시에 조정하여 통제하는
등 목표를 달성하고 팀이 신바람나게 동기부여를 해주는 등 기획,
실시, 평가하는 사이클관리이다.

　　전반적인 마케팅활동에 대한 총체적인 경영으로서의 관리를 어떻
게 하느냐에 따라 상품은 물론 기업의 운명이 좌우된다는 점에서 누
구나 자기업무의 마케팅관리자로서의 인식을 바탕으로 프로근성이
필요하다.

1) 뉴마케팅관리의 과학화

① 뉴마케팅관리 개념과 계획성

과거의 관리는 통제나 지시를 강조했으나 오늘날의 관리는 효율적인 결과를 위해서 팀을 지도하고 동기부여를 해주며 때로는 감독·평가하는 등 조직의 원활한 활동을 위한 모든 요소들을 포함하는 경영지휘자적 개념이 강하다.

그러므로 마케팅관리란 마케팅 목적을 능률적으로 달성하기 위해 계획을 세우고 조직을 형성하며 필요한 인원을 충원하고, 그들이 자발적으로 창의성을 발휘하여 활동하도록 지휘하고 그 과정을 측정·분석하는 한편 계획과 일치하도록 조정하고 통제하는 것이다.

여기서 마케팅관리 요소란 제품계획, 브랜드, 포장, 가격결정, 유통정책, 판매촉진, 광고 등 기업이 통제할 수 있는 기업 내의 변수를 말하며 이 요소들을 어떻게 잘 활용하느냐에 따라 마케팅의 성패가 달라진다.

마케팅관리 과정

② 마케팅계획의 중요성과 요소 및 순서

계교(計較)하여 일의 얽힘을 잡는 계획(Plan)은 아이디어와 추진력이며 효과를 확신하기 위한 키포인트이다.

전략적인 마케팅계획의 수립은 장기지향성을 내포하고 있는 전사적 개념으로서 장기간에 걸쳐 조직의 자원과 마케팅기회를 조화시키는 관리과정이다.

때문에 마케팅 중심적인 회사에서는 경영계획의 전부로 해석하고 있지만 기업 중심적인 회사에서는 경영계획의 일부분으로 인식하고 있어 이에 대한 개선이 시급하다.

이를 위해서는 소비자와 경쟁사의 상품을 종합적이고 과학적으로 조사분석하고 이를 통해 수요를 예측해내는 한편 시장포지셔닝, 가격, 유통, 판매촉진 등의 계획을 동시에 수립하는 것이 효과적이다.

마케팅 계획의 유형

구분	내 용	구분	내 용	구분	내 용
시점	장기, 중기, 단기	범위	포괄적, 단편적	추진팀	기획팀, 외부 전문팀

© Chae Soo Myung 25

이때 장기계획은 목표설정, 전략수립, 혁신제품도입에 의한 비전이므로 정치 · 경제, 사회 · 문화, 과학기술 등을 예측하여 최고경영층과 기획스태프가 참여하여 시장, 생산, 제품라인의 확대 등에 대한 전반적인 정책을 수립하는 것이 바람직하다.

이를 바탕으로 한 연간마케팅계획의 수립은 사양단계에 있는 특정제품의 판매를 촉진함으로써 재고불균형을 시정하는 기능도 있고 단기계획은 중간 및 하부 조직원들이 참여하여 연간 광고활동 계획이나 분기별 판매기획 및 판매원 관리에 대한 세부지침을 작성하는 것이 좋다.

- **현황분석** : 기업체의 마케팅운영이 현재 어느 단계에까지 와 있는가를 분석하는 것이다. 시장별로 수요, 경쟁, 유통, 관계법규 등의 중요 특징 및 현재와 미래의 당면문제, 시장과 이익기회 등에 대한 분석작업과 배경분석 및 정상적인 조건 아래에서 시장수요 및 판매에 대한 예측, 시장기회와 예상파악, 활용방법과 대응방안 등을 제시한다.
- **마케팅 목적 및 배경** : 현실적으로 달성 가능한 구체적인 마케팅 목적과 배경이 있어야 한다.
- **마케팅 전략 및 전술** : 책정한 마케팅목표를 기업체가 어떠한 수단과 방법을 동원하여 얼마나 효과적으로 달성할 것인가를 결정하는 것으로서 표적시장, 마케팅 믹스, 마케팅비용과 실천프로그램, 임직원별, 기능별로 구체적인 책임과 과업을 배분하는 내용이 포함된다.

• 마케팅계획의 순서 •

- **마케팅목표의 결정** : 시장정보, 판매량 예측, 영업분석 · 검토, 판매목표 설정
- **표적시장의 선정** : 시장세분화, 표적시장의 선정
- **마케팅 믹스 요소의 개발** : 제품, 가격, 유통, 판매촉진의 개발
- **경향변동과 우발변동의 유지** : 외부영향 분석(국가정책, 소비자의 관습과 태도, 상거래방법)
- **내부요인 검토 및 조정** : 촉진활동, 가격, 유통, 서비스
- **판매계획표 작성** : 매출액의 상하한 유지
- **채산성 검토** : 수익과 비용, 기타 세심한 검토
- **판매계획안 제출** : 구체적인 판매계획안 제출과 보고

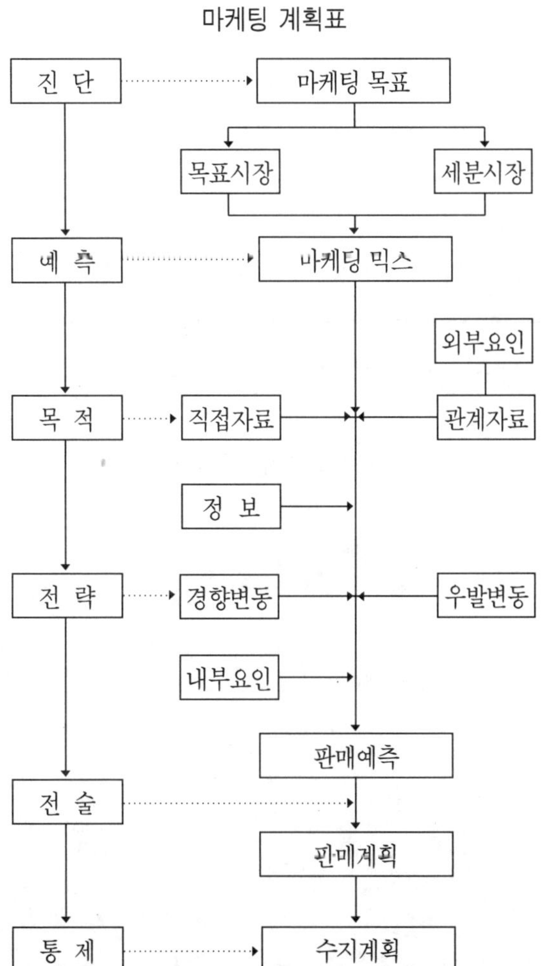

2) 합리적인 마케팅 믹스는 최대건강식품

① 다양한 마케팅 믹스의 요소

마케팅 믹스(Marketing mix)란 기업의 여러 가지 마케팅활동에서 필요한

4. 마케팅관리란 계조지조통

요소를 종합하는 것을 말한다.

　이 중에서 통제 가능한 환경요소인 제품·가격·유통·판매촉진 요소를 가장 적절히 통합·조정하고 관리하는 것이며 고객의 마음을 움직이는 매커니즘이다.

　이는 표적시장에 지대한 영향을 주기 위해 기업이 사용하는 모든 통제 가능한 변수들의 집합체로서 경쟁사보다 더욱더 고객만족을 실천하여 결국 기업활동을 효과적으로 구축하기 위한 전략인 것이다.

　반면에 법, 인구, 사회, 문화, 기술, 변수 등과 같이 기업이 통제할 수 없

통제 불가능한 요소와 통제 가능한 요소

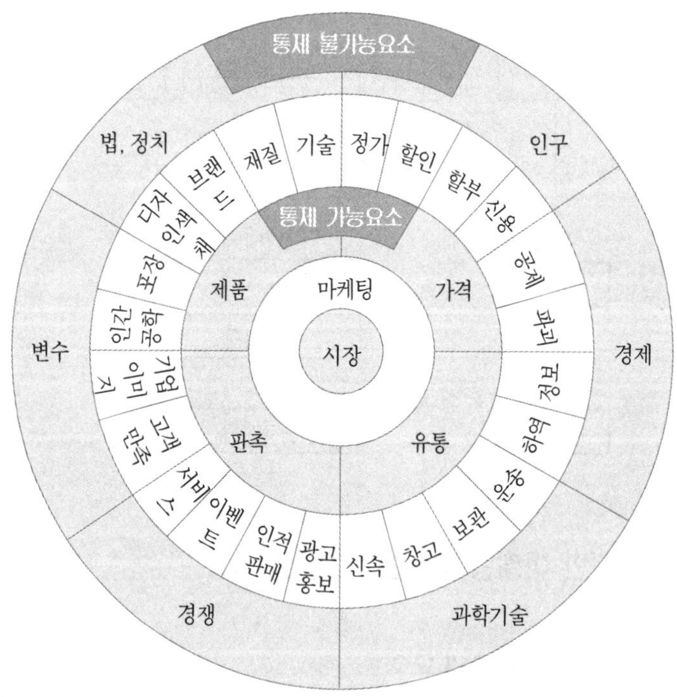

© Chae Soo Myung 26

64

는 요소들이 많은데 오히려 이 요소들을 전략적으로 활용하는 방안을 마련하는 것이 경쟁력우위를 확보하는 지름길이다.

이를 위해서는 통제 불가능한 요소를 주기적이고 체계적으로 조사 분석하여 통제 가능한 요소와 상호조화시켜 표적시장의 마케팅 전략전술을 수립하고 실천하며 관리하는 테크닉이 필요하다.

② 학자들이 본 마케팅 믹스 요소

마케팅의 대부인 E. J. 맥카시는 마케팅의 요소를 통제 가능한 요소와 통제 불가능한 요소로 구분하면서 후자를 제품, 가격, 유통, 판촉이라는 4P'S이론으로 강조함으로써 유명해졌다.

존 A. 하워드는 '경영관리영역에서 의사결정의 기본적인 형태 가운데 하나는 통제 불가능한 것으로부터 통제 가능한 것을 분리하여 적용하는 것이 마케팅관리활동이며 시장경쟁이 격화됨에 따라 자기기업의 경쟁력을 강화하여 시장점유율을 높이고 경쟁상의 우위확보와 자기기업의 고유수요를 지속시키고 끊임없이 새로운 수요를 계획적으로 유발하는 여러 가지 활동을 전개해야 한다.' 라고 강조하였다.

기본적 마케팅 믹스 요소인 4P'S(제품, 가격, 유통, 판촉)를 바탕으로 5P'S(포장), 6P'S(대중관계), 7P'S(영향력)로 보는 것이 바람직하다.

3) 마케팅관리 과업과 목표 및 철학 발전 과정

① 당면한 마케팅관리의 과업과 해결방안

수요와 공급의 불일치를 조정하는 기능적 측면에서 마케팅관리의 과업을 해결하기 위해서는 고객, 시장, 상품 등을 고려하는 것이 바람직하다.

4. 마케팅관리란 계조지조통

◉ **전환적 마케팅** : 잠재적인 시장의 중요부분으로 대부분이 특정 제품 및 서비스를 싫어하고 어떤 대가를 치르더라도 이를 피하려고 하는 부정적인 수요상황이나 상태(예를 들면, 채식주의자들은 모든 육류에 대해 부정적인 수요를 나타낸다)를 긍정적인 상태로 수요를 전환하면 공급수준과 동등한 수준까지 수요를 끌어올리는 것이다.

◉ **자극적 마케팅** : 전혀 관심이 없는 무수요상황에서 수요를 창출하는 것으로 자사상품을 시장에서 기존수요에 연결시키고 환경변화를 시도하여 그 가치를 인정하도록 적극적인 정보를 제공하고 홍보를 해야 한다.

◉ **개발적 마케팅** : 잠재적 수요상태에서 필요한 마케팅과제로서 존재하지 않는 것은 소비자들이 강한 욕구를 느끼고 있기 때문에 수요를 개발할 필요가 있다.

◉ **재마케팅** : 과거보다 줄어드는 감퇴적인 수요상황에서 수요를 다시 부활시키기 위해서는 충성도가 강한 고객을 중심으로 적극적이고 혁신적인 노력이 절실하다.

◉ **동시화 마케팅** : 불규칙적인 수요상황이 계속될 때 수요의 평균화와 공급시기를 일치시키려는 연구가 절실하다.

◉ **유지적 마케팅** : 가장 바람직한 상황인 완전수요가 이루어진 상태에서 실시하는 것으로 안일한 태도로 현재에 만족하거나 무계획적인 관리는 위험하기 때문에 수요를 침식시키는 새로운 요인에 항시 주의하는 등 수요를 유지시키도록 노력해야 한다.

◉ **디마케팅** : 초과수요가 일어났을 때 일시적·영구적으로 특정 고객층이나 일반고객의 수요를 억제 또는 감소시키는 것으로 예를 들면, 정부와 사회단체에서 주도하는 절약(소비, 에너지)운동이 있다.

◉ **카운터(반)마케팅** : 불건전한 수요의 경우에는 이를 소멸시키는 것이 바람직하다.

② 마케팅관리의 행동원칙과 목표

행동원칙은 경영자의 사고나 행동의 지침이 되는 기본적인 진리 다시 말해서 고객만족, 타깃의 차별적 표준화, 분화와 통합, 명령의 일원화, 전문화, 감독범위의 적정화, 계층의 단축화, 분권화, 목표관리, 능력개발, 모티베이션의 원칙 등을 준수하는 것이 효과적이다.

특히 관리목표는 마케팅통합, 자원축적, 제품우위성 확보, 이미지 구축, 시장점유율 확대, 대량유통체제의 확립, 투자수익의 확대, 이익의 극대화, 판매량의 증대, 마케팅의 과학화에 있으므로 합리적이고 과학적인 접근방법을 구사할 때 기대하는 효과를 얻을 수 있다.

또한 전략마케팅관리로서 무엇보다도 시장에서의 리더십 확보, 마케팅 태스크 포스(Task force) 운영, 현대적 마케팅계획 시스템의 수집, 시장지향적 경영진의 영입, 마케팅전문가의 스카웃과 진급강화, 체계적인 마케팅교육을 통한 인재육성은 물론 전사적 마케팅부문의 강화가 절실하다.

장기적이고 과학적인 연구모델화가 기대되며 외부 마케팅전문가의 책임 있는 컨설팅을 받는 것이 바람직하나 가장 효과적인 방법은 프로마케터를 영입하여 능력을 발휘할 수 있게 분위기를 조성해 주는 것이 바람직하다.

③ 마케팅관리철학의 발전과정

마케팅관리철학이란 마케팅관리계층의 여러 경영자의 이상적인 행동신념을 말하는데 다음과 같은 순서로 발전해왔다.

● **생산컨셉** : 공급은 한계가 있으나 수요는 폭발적이어서 대량생산에 중점을 두기 때문에 지극히 기업중심적이고 고압적인 자세로써 주로 생산분야(공고, 공대) 임직원들의 영향력이 크므로 고객중심적인 마케팅을 강화하는 것이 바람직하다.

4. 마케팅관리란 계조지조통

◉ **제품컨셉** : 제품의 기술혁신과 품질에 중점을 두므로 단순히 제품을 판매하는 기능을 수행하게 되어 잘못하면 마케팅근시(마피아)를 초래하게 되기 때문에 영업을 고려하여야 한다.

◉ **판매컨셉** : 판매의 중요성으로 관리자에게 지위향상과 책임을 부여하고 다발집중광고와 인적판매에 의존하여 판매극대화를 통한 이윤추구를 하기 때문에 광고산업의 발달과 영업팀의 고학력화와 인원증가는 결국 가격상승과 기업의 부실을 초래했으므로 상품개발에 투자하는 것이 좋다.

◉ **마케팅컨셉** : 목표시장에서 소비자의 필요와 욕구를 발견하여 충족시켜주는 한편 경쟁력을 강화하기 위해 기업의 조직을 정비하는 것이 경영철학이기 때문에 구매의사가 있는 고객에게 필요한 제품을 적시, 적소, 적량으로 개발하여 유통시키는 등 고객을 창조해야 한다.

◉ **사회마케팅컨셉** : 경쟁기업보다 효과적이고 효율적으로 소비자의 욕구를 충족시키는 한편 기업의 의무로서 소비자와 환경 보호, 기업의 사회적 책임, 지역사회 발전에 기여, 사회경제의 복리증진에 노력하는 것을 중시하고 있다.

마케팅철학의 발전도

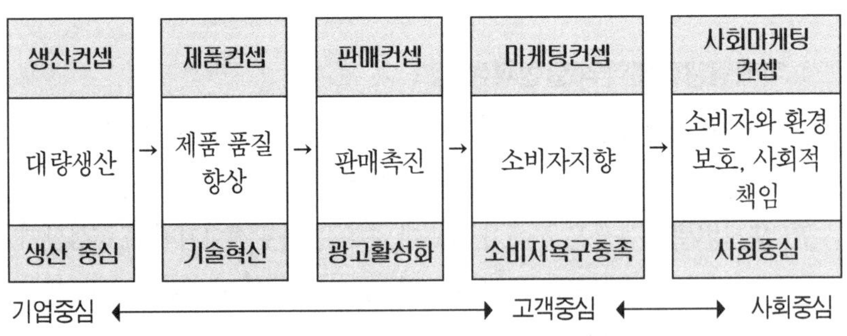

생산 중심적 기업체와 마케팅 중심적 기업체의 비교

구 분	생산 중심적 기업체	마케팅 중심적 기업체
최고경영층	기업 위주의 사고방식	고객 위주의 사고방식
	생산, 엔지니어링 출신 중심	마케팅 출신 중심
조직	권한집중적 / 수직적 조직	권한분산적 / 수평적 조직
	관리 중심 / 생산부 중심	제품 중심 / 마케팅부 중심
목 표	단기적 성격 / 이윤추구	장기적 성격 / 고객과 기업의 동시만족
	능률과 방법을 강조	전략과 계획을 강조
조사·연구	기술조사 / 과학적·기술적 조사 / 형식적	마케팅 조사 / 분석적 조사 / 체계적
제품	협소하다	폭넓다
	생산한 것을 판매하는 데 중점	판매 가능한 제품 생산에 중점
	기능적 성능과 원가 중시	고객의 필요와 욕구 중시
	실험실 시험 중시	마케팅 시험 중시
	성능과 기술의 적용 강조	디자인, 브랜드, 광고 중시
	엔지니어 출신이 설계	디자이너와 엔지니어 출신 융합
포장	수송과 보호기능의 강조	판매촉진의 도구
	하역시설과 포장기계 활용	광고와 판촉효율성 강조
생산 / 관련 기능	소품종 대량생산 / 생산기능 중심	다품종 가변생산 / 마케팅 기능 중심
제품수용	현존하는 수요만족 목표	수요의 창조
	판매조직 강화	마케팅 프로그램으로 목표달성
기업이미지 중시점	중요하지 않음	매우 중요함
	제품과 가격 중시	제품과 인체공학 중시

4. 마케팅관리란 계조지조통

이와 같이 마케팅컨셉은 대량생산에 부응한 대량소비의 요청, 정보의 중요성과 경쟁의 심화 및 이익의 감소, 소비자의 의식수준과 소득수준의 향상 등 복합적인 요소를 충족시키기 위해서 출현하였다.

이로 인하여 대량생산된 제품에 대한 구매저항의 심화, 소비자 욕구수준의 향상과 소비자보호운동의 대두, 광고예산의 증대와 판매원의 증가, 배분터널의 보강과 소비자들의 불만요소를 증대시키는 역할을 했다.

이러한 마케팅컨셉은 애덤 스미스의 "생산의 목적은 소비에 있다.", 피터 드러커의 "기업의 목적은 고객의 만족에 있다."는 말에서도 알 수 있듯이 조직의 목표 달성을 위한 수단으로서 고객만족을 위해 통합마케팅으로 뒷받침된 소비자 중심사상에서 나온 것이다.

이는 기업 중심적인 판매개념에서 벗어나 고객 중심적인 사고와 행동으로 고객의 만족을 통해 기업의 목표를 달성하기 위해 나온 것이므로 '소비자의 행동은 항상 옳고 고객이 원하는 것이면 무엇이든 생산하여 만족시켜야 하는 것'을 실천해야 효과적이다.

따라서 시대의 환경변화로 인해 점점 소비자보호 및 사회적 책임을 다해야 하는 등 사회마케팅으로 변화하고 있어 기업윤리와 도덕성 및 기업 이미지를 중시하고 있으므로 얼마나 이를 실천하느냐가 뉴마케팅의 과제이다.

제1장 프로마케터 입문

제2장
마케팅 정보전략

1. 손자병법식 마케팅전략전술

《손자병법》은 군, 기업 등에서 읽고 활용해야 할 영원불멸의 필독서임에 틀림없다.

꽃피는 봄에 흥하고 낙엽지는 가을에 망하던 혼란했던 그 시절 박진감 넘치는 이야기는 한편의 대하드라마로서 손색이 없고 오늘날의 기업환경과 아주 흡사하다는 점에서 베스트셀러로서 자리잡은 것이다.

무엇보다도 박진감 넘치며 승리를 위한 전략전술이 아무리 읽어도 지루하지 않고 흥미진진한 것은 이곳에서 무언의 해법을 찾을 수 있다는 이유 때문이 아닌가 한다.

1) 100전, 101승 - 병법에서 배운다

① 손자병법은 영웅호걸들의 지침서

《손자병법》은 1권 13편으로 구성된 중국 춘추전국시대의 병법서로 제나라의 손무가 편찬했다고 한다.

현재 전하고 있는 것은 삼국시대 손무제의 주석분으로, 매우 번잡한 것을 조조가 모두 삭제하여 오직 정수만을 간추려 13편 2책으로 만든 세계에서 가장 오래된 병서이며 8,000여 자(字)로 쓰여졌다.

전쟁에서 승리하기 위한 치군이론 분석과 작전이론은 물론 장수에 대한 인간관계 및 조직관리 지휘기법과 장수의 수양 나아가 정치를 깨끗하게 하는 문제까지 광범위하게 과학적으로 기술한 전략실무서로서 수작 중의 수작임에 틀림없다.

더구나 용맹이 넘치는 장비(발)와 지의용을 겸비한 관우(팔)가 아무리 뛰어난 장수라고 하여도 지도자와 장수들의 역할을 부여하고 기상천외한 두뇌로 전략을 세웠던 제갈공명(머리)이 없었더라면 전쟁을 승리로 이끌 수 없었으며 이를 덕으로 이끈 유비(금관)는 최후의 승리자가 된 것이다.

손무의 "지피지기(知彼知己)면 백전백승(百戰百勝)이다."라는 말은《손자병법》의 대명사로써 기업에서도 적용시킬 수 있는 전략전술로 자사의 약점 노출을 최소화하고 강점을 최대한 이용하여 경쟁사의 강점을 피하고 약점을 공략하는 방법이야말로 승리의 첩경으로 이끄는 구체적인 해답이 담겨져 있다.

● **제1 (시계)편** : 13편의 총론으로 전쟁은 나라의 큰일로서 죽고 사는 것이 존망(存亡)의 도리이므로 잘 알고 시작해야 하며 지휘자는 지식, 신의, 도덕, 용기, 엄중함을 겸비해야 한다.

생존경쟁은 어느 한곳에 치우치는 것이 아니라 언제나 삶의 한가운데서 유동하며 부딪쳐 적합한 자는 살고 번영하지만 그렇지 않은 자는 죽는다는 진리로 보아 확실한 상황파악과 전략이 승부의 지름길이며 자신감 있는 장수가 승리하며 피하는 것도 승리의 수단이고 자신을 낮추어 적을 교란시키고 뜻하지 않는 곳을 공격하라.

◉ 제2 (작전)편 : 전략이 훌륭하면 승리하고 치졸하면 패하기 마련이며, 적을 자기편으로 만들 수 있는 기술이 필요하고 무하를 사랑할 것이며, 전쟁은 소비의 끝없는 연속이므로 속전속결해야 한다.

◉ 제3 (모공)편 : 백번 싸워서 백번 승리한다는 것보다도 가장 으뜸의 선은 싸우지 않고도 적을 굴복시키는 것이므로 우선 계략으로, 다음은 외교로, 마지막으로는 성을 공격하는 것이며 내분은 적을 이롭게 할 뿐이다.

◉ 제4 (군형)편 : 승리하는 군대는 이기도록 해놓고 싸우려 들며 무형의 승리가 용병의 극치이고 도화법으로 승리하기 위해서는 세심하고 빈틈없는 판단력이 필요하다.

◉ 제5 (병세)편 : 일로써 허를 찌르고 정면공격과 기습작전 및 계략에 말려들게 할 것이며 혼란한 가운데 질서가 있고 약함은 강함에서 태어나는 동시에 땅의 조화처럼 무궁무진하고, 강이나 바다처럼 마르지 않고 끝났다가는 다시 시작되는 것이 해와 달이 뜨고 지는 것과 같고, 죽었다가 다시 살아나는 것은 사계절이 도는 것과 같다.

◉ 제6 (허실)편 : 전쟁을 아는 자는 적을 나오게 하되 적에게 나가지 않으며, 움직이지 않는 적과 싸우지 않을 것이고, 싸울 곳과 싸울 날을 알고 싸우며, 고기는 미끼를 낚지만 낚시대를 보지 못한다.

◉ 제7 (군쟁)편 : 기가 죽으면 패한 것과 같으므로 힘을 다스릴 줄 알아야 하며 전쟁이란 속임수로 이루어지고 유리함을 쫓아 움직이게 되며 분산과 집결로 변화를 일으키게 되어 빠르기는 바람, 느리기는 숲, 쳐들어가 빼앗는 것은 불길과 같다.

1. 손자병법식 마케팅전략전술

◉ **제8 (구변) 편** : 높은 언덕의 적을 향해 공격해서는 안 되고 의기에 찬 군사들을 공격해서도 안 되며 미끼로 내놓은 군사들을 다치게 해서는 안 되고 위장으로 도망가는 적을 쫓지 말 것이며 적을 포위할 때는 반드시 한 쪽을 터놓고 궁지에 몰린 적을 심하게 괴롭혀서는 안 되며 고립된 지점에는 머물지 말라.

◉ **제9 (행군) 편** : 새들이 날아오는 것은 복병이 숨어 있기 때문이고 짐승이 놀라 달아나는 것은 기습병이 자신을 숨긴 채 다가오고 있다는 증거이며 우거진 풀 속에 장애물이 있을 경우에는 의심을 해봐야 한다.

◉ **제10 (지형) 편** : 아군의 군사가 적을 공격할 수 있다는 것을 알면서도 적을 공격할 수 없다는 것을 모르며, 적을 공격할 수 있다는 것을 알면서도 아군의 군사가 공격할 수 없다는 것을 모르고 있다면 각각 반은 이기고 반은 진 것이며 하늘을 알고 땅을 알면 승리는 완전하다.

◉ **제11 (구지) 편** : 용병(用兵)을 잘하는 자는 머리를 치면 곧 꼬리가 달려들고 꼬리를 치면 머리가 달려드는 솔연과 같으며 군사들은 싸움에만 전념하게 하고 끊임없는 훈련이 정예군을 만드는 동시에 전장에서는 장수가 곧 법이다.

◉ **제12 (화공) 편** : 현명한 군주는 전쟁을 삼가고 훌륭한 장수는 전쟁을 항상 경계하여 나라를 안정시키고 군대를 온건케 해야 하므로 군주는 분노 때문에, 장수는 홧김에 전쟁을 일으켜서는 안 된다.

◉ **제13 (용간) 편** : 현명한 군주와 장수는 첩자, 즉 향간(지역민)·내간(적의 관리 매수)·반간(적의 첩자가 이쪽편)·사간(일을 속이는 자)·생간(적국에 침입)에 의한 정보활동을 잘하는데 첩보원은 바람처럼 스며들고 물고기처럼 젖어드는 동시에 누설된 기밀은 이미 기밀이 아니다.

이와 같이 《손자병법》은 군전략은 물론 기업이 경영마케팅전략전술로 활용하고 있다는 점에서 어떻게 하면 효율적으로 활용할 수 있는가를 고민해보는 것이 바람직하다.

② 란체스터 · 칭기즈칸 · 나폴레옹 전법

영국의 항공기공학의 대가였던 란체스터가 개발하였기 때문에 란체스터(Lanchester)전략이라고 한다.

정신주의와 근성주의를 부정하고 수학 공식처럼 정확하게 판매기법의 법칙화로 경쟁에서 압승하기 위한 전투의 과학성을 강조하였던 것이다.

제1법칙은 약자전략으로서 강자의 장점을 모방하지 말고 독창적인 상품개발에 의한 시장확보를 위해 차별화로 국지전을 일점집중주의로 펴야 하며, 제2법칙은 강자전략으로서 약자의 근접전을 피하고 원격적인 전국전으로 힘의 집중화를 위해서는 상호간의 손해량비는 초기병력수와 잔존병력의 제곱에 비례한다는 단체전의 법칙이다.

그 3대원리는 지상에서의 제일주의(상품, 거래처, 고객), 일점집중주의, 약육강식주의를 말하며 3대과제는 차별화, 중점화, 표준화를 통한 경제원칙으로의 전승을 의미한다.

13세기 초 유목민족인 몽고의 칭기즈칸은 탁월한 지휘로 몽고제국을 이루어 스스로 대군을 이끌고 서진하여 중앙아시아로 진출한 뒤 이란을 지배하던 코라즘왕조를 무너뜨리고 남러시아와 서북인도까지 정복함으로써 후대 폴란드와 독일, 헝가리까지 공격하여 유럽인들에게 있어서 공포의 대상이 되었다.

나폴레옹은 19세기 초 혁명을 일으켜 프랑스 국민의 황제로서 "나의 사전에는 불가능이란 없다."라는 확고한 신념 아래 빛나는 대외 군사적 승리를 통해 국민의 애국심을 고취시키고자 혁명이념을 전파한다는 미명하에 거의 전 유럽을 제패하는 혁혁한 공을 세웠던 것은 강력한 카리스마적인 리더십 때문이었다.

1. 손자병법식 마케팅전략전술

이 밖에 1991년 초의 걸프전은 첨단과학이 총동원된 현대전으로서 다국적군의 출력과 첨단장비, 군의 사기, 정치외교력, 시나리오 전략전술 등이 적중했기 때문에 속전속결로 끝난 현대전에서 승리의 대명사가 되었다.

2) 마케팅전략의 유형과 사례

① 마케팅전략의 개념과 유형

마케팅전략이란 설정된 마케팅목표를 달성하기 위해 모든 수단을 활용하는 과학적인 기술로써 마케팅계획의 기초가 되는 것인데 그 원리로는 집중·연속·선제가 있다.

일반적으로 가격주도적인 고도의 제품차별화 및 시장집중전략은 높은 수익을 얻을 수 있으나 중도전략은 낮은 수익으로 인해 새로운 마케팅전략의 전환이 필요하므로 적절한 조치를 취해야 한다.

◉ **선도기업의 마케팅전략** : 현재 시장을 선점하는 선도기업은 자부심이 매우 강한 가운데 신제품 개발이나 가격조정 등을 통해서 전체 시장을 확대하기 위한 전략을 위해서는 자만하지 말고 제2의 시장도전기업의 추격을 끊임없이 받는다는 사실을 깨닫고 현재 위치를 유지하기 위한 노력이 필요하다.

이를 위해서는 기존시장의 확대전략인 새로운 소비자 확대, 신용도개발, 사용률 증대 등을 실시해야 하고 시장점유율 유지·확대전략으로서 혁신, 강화, 대결, 반복공격, 확대를 해야 하지만 섣불리 공격했다가는 오히려 반격을 받아 위기를 초래할 수도 있으므로 주의해야 한다.

◉ **도전기업의 마케팅전략** : 시장상황이 변화하는 데도 선도기업이 자만하고 있는 가운데 소비자의 욕구를 충분히 충족시켜 주지 못하고 있을 때

명확한 전략목표를 설정하여 시장을 확대하기 위한 전략이다.

비슷한 규모의 기업이나 능력에 한계가 있는 기업에 대한 공격은 소비자의 만족도 및 혁신의 가능성을 면밀히 검토하여 혁신능력이 없는 기업을 공략하는 것이 바람직하며 소규모기업에 대한 공격은 다수의 소규모기업들이 차지하고 있던 군소시장을 묶어서 자사의 시장으로 확대시키도록 한다.

이 중 정면공격은 경쟁사의 강점에 직접 도전하는 전략으로서 그 성패는 자사의 강점과 마케팅의 인내력, 추진력 등에 의해서 결정되며 측면공격은 정면공격이 어려울 때 경쟁사의 활동이 미약한 지역이나 소비자를 공략하는 것이다.

반면에 포위공격은 경쟁사의 정면, 후면, 측면 등에 전면적인 공세를 펴는 전략으로서 공격기업이 경쟁기업보다 각종 자원면에서 우세하거나 포위 자체가 완벽하여 경쟁사가 저항의욕을 상실할 때 더욱 효과적이다.

선회공격은 자원기지를 확대하기 위한 것으로써 경쟁사가 이미 점령하고 있는 영역에서의 직접적인 교전을 피하고 선회하여 공격하기 쉬운 시장을 공격하는 전략이므로 관련 없는 제품에 대한 다양화, 기존제품의 지리적 신시장에 대한 다양화, 기존제품을 축출하는 신기술 등의 도전전략에 활용 가능하다.

게릴라 공격은 소규모기업이 대기업을 공격할 때 사용하는데 경쟁사가 즉각적이고 단호하게 저항할 가능성이 적은 소규모시장에 제한적이고 장기적인 충격을 가함으로써 경쟁사를 서서히 붕괴시키는 방법으로 비용이 적게 들지만 갑작스런 판촉활동이나 가격인하를 해야 하기 때문에 상당기간 지속되어야 효과적이다.

또한 경쟁사가 타격을 받을 수 있도록 공격의 강도가 강해야 하기 때문에 반드시 재정적으로 소규모자원을 가진 도전기업에 알맞은 전략이라고

1. 손자병법식 마케팅전략전술

볼 수 있으므로 지속적인 제품혁신이나 유통혁신을 통해서 선제공격할 수 없다면 차라리 추종기업의 마케팅전략을 펴는 것이 좋다.

● **추종기업의 마케팅전략** : 기업의 입지나 서비스, 재무상의 명확한 강점이 있는 표적시장에 대해 마케팅활동을 전개하며 선도기업과의 마찰을 피하는 전략으로 도전기업의 공격목표가 될 수 있으므로 제조원가의 절감, 서비스 개선, 브랜드와 기업 이미지 개선 및 지명도를 높이는 데 주력해야 한다.

이 가운데 완전추종형은 가능한 한 많은 세분 시장과 마케팅믹스 부문에서 선도기업을 철저히 따르는 것이며 차별적 추종은 주요시장과 제품, 가격수준, 유통경로는 선도기업과 비슷하게 하면서 약간의 차별화를 꾀하는 전략이다.

일정수준의 시장점유율을 유지하면서도 선도기업에 별다른 영향을 주지 않고 오히려 독점기업이라고 인식되지 않게 함으로써 선도기업의 보호를 받는 경우도 있다.

이 밖에 선택추종은 모방이 유리할 경우 선도기업과 동일한 전략을 사용하며 때로는 독자적인 혁신전략을 구사하는 것이므로 시장점유율이 선도기업보다는 낮지만 그 수익률은 비슷하거나 높을 수도 있다.

이 전략의 성공 여부는 시장의 세분화와 집중, 효율적인 연구개발, 시장점유율보다는 이익에 대한 강조 및 톱매니지먼트 등에 달려 있기 때문에 경영진의 사고와 결정이 합리적이어야 하며 선도기업의 마케팅전략을 맹목적으로 받아들이기보다는 장·단점을 조사, 분석하여 자사에 알맞은 효율적인 전략을 도입하는 것이 중요하다.

● **전문화 기업의 마케팅전략** : 주요 기업들과의 충돌을 피하기 위해 다른 기업들이 무시하거나 등한시하고 있는 소규모시장을 발견하고 전문화하여 효율적인 활동을 추구하는 소규모기업전략이다.

이상적인 전문시장의 특성조건으로는 수익성이 보장될 수 있을 정도의 시장규모와 구매력이 있고 주요 경쟁기업들이 무관심하거나 경시하고 있으며 성장 잠재력이 있어야 한다.

또한 시장을 효율적으로 충족시킬 수 있는 기술과 지원은 물론, 소비자들로부터의 호의를 유지함으로써 주요 경쟁기업의 공격으로부터 보호받을 수 있어야 하며 시장이 증발해버리거나 다른 경쟁사에 빼앗길 가능성이 있다.

그렇기 때문에 둘 이상의 시장에 대해서는 복수 전문화를 실시하여 위험을 분산시키는 것이 효과적이다.

마케팅전략의 유형

구 분	내 용
기본전략	전략마케팅, 시너지마케팅(협력효과), 틈새마케팅, 미들마케팅(40대), X세대마케팅(20대), 은빛마케팅, 보보스마케팅, 여성마케팅, 남성마케팅, 유아마케팅, 차별마케팅, 리더마케팅(지도자), 인터넷마케팅, 고객보호마케팅, 사회봉사마케팅, 상식파괴마케팅
제 품	상품마케팅, 브랜드마케팅, 디자인마케팅, 포장마케팅, 패션마케팅, 산업공예마케팅, 컬러마케팅, 감성마케팅, 향기마케팅
유통판촉	정보마케팅, 유통마케팅, 가격마케팅, 광고마케팅, 매장마케팅, 이벤트마케팅, 서비스마케팅, CS마케팅, 영업마케팅, 다단계마케팅, 방문판매마케팅, 국제마케팅, 날씨마케팅, 시간마케팅, 체험마케팅, VIP마케팅, 반짝세일마케팅

보보스(BoBos)마케팅이란 부르주아(Bourgeois)와 보헤미안(Bohemians)을 결합시켜 만든 조어로써 소득 수준이 높은 부르주아층의 경제적 기반에다 자유롭고 진보적인 보헤미안의 사고방식을 가진 20대 후반에서 40대 초반의 신계층을 말하는데, 주로 디지털 신문화를 만들어간다.

한편 은빛마케팅은 실버세대 중에서 경제적인 기반이 든든하고 지식을 갖춰 퇴직 후에도 직간접적으로 지역사회와 집단에서 영향을 끼치는 구세대의 리더마케팅을 말한다.

② 다양한 마케팅전략의 기법

마케팅전략을 수립하고 집행할 경우에는 상품의 형태, 가격, 품질 등을 기초로 시대, 고객, 시장경쟁, 경쟁사의 마케팅전략 등 상황에 따른 테크닉이 필요하다.

소비자상품 특성별 마케팅전략

특성과 전략		상품의 형태		
		편의품	선매품	전문품
특성	쇼핑에 필요한 시간과 노력	약간	많음	경우에 따라 다름
	욕구발생과 충족 간의 시간	즉시	대체로 장시간	대체로 장시간
	가격과 품질비교 유무 / 가격	아니오 / 저	예 / 고	아니오 / 고
	구매빈도	대체로 높음	대체로 낮음	아주 짧음
	중요성	낮다	크다	일반화할 수 없음

제2장 마케팅 정보전략

마 케 팅 전 략	채널의 길이	높음	짧음	아주 짧음
	소매상의 중요성	어느 하나의 소매상은 중요치 않음	중요	매우 중요
	소매상의 수	가급적 많음	적음	적음, 흔히 한 시장에 하나
	재고회전율 / 총 마진	고 / 저	저 / 고	저 / 고
	광고의 책임	제조업자	소매상	공동책임
	구매시점 진열의 중요성	매우 중요	덜 중요	덜 중요
	사용된 광고	제조업자	소매상	양쪽
	브랜드명, 점포명의 중요성	브랜드명	점포명	모두
	포장의 중요성	매우 중요	덜 중요	덜 중요

표적시장 선정과 대체적 마케팅전략의 비교

구 분	비차별화 마케팅전략	차별화 마케팅전략	집중적 마케팅전략
범위 / 비용	대 / 절감	중 / 증감	소 / 최대 증감
과 제	시장기회의 주기적 평가, 검토	이익 등 마케팅 복표를 최대화할 수 있는 범위에서 활용	제품다양화
목적 / 위험 부담	경쟁우위 장악 / 소	동질적인 욕구와 선호 충족 / 중	시장입지 획득 / 대

한편 날씨의 맑음과 흐림 그리고 기온차에 따라 소비자들이 민감하게 반응을 보이는 백화점, 편의점, 패션업종은 물론 음식점에서는 상황을 예측하여 적절한 물량조절을 함으로써 큰 효과를 거두고 있다.

1. 손자병법식 마케팅전략전술

보광 훼미리마트는 2001년 여름 2년에 걸쳐 770여 개 점포에 150억 원을 투자해 날씨변화를 감안한 판매시점관리시스템(POS)을 도입하여 비가 오는 날이면 발주량의 10~15%를 줄여 재고 일수를 15일에서 10일로 줄여 물류비를 절감했다.

화승은 2000년 겨울 추위가 다음해 2월까지 지속된다는 정보에 따라 제품을 덤핑처리하지 않고 90% 이상 제값에 팔았고 현대백화점도 한달분 일별 예보와 3시간 간격의 포인트예보를 참고해 7월에 다른 곳보다 5일 먼저 세일을 시작하여 매출신장을 보였다.

라면업계도 여름의 더위를 활용해 비빔면과 냉면 등에서 매출신장을 보였다. 빙과, 청량음료, 맥주 등 식품류 회사와 에어컨·선풍기 등 가전업체들도 날씨정보를 적극 활용하여 큰 효과를 거두었다.

날씨 마케팅전술 사례

구 분	내 용
유통	재고 발주관리, 세일기간 선정
농산물	파종, 병충해 방지
음식료, 가전	재고, 생산관리, 계절별 상품 배분
건설	공사현장의 장비, 인력수급, 장마 등에 따른 재해 예방, 공사비 절감
레저, 호텔	입장객, 투숙객 수 예측, 공항 날씨 정보, 이벤트 시기 선정
패션	재고 발주관리, 계절별 상품기획

출전) 〈중앙일보〉 2001. 8. 18.

2. 급변하는 시장환경을 주시하라

생물이든 무생물이든 간에 무엇이든지 변화하게 된다.

자연적 또는 인위적으로, 자의나 타의에 의해서 또는 시대상황에 따라 점진적, 급진적으로 변화하는 것이 세상만사의 당연한 이치이다.

과거에는 변화의 속도가 매우 느렸으나 이제는 점점 그 속도가 빠르고 변화의 방향 또한 알 수 없어 마치 럭비공을 연상케 한다는 점에서 환경변화에 적응하기 위해서는 이를 분석하고 예측하여 대비하는 유비무환의 정신과 실천이 필요하다.

1) 급변화하는 기업환경흐름과 예측

① 세계 석학들의 기업환경예측

미래를 예측한 학자들은 신비스럽게도 그 예측이 그대로 적중하였고 또 적중하여 가고 있어 세계적인 석학으로 우뚝 서게 되었다.

◉ **피터 드러커**(Peter F. Drucker) : 저널리스트로서 단절의 시대(정보, 해양, 소재산업)와 지식사회의 도래(사회복지정책의 종말, 21세기형 대도시의 변모, 탈비즈니스 사회)가 될 것이라고 강조하였는데 그대로 적중하고 있다.

◉ **존 나이스비트**(John Naisbitt) :《메가트렌드 2000 *MEGATRENDS 2000*》이라는 저서에서 미래사회는 산업사회에서 정보사회(정보의 창조와 분배)로, 인위적 기술에서 하이테크와 하이터치(고도의 과학기술과 고상한 취향)로, 국가경제체제(폐쇄적·자주적)에서 지구적 경쟁체제(세계경제 일부)로 변화한다고 예측하였는데 이 흐름에 따라가고 있는 실정이다.

또한 단기정책에서 장기정책으로, 중앙집권체제에서 분산화체제로, 종적 위계체제에서 횡적 네트워크체제로, 양자택일(선택범위가 한정, 편협)에서 다원선택(자유로운 다종선택)으로 변화한다고 전망했는데 그대로 진행하고 있다는 사실이다.

또한《메가트렌드 2000》에서는 미국의 적자문제를 진단하면서, 고전적 사회주의가 실패로 끝난 요인은 경제의 글로벌화, 기술의 진보, 중앙집권체제의 실패, 복지국가 사회주의 제도의 과중한 부담, 노동의 변화, 개인의 중요성이 증대되기 때문이라고 밝혔다.

21세기를 앞둔 세계경제는 단일경제권으로 통합돼가고 있으며 정치보다는 경제를 우선시하고 텔레커뮤니케이션이 급속하게 발전할 뿐만 아니라 천연자원이 비교적 풍부한 것이 특징이라는 견해를 제시하였다.

한편 각국이 세제개혁을 단행하고 있으며 인플레이션과 금리수준이 억

제되어가고 있고 아시아권에서 소비붐이 예상되며 민주주의가 침투되어 기업가정신이 확산되고 전쟁발발의 가능성이 점차 감소되고 있다고 했다.

● 앨빈 토플러(Alvin Toffler) : 1970년대 《미래의 충격 *Future Shock*》에서 1만 년 전에 농사를 짓기 시작함으로써 제1의 물결이 일어났고 순식간에 지구를 휩쓴 제2의 물결은 산업혁명이 도화선이 되어 사회를 근본적으로 변혁시킨 엄청난 사건이라고 규정했다.

그는 1980년대 《제3의 물결 *The Third Wave*》에서 변화의 방향, 즉 제2의 물결 속의 사회특징인 규격화, 분업화, 동시화, 집중화, 극대화, 중앙집권화라는 산업사회의 제약을 뛰어넘어 에너지, 부, 권력의 집중화를 초월하는 길을 열었으며 대량생산체제를 붕괴시켰다.

1990년대 《권력이동 *Powershift*》에서는 무엇이 미래를 규정지으며 무엇이 변화의 모습을 어떻게 만들어 나갈 것인가에 대해서 다루었는데 권력은 물리력과 부 그리고 지식에서 창출되므로 지식이 기업의 궁극적 자원이며 최종적 대체물로서, 원료와 노동, 시간과 공간의 요구량은 감소되고 있어, 선진경쟁의 중추적 자원이 된다고 했다.

따라서 정신적 산물인 과학기술의 연구, 노동력의 교육과 고도의 소프트웨어, 새로운 경영과 혁신적 통신, 전자식 금융들이 미래 힘의 원천이 되기 때문에 21세기는 지식이 바로 원자재가 되므로 값싼 노동력에 의존했던 개발도상국의 개발전략은 종말을 고할 것이라고 예언하였다.

새로운 체제 아래에서는 생산비 가운데 노동이 차지하는 비율이 크게 줄어들기 때문에 개발도상국들의 입지가 더욱 좁아질 것으로 예상하면서 지적정보를 강화해야 한다고 역설했다.

● 벨(Daniel Bell) : 《이데올로기의 종말》을 발표하여 세계적으로 명성을 떨쳤으며 1973년에는 《탈공업사회의 도래》를 발표한 이후 《제3의 기술혁명 *The Third Technological Revolution*》을 발표했다.

제1의 기술혁명은 약 200여 년 전에 제임스 와트(James watt)의 증기력이 도입됨으로써 과거에는 불가능했던 여러 가지 기술적 위업을 달성했으며, 제2의 기술혁명은 100여 년 전에 전기와 화학의 혁신으로 이루어진 것이고 전기는 전화와 라디오를 탄생시켰고 화학은 인공합성물을 만들었다.

현재 진행중인 제3의 기술혁명은 모든 기계적·전기적·전기기계적 시스템을 전자화, 소형화, 디지털화함으로써 단 하나의 칩으로 된 마이크로 컴퓨터가 우리 가정과 설비를 변화시킬 것이라고 예언하고 있다.

또한 탈공업사회와 서비스사회로 나아가면서 기본적 활동인 처리, 제어, 정보에 관한 혁신의 새로운 원리 중에서도 특히 지식과 기술관계에 대한 새로운 원리를 강조하여 변화의 흐름을 알 수 있다.

② 21세기는 정보화문화사회

21세기는 지금까지 존재하지 않았던 전혀 새로운 지식과 과학기술 및 정보가 원천이 되는 최첨단 정보화사회가 될 것이므로 노동자들의 근로시간을 단축시키고 고부가가치의 상품이 창출되어 높은 생산성과 고소득으로 삶의 질을 향상시킬 것이므로 생존경쟁은 더욱더 치열해진다.

21세기의 마법인 정보고속도로는 생활 양식과 리듬을 크게 변화시키는 정보통신의 터미널로서 이를 통해 정보가 대용량으로 전송되는 정보고속시대가 될 것이다. 따라서 이를 선점하는 국가와 기업이 21세기의 경제와 산업을 지배하는 힘을 갖게 될 것으로 예측된다.

즉 지금보다 성능이 우수한 컴퓨터와 TV, 팩스, 전화기 등의 첨단통신 기술이 결합함으로써 원격화상회의는 물론 홈쇼핑이 보편화되어 생활과 기업경영 나아가 사회전반에 걸쳐 일대 혁명이 일어날 것이다.

기술변화에 따른 시장변동

구 분	후기산업사회	정보화사회
범 주	자연과학, 생산공학	감성인간공학, 가치공학
체 제	국제, 국내경제 / 중앙집권, 단위	지구촌 경제 / 분산화, 네트워크
정 책	단기적 경영정책	장기적 마케팅 시나리오 정책
기 술	인위적 / 에너지절약	하이테크, 하이터치 / 신소재, 생명, 에너지 혁신개발
생 산	공정자동화 / 소품종 다량생산	네트워킹(가상기업) / 다품종 가변생산
중 시	품질, 가격	가치, 감성인간공학, 서비스

출전) 채수명 : 「마케팅박사의 마케팅여행」. 한국경제신문사, 1996., p.84.

따라서 미래의 정보화사회는 '지식산업사회', '기술경쟁사회' 로서 지식과 기술이 시장을 지배하게 되므로 학력과 경력보다는 아이디어가 뛰어난 우수인력을 확보하고 정보력을 바탕으로 혁신적인 세계 초일류 상품을 개발하고 대 고객서비스를 실현하는 기업만이 생존하게 될 것이다.

산업의 기술발전단계의 유형

선진국 제품주기 / 국내기술 개발단계	토착화된 기술 (후진국)	소화개량기술 (중진국)	도입초기기술 (선진개도국)	첨단기술 (선진국)	미래기술 (초선진국)
도입기					〈제3군〉 • 에너지 • 컴퓨터 • 통신 • 신소재 • 생명시스템
성장기		〈제2군〉	• 정밀화학 • 정밀소재 • 정밀기계	• 컴퓨터 • 항공 • 메카트로닉	
성숙기	〈제1군〉 • 철강	• 자동차 • 조선	• 산업용 전자 • 중전기		
쇠퇴기	• 석유화학 • 직조 • 시멘트				

출전) 한국과학기술원.

비교우위 산업변화와 기술력 향상전략

산업분류	기술력 향상전략	기술개발방법
제1군산업 (성숙산업)	• 토착화된 기술의 개량에 초점을 두어 제품의 다양화와 품질의 고급화 추진	• 기업주도하의 현장기술개발
제2군산업 (성장유망산업)	• 품질향상과 생산성 향상을 위한 지속적인 노력 • 국산화 비율제고 및 신제품개발	• 기업주도로 추진하되 정부가 간접지원
제3군산업 (성장초기산업)	• 선진국의 국제분업추세에 부응하여 부품개발, 생산에 적극 참여하여 기술습득	• 정부출연 연구기관과 대학 부설연구소의 기술개발강화, 선진기술의 도입·수용과 기반확충

출전) 한국개발연구원 : 「2000년을 향한 국가 장기발전구상(총괄보고편)」. 1985.

이렇게 볼 때 신지식과 신기술이 없는 상황에서 단순히 값싼 노동력에 의존해 온 개발도상국들의 경제전략은 앞으로 기술·지식선진국들의 다양하고 적극적인 활동으로 인해 수정이 불가피하다.

이에 대비하기 위해서 현재의 정보마케팅사회를 다각도로 분석하고 과감한 기업변신과 적극적인 대응전략을 마련해야 하는 것은 당연하다.

따라서 우리 경제도 1960~1970년대의 값싼 노동력에 의존하던 제1군에서 현재 제2군에 머무르고 있지만 앞으로는 제3군의 첨단기술과 미래기술로 고부가가치를 추구하는 한편 지식과 기술경쟁시대에 알맞는 선진국형 발전전략을 지향해야 생존, 성장할 수 있다.

따라서 정부정책은 물론 기업도, 개인도 이에 순응하기 위한 노력을 하지 않으면 생존경쟁에서 살아남을 수 없다는 점을 깊이 인식하고 끊임없이 연구하는 프로근성이 절실하다.

더구나 필자의 종합적인 연구결과로 볼 때 앞으로는 1H3C 상품에 의한 신유목생활은 불가피할 것이라 예상된다.

즉 1H3C 상품은 결국 첨단기술에 의한 휴대폰+카드+컴퓨터가 하나로 통합된 만능정보언어기와 인간공학적으로 만들어진 컴퓨터를 장착한 최첨단 승용차로 압축되어 신분증 하나만 있으면 전 세계를 자유롭게 왕래할 수 있으므로 결국 신유목생활을 하게 될 것이다.

이렇게 되면 시공간의 파괴로 인하여 주거, 직장개념은 사라지고 문화활동이 중시되므로 영화에서나 보던 꿈 같은 일들이 현실로 나타나게 되므로 그 결과 사회생활의 혁명은 불가피하여 지금까지 경험해왔던 시대와는 전혀 다른 사회가 열릴 것이라 예상된다.

이런 시대상황을 거쳐 21세기 후반은 과학기술과 예술문화와 인간자연으로 조화된 첨단과학문화시대로서 신르네상스시대를 맞이하게 될 것이다.

$$\text{신르네상스(상품)시대의 도래}$$

구 분	내 용
과학기술	최첨단 과학기술, 기술혁신, 센스, 인간공학, 신소재, 생명공학
예술문화	예술(창의성, 아름다운 조화미)과 문화(전통 창의적 독자) 중시 → 디자인문화
인간자연	인간(개성, 고객보호)과 자연(환경보호, 친화)과의 조화

ⓒ Chae Soo Myung 29

2) 기업환경의 변화흐름과 요인

① 거시적인 기업의 환경변화흐름

기업의 환경은 한치 앞을 내다보기 어려울 정도로 급변하고 있어 이에 대한 조사분석 및 예측을 통한 대응방안이 시급하다.

◉ **세계대권구도** : 20세기에 미 · 소라는 이념적인 양극(민주주의, 공산주의)체제에서 미국, 중국, EC, 제3세력의 경제기술을 중심으로 한 다극체제로 이행되고 있다.

◉ **세계주도산업** : 1900~1950년 철강 · 석탄 · 철도산업에서 1950~1990년의 자동차 석유산업으로, 다시 1990년 이후의 정보통신 및 지식산업에서 2020년경에는 문화산업사회로 이행될 것이다.

◉ **범세계화 진전** : 개방화, 국제화로 인한 범세계적 경쟁과 협력시대의 개막으로서 상호의존, 지구촌의 무한경쟁화, 세계경제의 지역블록화 등 생존을 위한 재구축이 실현된다.

◉ **수요변화** : 하드웨어의 수요는 세계적인 동질화 경향을 가속화시킴에 따라 소프트웨어의 수요는 전문화, 개성화, CS화를 구축하기 위한 노력

이 치열할 것이다.

◉ **기술혁신의 가속과 융합화** : 컴퓨터, 바이오, 신소재의 융합으로 제품과 공정에 혁신이 이루어짐으로써 신규 수요가 창출되고 경쟁조건이 변화되면서 재료, 정보, 제조공정, 복합기술 등의 혁신이 진행되며 첨단기술의 수요가 증대하고 산업구조가 고도화되면서 저임금국의 매력이 감소하고 R&D 설비투자의 거대화로 기업 간, 국가 간 격차가 심화된다.

◉ **정보혁명에 의한 지각변동적 구조변화** : 경제 · 교육 · 정치 · 사회 · 국방 · 이념 등 각 분야에 걸쳐 근본적인 구조변혁이 진행되며 신사고 · 신가치 · 신산업 · 신사회가 구축되고 KSF의 변화(FMS→CIM)가 일어나며 세계 정보통신의 주도권 경쟁이 치열해진다.

◉ **마찰의 시대** : 눈에 보이지 않는 보호무역주의의 강화와 국제분업 · 협업시대의 개막, 세계경제의 지역블록화, 종교 간 및 민족 간의 심각한 갈등에 의한 문명 충돌 속에 새로운 상호의존의 유대가 강화되면서 지구촌화가 이루어진다.

◉ **사회이념의 변화** : 일원성, 타율성, 집중성의 경제체제에서 다원성, 자율성, 공정성의 자유시장 경제체제에 입각한 민주화사회가 형성된다.

이에 성장에서 배분으로, 능률에서 창의성과 혁신으로, 조직원의 생산요소관에서 사회주체관으로, 의식주 중시에서 생활의 질과 다원적 가치 추구로 인해 집권에서 민주화로, 억압된 평정에서 갈등노출로, 선택적 자국산업 보호정책에서 전면 개방인 국제화, 개방화, 지구적 경쟁으로의 대변혁이 일어난다.

또한 근로자들은 평생직장에서 평생직족으로, 기업귀속감에서 집단귀속감으로, 소비자들은 기능중심에서 감성중심으로, 산업구조 구축기에서 산업사회 성숙기와 정보화사회 이행기로 변화하며 국 · 공기업이 민영화되며 NEW NICS의 등장과 신데탕트시대가 전개되고 이데올로기시대가 퇴

2. 급변하는 시장환경을 주시하라

색되면서 신민족주의가 태동할 것이다.

　이와 같이 기업환경은 미시적이고 장기적인 분위기에서 거시적으로 급변하고 있다는 사실을 직시하여 대응하기 위한 다각적이면서도 총체적인 연구 노력이 필요하다.

② 미시적인 기업의 주변환경요인

　기업은 종합적인 환경에 적응하기 위한 생명체이므로 통제불가능한 요인들을 주시하여 대응해야 효과적이다.

　● 사회적·문화적 환경 : 인구증가율, 인간의 평균수명연장으로 인한 사회의 고령화, 연령구조, 가족규모의 변화, 이혼율의 증가, 독신가정의 증가, 자녀 수 최소화, 평균가계소득에 의한 빈부격차, 인구의 도시집중화, 농촌인구의 감소, 지역 간 이동, 주거형태(아파트 → 전원주택)의 변화, 개성존중문화, 종교인의 감소와 함께 개성을 바탕으로 한 취미활동이 활발할 것이라 예상된다.

　● 경제적 환경 : 장기적인 경기침체, 인플레이션, 저이자율, 국민소득 향상, 원화절상, 달러화 하락, 달러 강세, 시장개방화, 국제수지, 흑자전환, 국제무역전쟁(보호무역 추세), 에너지 수급전망, 해외경기흐름 추락, 초고속경제성장에서 경제성장의 둔화가 진행될 것이다.

　● 기술적 환경 : 과학기술의 발전으로 인한 새로운 산업 탄생, 기존산업의 사양화, 하이 터치의 일반화, 새로운 생활양식, 소비패턴의 변화, 국제분업이 예상된다.

　● 사회적 환경 : 여성의 환경변화(가정 내 역할변화, 취업주부의 증가, 경제권 확대, 사회참여 확대), 가치관의 변화(생활의 질에 대한 관심고조, 개인주의, 마이홈주의, 노후관심, 자기계발관심, 자연식품, 소재, 레저, 건강, 주거와 근무 및 생활환경 중시), 고령화, 고학력화, 환경보호, 고학력 실업자 증가, 향

락산업 등이 가중되어 사회문제가 대두될 수밖에 없다.

◉ **시장·산업** : 시장의 규모와 구조 및 잠재력, 시장의 이질성과 동질성, 소비자 구매 교섭력, 공급업자 교섭력, 유통구조, 가격과 수이폭, 수요 탄력성이 강하다.

◉ **경쟁자** : 직접(브랜드) 경쟁자, 잠재적 경쟁자, 대체상품(기술), 공급자 전방통합 가능성, 구매자 후방통합 가능성, 국제적으로 무한경쟁화가 더욱 진행됨에 따라 약육강식으로 인한 변화가 불가피하다.

◉ **기업의 자원·능력** : 연구개발, 생산, 품질, 마케팅전략과 관리, 고객만족, 유통, 재무구조, 경영능력, 경영자 의식, 조직원의 프로의식에 의한 보람의 일터 기업문화를 중시한다.

◉ **국제경쟁력** : 지구촌경쟁시대로 자사브랜드, 기술혁신, 지명도와 인지도, 가격, 품질, 유통, 판매촉진, 서비스 등의 경쟁은 결국 국경이 불분명한 상태로까지 변화하다가 또다른 국경이 형성된다.

◉ **고객·사회관계** : 국가와 지역사회 협력 및 봉사, 소비자보호, 환경보호, 사회적 책임을 중시하는 고객중심시대가 된다.

◉ **정치·법률적 환경** : 정치분쟁 갈등심화, 국민들의 정치에 대한 무관심, 경제운용계획, 보호육성산업, 정부개입과 규제의 감소, 소비자 보호, 환경보호법 강화, 특허제도가 강화될 수밖에 없다.

◉ **최고경영자** : 건전한 기업관, 사회봉사와 사회적 책임, 소비자 보호, 자본과 경영 분리, 인재육성, 후생복지, 기술투자, 국가 경쟁력 강화가 급속히 퍼져 새로운 기업경영 분위기를 맞이하게 된다.

한편 미시적인 사회환경 변화요인의 10대 조류를 살펴 틈새시장을 공략한다면 의외로 좋은 결과가 나오기 마련이다.

◉ **고령화사회** : 노인부양의 경감, 니즈의 증대, 건강니즈의 증대, 노인의 자립의식이 강해져 결국 실버산업이 발전하게 되어 국민복지를 이룬다

고 하여도 한계성이 있으므로 저소득층 고령인구의 소외는 점점 가중될 것이다.

● **고학력사회** : 자기실현의 괴리감 증대, 스트레스로 정신장애인의 증가, 입시와 입사 및 승진 등에 따른 또다른 수험전쟁은 물론 고학력자의 실업사태로 인한 결과 부모가 고학력 실업자인 자식을 부양하게 되어서 많은 사회문제가 발생된다.

● **여성의 사회진출** : 직장과 사회에의 여성 참여, 가사와 육아노동 경감 및 니즈의 증대, 여성의 자기실현과 니즈는 물론 다양한 욕구가 증대되어 결국 부권사회에서 모권사회로 대이동하고 있음을 증명한다.

● **도시변화** : 농촌인구의 감소 속에 중소도시로 인구가 집중되면서 핵가족화 진전, 주거환경의 향상과 니즈의 증대, 싱글족의 증대 속에 특화된 중소도시의 지방화시대는 물론 대기업의 지방이전으로 인해 거대도시의 도심공동화현상이 예상된다.

● **정보화사회** : 뉴미디어의 진전, 사무자동화(OA), 정보기기의 가정 내 보급, 마음의 교류, 니즈가 증대되어 결국은 IT산업으로의 전환은 필수과제이다.

● **서비스사회** : 제3차 산업의 진전, 제조업에서 서비스업으로의 다각화 전개가 일반화되어 치열한 새로운 CS서비스경쟁시대가 도래된다.

● **하이테크화사회** : 일렉트로닉스, 메카트로닉스, 정보통신, 바이오, 테크놀로지, 신소재분야를 중심으로 한 기술혁신으로 인해 일대변혁이 예상된다.

● **국제화사회** : 세계 정보에의 접근성 확대, 세계경제흐름의 변화, 개방화, 자유화, 기술경쟁, 무한경쟁 시대가 되므로 이에 부응하지 못하면 도태될 수밖에 없다.

● **여가 지향사회** : 여가시간의 증대, 정신적 충족을 채우는 여가활동의

증대, 스포츠·레저·예술·취미분야의 증대, 자택 근무와 시간제 근무, 지방거주의 지향이 이루어진다.

● **가치 다변화사회** : 가치관의 고도화와 개성화, 자기실현 욕구의 강대, 전문화는 고품질 고가격화가 진행된다. 또한 과거의 3D가 더럽고 힘들며 지저분한 일이었다면 앞으로의 3D는 디지털, 유전공학(DNA), 디자인으로 변하게 될 것이다. 또한 7T(Technology : 기술), 즉 시간적 차원을 이끌어가는 인터넷기술(IT)과 공간적 차원을 이끌어가는 생활환경을 개선해주는 환경기술(ET), 삶의 질을 보다 풍요롭게 해주는 문화기술(CT), 인간의 질병을 퇴치시켜 수명을 연장시키는 생명공학기술(BT), 나노와 우주항공발전을 위한 우주항공기술(ST), 미세기술(NT)이 있다.

이 밖에 이들 첨단기술을 사업화시키는 창의경영기술(MT)은 사양기업을 첨단기업으로 만드는 원동력이 된다는 점에서 사양산업이 존재하는 것이 아니라 환경변화에 능동적으로 적응하지 못한 사양기업만이 존재한다고 하여도 과언은 아니다.

③ 유행속에 개성중심의 욕구변화

인간은 기본적으로 8대 욕구와 함께 편리, 안전, 쾌락, 봉사, 취미, 건강한 삶을 추구하기 위해 노력한다.

인간의 8대 욕구

구 분	내 용
권력욕	남을 지배, 감투 → 권력은 남용이 아닌 책임과 봉사이다(절대권력은 절대 부패한다)
재물욕	남보다 많은 재산 소유 → 재물의 축적방법과 사용이 중요하다(재산은 필요할 뿐 전부는 아니다)
명예욕	남보다 명성을 얻음, 업적 → 사람은 죽어서 이름을 남긴다(외

	형보다는 내면이 중요하다)
지식욕	남보다 많은 지식 얻음, 학력 → 지식보다는 지혜가 중요하다(자기과시나 남용보다는 널리 보급하여 유익해야 한다)
자식욕	남보다 자식을 성공시킴 → 정신을 물려 주어라(외형적 과시가 아닌 개성과 사회봉사성)
건강욕	남보다 건강 → 건강은 젊어서부터 관리하라(건강해야 욕구를 달성할 수 있다)
창의욕	남보다 창의성이 있다, 예술, 과학기술 → 창의성은 개인만족과 사회발전의 열쇠이다
향락욕	남보다 향락을 즐긴다, 술, 성 → 건전한 향락은 인생을 즐겁게 한다(불건전은 파멸의 원인이다)

ⓒ Chae Soo Myung 30

한편 사회변화에 따라 인간의 욕구는 점점 다음과 같이 변화하고 있다.

◉ **간편성 중시** : 점점 간편성을 중시하다보니 극소량의 무게와 부피에 의한 고성능 다기능 화가 진전되고 패스트푸드, 인스턴트식품이 늘어나는 가운데 방부제 등을 거부하여 천연 식품을 선호하게 된다.

◉ **삶의 질 추구** : 양보다는 질을 추구하고, 물성의 소비에서 감성의 소비, 개성과 예술성 및 교양성, 창의보존적 문화성 소비가 이루어진다.

◉ **안전성 추구** : 서비스의 안전성, 보험 관련 상품의 신장, 보건위생 니즈의 증대, 노후생활, 건강에 대한 관심이 더욱더 고조되기 마련이다.

◉ **레저 지향** : 욕망 억제에서 욕망 충족(레저는 최종적인 경제목표다), 레저 관광상품과 서비스의 신장, 스포츠에 대한 관심과 실천이 구축된다.

◉ **소속 욕구** : 다양한 이념적인 동질화에 의한 교제, 파티, 선물상품의 신장, 문화적 욕구의 증대, 커뮤니케이션이 신장된다.

◉ **자기실현의 욕구** : 손수만들기(Do it youself : DIY) 지향, 취미의 다양화, 자기계발 지향(전문화)이 촉진된다.

3. 무한한 고객들의 원초적 본능

인간은 무한한 욕구를 가진 사회적 동물이다.

특히 우리는 이성적인 생활보다는 상황변화에 적응하기를 원하는 한편 과시하려는 습성이 강하다보니 과소비가 만연하여 과소비국가로 알려져 있다.

이에 고객의 심리와 행동을 조사, 분석하고 예측하여 필요, 충분조건에 일치시킬 수 있는 노하우만 있다면 내수시장만이라도 시장을 석권할 수 있겠으나 현실은 내수시장을 점점 잠식당하고 있다는데 인식을 같이해 보다 과학적인 시장과 고객욕구의 분석이 절실하다.

1) 소비자 구매행동의 특성과 유형

① 기업운명의 포인트인 소비자 구매심리와 행동

오늘날의 소비자는 단순히 제품구매자가 아니라 상품과 기업의 운명을 좌우하는 고객이라는 점에서 시장은 욕구와 지불능력 및 소비 의사를 지닌 개인 또는 조직의 집단으로서 늘 움직이고 변화하며 변수가 다양한 특성을 지닌다.

이로써 소비자의 구매행동은 재화와 용역을 구매한다면 무엇을, 언제, 어디서, 어떻게, 누구에게, 어느 정도 구매할 것인가를 결정하는 과정 또는 경제적인 재화와 용역을 획득하여 사용하는데 직접 관련된 개인의 행동을 말하는 것이다.

우리의 생활행동 속에는 구매행동과 소비행동이 포함되는데, 경제적인 동기뿐만 아니라 소비자의 비경제적인 태도와 동기, 기대, 욕구 등에 따라 행동하는 경우가 많다는 조사 결과가 있다.

심리학자 매슬로우의 인간욕구 5단계

- **생리적 욕구** : 가장 기본이 되는 동물적 욕구인 음식, 성(性), 호흡, 수면, 배설의 욕구이다.
- **안전욕구** : 육체적 · 감정적인 위험으로부터 해방되고 싶기 때문에 주택과 의복 나아가 근심과 걱정으로부터 보호를 받고 싶어한다.
- **사회적 욕구** : 사회적 성격을 갖는 것으로서 사랑, 소속감(직장, 학교, 종교, 기타), 우정, 동료들로부터의 환영 등이 있다.
- **자아실현의 욕구** : 크게 자존 · 자율 등에 의한 내재적 존경욕구와 권력 · 돈 · 명예라는 지위, 인정, 관심 등의 외재적 존경욕구로 나뉜다.
- **자아욕구** : 아무리 자아실현의 욕구를 실현했다고 하여도 한편으로는 그 상위개념으로 스스로의 잠재력을 현실화시키려고 노력한다.

한편 소비자들의 구매동기에는 다른 사람에게 뒤지기 싫어하고 남과 차별화를 꾀하려는 욕망과 위신을 중요시하는 등 즐겁게 지내고 복잡함을 피하려는 감정적인 동기와 편의성, 수리봉사의 신뢰성, 가격의 저렴성, 품질의 우수성, 디자인과 브랜드의 우수성을 중시하며 편리한 장소와 시간을 선호하는 합리적인 동기가 있다.

소비자심리와 행동

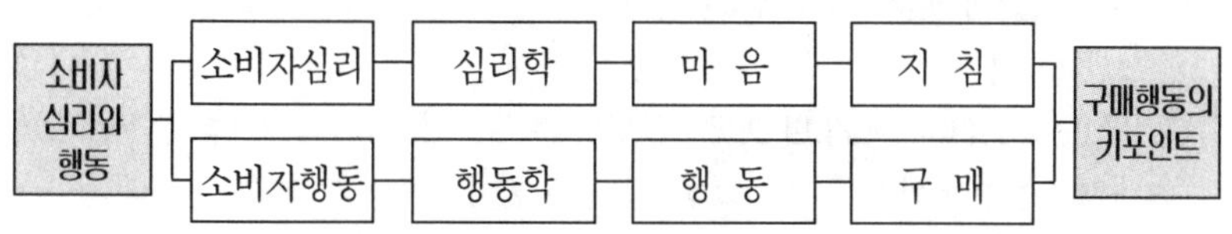

© Chae Soo Myung 31

② 갈대와 같은 소비자 구매행동의 유형

소비자의 마음은 갈대와 같고 처한 상황에 따라 고정적이면서도 유동적이다.

소비자 심리와 행동

- **합리적 소비자** : 여러 가지를 조사, 분석하고 검토하여 구매한다(까다로우나 실수가 적다)
- **가격에 민감한 소비자** : 가격비교를 통해 경제적인 구매를 한다(가격중심)
- **유동적 소비자** : 시기에 따라 매우 유동적으로 구매한다.
- **감정적 소비자** : 분위기와 브랜드, 포장, 광고를 선호하여 고급스런 제품을 구매한다.
- **충동적 소비자** : 즉흥적으로 충동구매를 한다.
- **신소비자** : 개성과 실용성을 선호하며 때로는 인지도를 중요하게 생각한다.

3. 무한한 고객들의 원초적 본능

① **가정에서의 커피** : 주택(가족, 친지, 기타 손님) / 따뜻한 대화, 무료

　업무공간에서의 커피 : 업무공간 / 대화와 휴식, 무료 또는 저가(자동판매기)

　자동판매기의 커피 : 길거리 자동판매기 / 싼 값, 편리성, 불결함

② **커피전문점의 커피** : 분위기(디스플레이) / 커피의 고유한 향기와 맛, 동호인 구성

③ **음악다방의 커피** : 음악상식 준음악인 / 음악감상(취미) + 휴식 / 1970년대 복고풍 예상

④ **호텔커피숍의 커피** : 고급호텔(신분차별화) / 고급, 우아한 분위기 + 고서비스, 고가격

⑤ **비디오를 상영하는 다방의 커피** : 부담감 해소 / 영화감상 + 가볍게 시간 보내기 / 음란한 환경 조건으로 청소년문제 발생

⑥ **산(山) 정상의 산장에서의 커피** : 산(등산의 노력) / 정상의 만족감 + 경치 + 추억 · 포근함

© Chae Soo Myung 32

2) 계층별 소비자구매행동 분석

① 태풍의 눈으로 등장한 여성

오늘날은 핵가족화와 여성들의 사회진출로 인하여 일상용품에서 남성용품에 이르기까지 대개 80% 정도를 여성이 구매하는 경향이 강하다.

때문에 태풍의 눈으로 떠오른 시장의 지배자인 여성을 어떻게, 누가 얼마나 잡느냐에 따라 기업의 성패가 좌우된다고 해도 과언은 아니어서 서비스 분야, 인터넷 등에서 우먼마케팅이 활발해지고 있다.

대체로 여성은 질투가 심하고 비교하는 것을 매우 싫어하는 동시에 애정과 고독과 유행에 민감하고 아주 섬세하며, 센스와 멋을 추구하고 미래

지향적인 면보다는 아주 현실적인 것을 추구한다.

따라서 제품의 질과 디자인, 실용성, 색채, 브랜드, 가격, 유통 등 여러 가지 구매요소들에 대해 남성들보다 더 치밀하게 따지는 장점도 있으나 유명상표에 지나치게 집착하며 백화점의 바겐세일을 선호하는 등 구매욕구가 매우 왕성하여 충동 구매 후 반품과 항의를 하는 경우가 많다.

> • 2000년도에 우리나라 여성의 경제활동 참가율은 20~24세가 60.8%, 25~29세는 55.9%, 30~34세는 48.5%로 뚝 떨어지고 35~39세에서 59.1%로 다시 상승하여 이른바 M자 곡선패턴을 그리고 있다.
>
> 이것은 미국이나, 독일, 스웨덴 등 서구 선진국이 평탄한 고원모양(고원형) — 연령에 따른 취업변화가 크지 않고 정년퇴직 때까지 비슷한 수준을 유지 — 을 보여주는 것과는 극과 극의 대조를 이룬다.
>
> 특히 대졸 이상 여성의 경제활동 참가율은 60.4%로 OECD 회원국 가운데 최하위수준으로 평균 83%에 크게 못 미치고 터키의 76%, 멕시코의 68%보다도 낮으며 심지어는 대졸남성은 평균 93%에 약간 못 미치는 88.2%로 최고 수준의 가족부양 부담을 지고 있다.

더구나 연령별로 본 경제활동인구가 외국에 비하여 월등히 낮은 것은 우리의 경세활동문화에도 그 원인이 있으며, 그만큼 한 가정에서 버는 사람보다 소비하는 사람이 많아 가계소득이 줄어들 수밖에 없기 때문이다.

연령별 경제활동인구 국제비교(1999년)

구 분	10대	20~24	25~29	30~34	35~39	40~44	45~49	50~54	55~59	60~64
미 국	55	73	78	76	77	79	80	74	65	58
스웨덴	27	58	76	83	86	88	90	85	80	57
한 국	4	61	52	48	59	64	63	67	62	41

자료 : ILO(1999년)

3. 무한한 고객들의 원초적 본능

더구나 한창 일할 나이인 20대 후반에서 30대 초반의 맞벌이 주부들이 자의 반, 타의 반으로 직장을 그만두는 풍토는 지식정보사회에서 젊고 유능한 여성인력의 유출은 그만큼 국가경쟁력에 마이너스를 초래하게 되는 요인이 된다는 점에서 특단의 조치가 필요하다.

신소비시대의 상품성격

시장성격	상품의 변화
글로벌리즘(지리적 · 정보적 확대)	품질, 기능의 세계수준화 중시
realism & identity(지리적 · 정보적 · 개인적 아이덴티티의 재현)	상품철학의 중시, 좋은 소재와 우수한 기술로 제작된 상품, 지역 완제품
amenity & ecology(자연 상태, 쾌적성의 중시)	off time시장의 확대(리조트 · 레크리에이션 · 여행 · 스포츠 등의 시장 : 기능편리, 간편화, 콤팩트화 상품, 환경상품)
리얼리티(현실, 실질가치 회복)	실질가치의 중시(품질, 가격), 실생활관련 용도 중시, 내구적 상품
hospitality(안정, 평안으로 복귀)	조작과 취급이 단순 · 편리 · 안전한 상품(건강, 안전, 안심, 생활보존 상품)

② 개성을 연출하는 X세대들의 구매행동

신세대의 사고와 생활패턴이 기성세대와 너무 달라서 알 수가 없는 관계로 인하여 X세대라고 한다.

이들은 풍요, 감각, 개방, 실용, 자유, 교육세대로서 개성과 자기주장 및 자기표현이 매우 강하며 자신의 역할만은 분명히 하는 등 가치관, 라이프 스타일, 소비형태가 기성세대들과 전혀 다르기 때문에 생겨난 신용어이다.

기성세대들은 삶을 위한 존재의 실현을 중요시하지만 X세대들은 생활에 근거를 둔 고차원의 욕구를 추구하기 때문에 자유분방하며 취미생활을 통해 인생을 즐기는 경향이 짙다.

더구나 고생을 모르고 물질적으로 풍족하게 자란 이유도 있겠으나, 사회가 다양하게 발전하면서 여러 가지의 간접적인 환경변화와 매스컴의 영향이 큰 원인이기도 한데, 나약한 면이 많아 자립심이 부족한 단점도 있다.

We상품보다는 Me상품을 선호하고 기능을 소유하기보다는 감성적이어서 광고와 지명도 및 유행에 민감할 뿐만 아니라 개성 있는 상품을 원하는 경향이 짙다. 또한 싫증이 매우 빠르고 기성세대가 가진 고정관념의 틀을 깨고 자신의 의지로 인생을 개척하겠다는 의식이 강하며, 직장이 제공하는 사회적 신분보다는 가치 있는 일 속에서 자신의 존재의의를 확인하려 한다.

정치적으로는 민주화와 자율화된 사회분위기의 혜택을 받았고 경제적으로는 산업화, 정보화의 물결 속에서 성장할 수 있었던 민주화바람은 신세대의 개인주의와 유교적인 전통, 가부장적 권위의 와해를 불러일으켰고 자율화는 책임이 따르는 냉혹한 경쟁과 효율우선의 사고를 가져왔다.

하지만 불경기로 인해 취업이 어려워지자 부모에게 기생하여 놀고 먹으면서 소비하는 층이 늘어나는 현상은 장기간 지속될 것이므로 소비와 함께 그 한계성이 드러나 총체적인 사회문제화가 예상된다.

최근 소비자들의 구매패턴은 기본적인 욕구충족에서 탈피하여 감성소비, 더 나아가 감동소비로 진입하였기 때문에 고가품이라도 자신들이 생각하는 욕구를 충족시켜줄 수 있는 상품이나 서비스라면 우선 구매하려는 경향이 매우 강하다.

모바일 라이프도 1318(13~18세)세대는 일단 일을 저지르고 보는 선행후사형으로 시간만 나면 컴퓨터 앞에 앉아 인터넷을 사용하지 않으면 시대에 뒤떨어진다고 생각하는 PC의존형이며 1924세대는 남들이 가지 않는 길을 가는 일탈개형으로 휴대폰 보유율이 86%이며 문자메시지를 주고 받아 엄지족으로 불린다.

반면에 2535세대는 출사일전형으로 재산증식에 따른 위험도 감수하며

세대별 의식과 가치관의 비교

구 분	10~20대	30~40대 초반	50대 중반 이후
의식	매우 감성적이고 시각이 단순하며,도식화되어 있다(포스트모던).	매우 논리적이고 문제 의식이 강하다.	전통적이고 보수적이며 관료적이다(네오모던).
성장배경 사회적 성격	컬러, 자동화시대, 타인지향적(도시 중심, 유행, 변화)	1980년대 민주화시대, 타인지향적	6·25와 일제시대 내부, 전통지향적(도시주변, 연속, 안정)
직업관	자아실현의 장, 언제나 독립, 개성 중시(감성), 잔업거부(취미생활)	어느 정도 개성추구, 중간적 입장, 팀 중시, 어느 정도 잔업수용	생계유지의 수단, 평생직장, 전체조직 중시(이성), 잔업수용
해외문물 적용	외국문물 선별적 흡수, 문화모방	선별적 흡수	동경의 대상(외국 콤플렉스)
소비특성	이동성이 강함, 유니섹스, 패션 오피니언 리더, 취미관련용품과 패스트푸드 선호, 브랜드·디자인·지명도·광고 중시(소비자, 기호성)	자녀 특성에 따라 라이프스타일 변화, 신상품과 광고 중시, 내구소비재, 패스트푸드 선호	내구소비재, 건강식품, 정년 대비(생활자), 품질 중시(기능성)

출전) 채수명 : 「유통개방시대의 내실경영비법」. 마켓저널, 1995. 7., p.4

홈뱅킹, 사이버 주식거래가 빈번할 뿐만 아니라 일도 열심히 하고 놀기도 잘하며 대개 결혼 전후 세대이므로 이동통신 사용량이 가장 많다.

이러한 소비패턴의 변화로 세계적인 품질의 상품과 사용이 간편한 상품을 선호하며 제품의 포장도 화려함보다는 소재, 기능, 품질 등의 본질을 추구하는 경향이 짙어 실용성이 강한 상품이 성공할 가능성이 크다.

또한 같은 값이면 환경상품과 같은 사회공헌상품이 유리하고, 일과시간 이외의 시간을 이용하는 레저상품이어야 하며 고가품이더라도 소비자의 욕구를 만족시키는 상품이어야 한다.

한편 사용이 간편하고 고장이 나지 않는 세련된 디자인의 제품을 선호하므로 'new young', 'new family market' 이라고도 불리는 30대가 시장의 새로운 고객으로 등장하였다.

그들은 구매력이 가장 왕성한 계층으로서 소비의 주체가 될 신세대와 함께 기업의 생존을 좌우하는 새로운 '거대소비집단' 으로서 부상하고 있으므로 이들의 사고방식과 생활형태에 따른 마케팅요소를 소구력하여 창조함으로써 급변하는 시장환경에 대처할 수 있는 마케팅전략을 마련해야 할 것이다.

③ 보수적이고 권위적인 기성세대

기성세대는 일제시대에 태어나 일제의 압박과 민족의 최대비극인 한국전쟁을 겪었고 보릿고개를 거쳤으니 먹지도 배우지도 못하면서 고통을 참아내며 1970년대 조국근대화의 주역으로서 한강의 기적을 만든 세대이다.

그래서 시대상황에 따라 적절히 대응하면서도 잘 순응하면서 주로 의식주해결에 중점을 두었다.

때문에 국가발전의 주역이라는 자부심이 매우 강하나 강자에게는 순응하고 복종하면서도 약자에게는 냉소적이며, 세대간의 갈등이 심해 자유분방하고 당돌한 신세대를 이해하지 못하고 여성들의 사회참여를 거부하는 한편 가부장적인 권위가 매우 강하다.

이미 정년퇴직, 명예퇴직을 하였거나 조직생활을 하더라도 급변화하는 조직에 순응하지 못해 곤욕을 치르고 있는 것은 나이보다는 사고의 정체에서 오는 한계점으로 오직 화려했던 과거의 추억을 안고 산다.

이 사회의 지도층, 지배층으로서의 사명감을 가지고 시대에 맞게 혁신하기보다는 안주하려는 습성이 강하며 또한 생각은 유교적으로, 행동은 서구적으로 할 뿐만 아니라 은근히 과시적·이기적이며 사회변화와 행동을 개탄하면서도 자기 자식은 기 죽이지 않으려고 최대한 잘해준다.

어떻게 보면 과거에 국가발전의 공헌자이면서도 이제와서는 세계흐름에 순응하지 못하고 우물 안의 개구리식으로 개혁의 방해자라는 이중적인 비판을 벗어나지 못하고 있다.

이들 세대는 권력, 재력, 명예를 동시에 거머쥔 은빛세대와 마냥 고생만 하고 있는 힘없는 기성세대로 크게 나누어진다.

전자를 대상으로 하는 고품질 고가의 실버 상품과 후자를 대상으로 하는 중품질 저가의 실버상품을 개발하여 판촉하면 효과적이므로 이를 위해 건강식품, 의료기기, 장난감, 서적, 정보, 중개, 사교, 문화산업 등 보다 세분화된 맞춤식의 신용상품은 파급효과가 매우 크다.

특히 우리의 경우 상류층 10%는 월소득이 700만 원 이상으로 월 320만 원을 소비하지만 하류층인 10%는 월소득이 76만 원으로 월 85만 원을 소비하는 등 빈부의 격차가 너무 심한 것으로 나타났다.

이런 점 때문에 상류층은 고품질 고가의 브랜드상품을 선호하지만 저소득층은 중품질 저가의 상품을 선호할 수밖에 없으므로 이에 대한 포지셔닝전략이 필요하다.

3) 구매 결정시 참여자와 영향요인 및 과정

① 구매 결정시 참여자와 영향요인

구매결정시 참여자가 여러 명일 경우 리더와 팀원의 조언이 중요하나 참여자가 혼자일 경우에는 그동안의 누적된 이미지와 충동구매를 하는 경우가 일반적이다.

• 구매결정 참여자 •

- **발안자** : 어떤 제품을 구매하려는 아이디어를 최초로 암시하거나 제공한 사람
- **영향력 행사자** : 최종적인 구매결정을 하는데 어느 정도의 영향력을 명시적·암시적으로 행사하는 사람
- **결정자** : 구매 여부, 구매대상과 방법, 시기와 장소 등의 일부 또는 전부를 결정하는 사람
- **구매자** : 실제로 제품 구매를 하는 사람
- **사용자** : 구매한 제품을 실제로 사용 또는 소비하는 사람

• 구매행동에 영향을 주는 요인 •

- **문화적 요인** : 문화, 하위문화(국가, 민족, 종교), 사회계급(성별, 세대).
- **사회적 요인** : 준거집단, 대면집단(가족, 친구, 이웃, 직장, 동료, 학교, 종교단체 / 희구·회피집단), 가족(부모, 배우자, 자식, 형제), 가족과 조직에서의 역할과 지위
- **개인적 요인** : 연령과 가족생활 주기단계, 직업, 경제적 상황, 라이프 스타일, 성격과 자아개념
- **심리적 요인** : 동기부여, 지각, 학습, 신념, 태도

---

3. 무한한 고객들의 원초적 본능

ⓒ Chae Soo Myung 33

② 소비자의 구매행동과정과 평가기준

소비자들의 공통적인 구매심리와 행동과정을 살펴 이에 대한 전략방안을 구축하는 것이 바람직하다.

소비자의 구매행동과정

욕구의 인식(필요) → 정보의 탐색(조사) → 대안의 평가(분석) → 구매의 결정(확신) → 구매행동(구매) → 구매 후 행동(만족도)

종합적인 소비자 구매행동

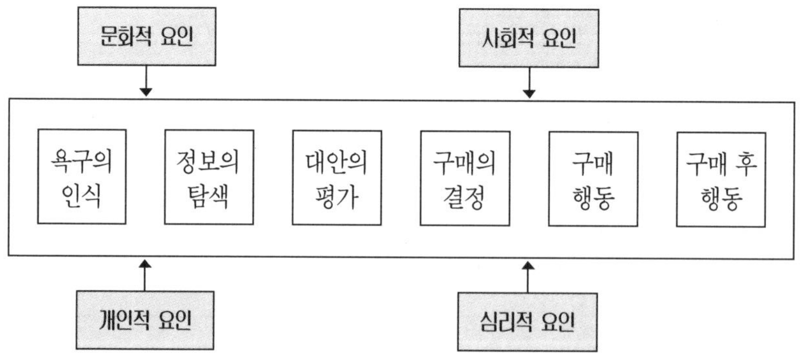

제2장 마케팅 정보전략

소비자의 구매행동과정

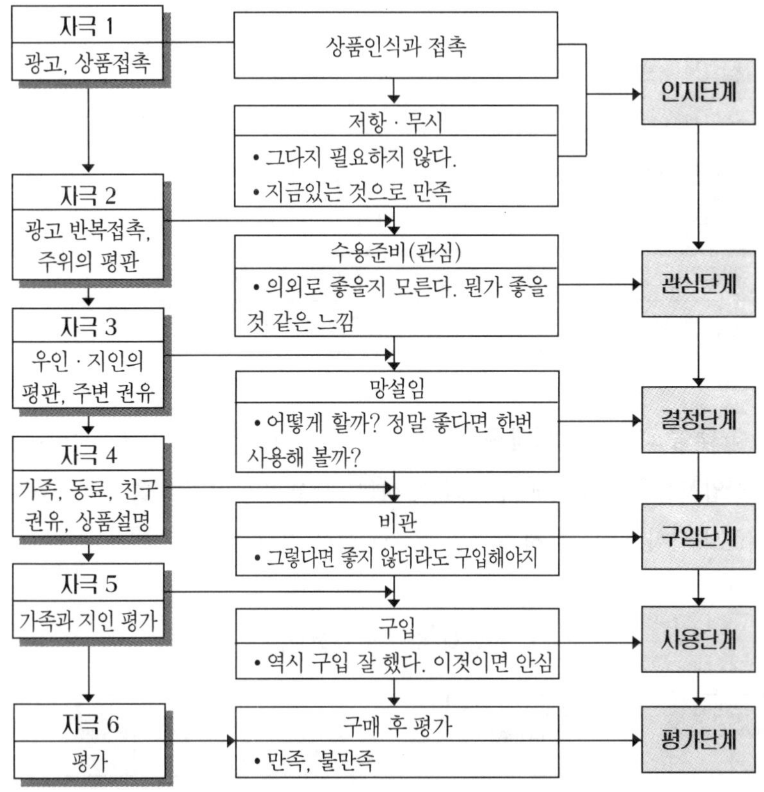

소비자들이 상품을 구매할 때의 평가기준은 행동유형과 영향을 주는 요인 그리고 시간과 장소에 따라 다른데 대체로 평가를 합리적 또는 즉흥적으로 실시한다.

소비재상품의 구매 평가 기준

구 분	내 용
실용성 (품질)	품질 우수, 견고, 사용과 취급이 간편함
감각성 (조형성)	디자인, 색채, 광고, 이미지
사회심리성 (유행성)	첨단, 최신유행, 브랜드, 위신
경제성	저가, 적정가격, 유지비 저렴
건강위생성	영양 풍부, 인체 무해, 건강, 청결
인간공학성	안전, 쾌락, 편리, 인체해부학

③ 대량 고가의 산업재 구매행동

산업시장은 판매증대, 원가절감, 사회·법률적인 요구와 충족을 위해서 재화와 서비스를 구매하는 개인 및 기관들을 일컫는다.

산업재 수요의 결정요소

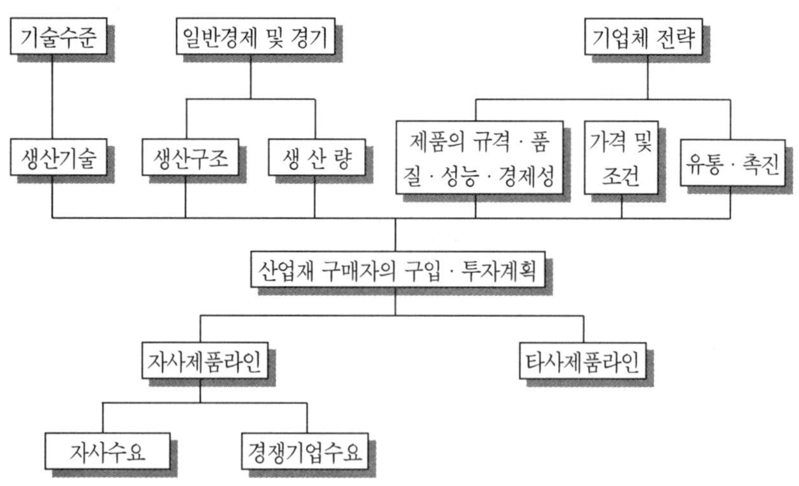

그 특징으로는 구매자는 적으나 대량으로 구매하고 고품질, 고가품으로 지리적으로 집중 또는 분산되어 있으며 비탄력적이고 급격하게 변화할 뿐만 아니라 대부분 최고경영진 또는 전문가라는 점이다.

일반적으로 공급업체를 선정할 때의 기준을 보면 품질(20%), 납기일(20%), 가격조건(20%), 품질과 기술력 문제에 대한 신속한 대응력(10%), 기술분야 자문능력(10%), 구매자의 긴급한 주문이나 요구사항에 따른 조치능력(5%), 계약엄수(5%), 공급업체의 신기술 소재 도입능력(5%), 기타(5%)가 있다.

구매과정으로는 대체로 문제의 인식 → 총체적 필요사항 명시 → 제품설명 → 공급자 탐색 → 견적제품 → 공급자 선택 → 주문의 통상적 명세 → 실적 재검토의 순서를 밟게 된다는 점에서 이를 응용하는 대책이 필요하다.

4. 시장조사, 어떻게 할 것인가?

시장조사는 마케팅경영의 성패를 좌우하는 핵심포인트이다.

때문에 확고한 근거와 전망 없이 무모하게 사업을 시작한다는 것은 위험한 일이며 기존의 기업체일지라도 치열한 마케팅 경쟁사회에서 성공하기 위해서는 시장의 실정이나 동향을 자세히 파악하고 분석하여 그에 알맞은 경영활동을 추구해야 한다.

따라서 시장조사는 모든 마케팅경영 활동에 있어서 정책결정의 기초가 되는 것이므로 과학적이고 주기적인 조사, 분석이 필요하다.

1) 마케팅조사의 본질과 절차

① 정보시스템의 중요성 · 효율성

오늘날 기업을 훌륭히 경영한다는 것은 곧 미래를 경영하는 것이며, 미래를 경영한다는 것은 정보를 관리하는 것이므로 정보가 기업의 성패를 좌우한다고 해도 과언은 아니다.

때문에 마케팅정보의 기본적인 기능은 마케팅활동을 둘러싼 불확실성을 최소화하는 것이므로 가장 최근의 정확한 정보의 수집을 통해 마케팅활동을 강화시킬 수 있도록 에너지를 극대화시켜야 한다.

더구나 정보전쟁시대인 오늘날 의사결정과 정보분석은 불가분의 관계로서 과학적 정보관리의 중요성이 더욱 커지고 있으나 아직까지도 대다수의 기업들이 의사결정상 필요한 정보의 입수와 관리를 효과적으로 활용하지 못하는 실정이다.

특히 마케팅정보시스템이란 마케팅 의사결정자가 정확하고 적절한 정보를 동시에 수집, 분류, 분석, 평가, 배분할 수 있도록 사람, 기구, 절차로 구성된 시스템으로 정보를 더 유용하게 하기 위한 것이다.

따라서 여러 가지 마케팅정보를 적시에 적절한 형태로 조사 분석하여 배분하는 활동이므로 매우 중요하지 않을 수 없다.

시장정보시스템

구 분	내 용
시 장	국내외 상황, 공급과 수요의 장, 고객심리와 행동, 경쟁사, 기타 변수(정치, 경제, 사회, 문화, 기술 등)
정 보	노하우, 긴급, 보통 / 과거, 현재, 미래 / 고가치, 중가치, 저가치
시스템	입수체제, 분석, 상품가치화, 활용화, 평가

© Chae Soo Myung 34

② 시장조사의 본질과 합리적인 절차

시장조사는 생산자로부터 소비자에게 재화 및 용역을 이전하고 판매하는 데 관련된 모든 문제를 수집하고 기록하며 분석하는 것이다.

그 목적은 마케팅 문제해결을 위한 의사결정시 필요한 정보를 제공하고 새로운 지식을 개발하는 것이며 의사결정 오류의 폭을 좁혀주며 판매촉진의 효율화와 비용 절감, 진취적 사고, 유통경제상 공격전략 등의 이익을 제공해준다.

그 내용은 해결해야 할 문제의 성격, 경영 당사자의 시장조사에 대한 태도, 조사관계자의 능력, 자금의 정도 등에 따라 결정되는 것이 일반적이다.

시장조사 내용

구 분	내　　　용
제 품	기술, 품질, 디자인, 포장, 색채 / 생산시기의 연구, 적정 생산량 산출
마케팅	시장위치와 특성, 시장의 한계, 예상 매출액, 잠재구매력 측정, 적절한 분배 방법, 브랜드, 광고시기와 표현기법 및 효과 측정, 점포 이미지, 판매기법, 서비스
소비자	소비자의 구매의식과 형태, 생활상태 변화
경쟁자	경쟁자의 품질과 디자인, 판매전략, 제품경쟁적 지위, 시장점유율, 경쟁사의 신제품평가
상거래	수출입업자, 제조와 가공업자, 객주 그 밖의 중계업자, 일반 거래 방법과 관습
일반경제	생산과 판매에 대한 가격의 영향, 산업과 상업의 경쟁적 분석, 제품의 종류에 대한 수요의 연구

이와 같이 시장조사에서 중시되는 것은 자사제품의 경쟁상 지위, 시장의 크기, 지역적 잠재구매력 분석, 판매실적의 변동분석, 경제조사, 신제품의 소비자 반응조사, 신제품의 수요측정, 시장특성의 파악, 경쟁품과의 제품비교 등이다.

시장조사의 절차

① **상황분석** : 무엇을 조사할 것인가를 먼저 생각한 후, 기업현황을 분석하고 목적달성 정도를 측정하여 정책을 수립한다.

② **비공식조사** : 공식조사에 앞서 시험적으로 조사해보고 진행하고자 하는 조사방법의 타당성 여부(조사방법, 요령, 비공식 조사보고)를 검토한다.

③ **공식 조사계획** : 조사목적의 결정, 자료의 종류와 자료원의 결정, 조사기법의 결정, 자료수집을 위한 서식 준비, 조사진행계획과 비용을 책정한다.

④ **자료 수집** : 다각적인 측면에서 체계적으로 자료를 수집한다.

⑤ **자료 집계와 분석** : 자료의 집계와 분석 및 해석을 과학적이고 실제적으로 한다.

⑥ **보고서 작성과 제출** : 조사결과를 보고서로 작성하고 의견을 첨부하여 최고경영층에게 제출하고 보고한다.

⑦ **보고서의 활용** : 조사의 결과를 각 부서에서 활용한다.

이를 통한 업무의 효율화를 위해서는 어떻게 조사를 해야 하는가에 대한 방법들과 어떤 기법이 가장 과학적이고 합리적이며 경제적인 동시에 효율적인가를 먼저 검토하는 것이 바람직하다.

기존 자료조사는 각종 통계자료를 수집하여 분석하는 방법으로 국민경제 전체로서의 시장파악과 경제학적인 시장파악이 있는데 이는 흐름을 살펴보는 데 효과적이다.

이 밖에 자료원으로는 내부자료, 간행물, 제품의 구매자와 소비자 등이 있는데 이를 통해 종합적이고 주기적인 자료분석이 필요하다.

자료조사

구　분	내　　　용
신　문	일간지, 경제지(한국경제신문, 매일경제신문)
잡　지	월간무역, 현대경영, 신용사회, 마케팅, 디자인 등
논　문	학회(경영, 경제, 경영과학, 마케팅 등), 석박사논문, 현상공모논문
연구보고서	각종 보고서(연구원)

ⓒ Chae Soo Myung 36

2) 시장조사기법과 표본조사

① 시장조사를 위한 기법

시장조사를 잘할 수 있는 비법은 올바른 접근자세와 방법에 있다.

체계적인 기획 아래 조사원이 고객과 직접면접, 관찰, 그룹 인터뷰, 우편, 전화 등으로 질문 조사하여 회답을 통해 나타난 결과에 대해 검증작업을 거쳐야 하지만 이때 형식적인 시장조사는 오히려 역효과를 가져오기 때문에 과학적인 조사와 분석이 필요하다.

시장조사 기법

• **질문방법** : 질문에 의한 조사방법으로 사실질문법(예를 들면, 지금 사용하고 계시는 TV는 어느 회사 상표입니까?), 의견질문법(예를 들면, 귀하는 어떤 색상을 좋아하십니까?), 해석질문법(예를 들면, 왜 그것을 선호하십니까?)이 있다.

그 구성요소로 조사에 대한 협조 요청, 조사의 취지와 요점설명, 소구자료, 회답자 분류자료, 회답자의 주소와 성명 등이 포함되어야 의문점이 없을 뿐만 아니라 기대 이상으로 보다 구체적인 사항을 받을 수 있다.

② 표본조사방법과 주의점

조사대상의 범위가 너무 광범위하거나 복잡한 경우 어려움이 많으므로 어쩔 수 없이 조사대상 중에서 일부분을 표본추출하여 조사한 후 이를 전체의 상태로 분석하는 방법을 선택하게 된다.

비용도 적게 들고 시간도 절약할 수 있다는 장점 때문에 대부분 이 방법을 이용하는데 정확성이 떨어진다는 단점이 있으므로 주의하여야 한다.

● **임의추출방법** : 모집단으로부터 표본을 확률적으로 추출하는 방법 중 단순임의 표본추출법은 모집단에 포함되는 모든 것들이 동등하게 추출되는 기회를 갖도록 하는 방법이다.

이 중에서 총화임의 표본추출법은 비슷한 몇 개의 층으로 나누어 표본추출하는 방법이며, 취락임의 표본추출법은 몇 개의 취락으로 나눈 후 표본추출하여 전수조사하는 방법이다.

● **유의추출방법** : 표본을 주관적으로 선정하는 방법 중에서 편의적 표본추출법은 조사자의 편의에 따라 주관적으로 표본을 선택하는 방법이다. 이것은 편견이 개입되기 쉽고 추출의 정밀도와 객관성이 떨어지는 단점이 있으며, 판단표본 추출법은 경험이 풍부하고 능력 있는 전문가에게 의뢰하는 방법이고, 할당표본 추출법은 표본의 크기를 충화하고 할당하는 방법이다.

● **특수시장 조사법** : 특정한 사정이나 목적 아래에 특별한 문제만을 해결하기 위해 한 번씩 실시하는 방법인데, 제품의 시장 수용도를 알기 위해

시장정보 획득의 수단으로써 실험용 점포를 적합한 각 지역에 하나 또는 그 이상의 독립점포를 만든다.

소비자패널법은 올바르게 구성된 소비자의 표본을 선정하여 일상생활 속에서 그들이 매일 하고 있는 상품구입 행위를 기록 · 보고하고 일정기간마다 그 보고서를 수집해서 분석함으로써 소비자의 수요와 태도의 변화를 알아내는 조사방법이다.

이와 같이 표본조사가 자주 사용되는 원인으로는 신속성, 경제성, 세밀한 조사 기능, 전수조사가 불가능한 경우(모집단이 무한히 많은 경우, 파괴적인 조사를 해야 할 경우, 모집단의 정확한 파악이 불가능한 경우), 정확도의 증가(비표본오차의 감소, 조사대상의 오염방지) 등을 들 수 있다.

③ 시장조사의 사례와 주의사항

시장조사 사례(1)

제일기획이 5대 도시에 사는 13~59세의 남녀 3500명을 대상으로 '2001년 전국소비자조사(2001. 5. 22.~6. 15.)'를 실시한 결과 점차 세대간 격차를 보이고 있는 것으로 나타났다.

중고등학생인 1318세대는 행동 후 생각하며 힙합음악과 극도의 대중성을 추구하기 때문에 몰(沒)개성적이고 컴퓨터와 인터넷을 멀리하면 시대에 뒤떨어지는 것으로 여겨 중독증을 보이며 관심사는 우정과 친구(78%), 연예인, 유명인의 동향(52%)으로 패션, 말투, 사고방식을 모방, 추종하려 한다.

대학생, 신세대 직장인인 1925세대는 휴대폰 소지 비율이 86%로 문자메시지를 주고 받으므로 엄지족으로 불리며 이성교제와 결혼(51%)에 관심이 높은 반면에 가정과 가족에 대한 관심사는 28%로 1318세대(33%)보다 훨씬 낮으며 사회진출 준비로 인해 자기계발과 도전의식, 신상품, 서비스, 구매경향이 가장 높다.

사회초년병인 2632세대는 미래에 대해 긍정적으로 생각하면서 이혼금기와 아들선호사상과 같은 전통적인 사고방식에서 벗어나려고 하다보니 혼전 성관계가 가장 유연하고 재테크에 관심이 높아 위험을 무릅쓰고 홈뱅킹, 사이버 주식거래도 빈번하다.

중년층인 3342세대는 가족과 자녀교육에 관심이 높고 인터넷의 중요성을 인식하면서도 컴맹이 여전히 많으며 신문의존도와 보험가입률이 가장 높아 불확실한 미래에 대비해 준비하고 인생의 황금기를 맞고 있다.

장년층인 4355세대는 건강에 대해 매우 관심이 높으며 남아선호 등 유교적인 전통사상이 남아 있어 소비행태도 보수성이 강하며 명예퇴직 등으로 인하여 실직 등 미래에 대한 불안감이 많다.

이로써 세대간 격차는 더 커져 1318세대는 PC족, 4355세대는 신문·사극족으로 이분법화되었고 유명상표 선호도의 경우 1318세대들은 5년 전보다 낮아진 반면에 중·장년층은 높아져 점차 고급화추세를 보이고 있다.

외환위기 이후 미래에 대한 불안감이 커져 이민에 대한 동경심이 커졌고 교통이 불편해도 쾌적한 곳에서 살고 싶어하는 비율이 50%로 삶의 질에 대한 관심이 높으며 PC는 생필품이며 TV 사극을 좋아하고 있는 것으로 나타났다.

세대별 특징

구 분	1318	1925	2632	3342	4355
상 황	중고생(입시병)	대학생(취업병)	사회초년(결혼초)	중년층(팀장)	장년층(임원진)
특 징	먼저 행동 후 생각	휴대폰 중독	혼전 성관계	돈, 진급중독	건강 중시
키워드	마우스, 힙합, 인터넷, e메일, 컴퓨터	휴대폰, 팬시 개인주의, 미래에 대한 불안감	마이카, 직업, 과거의 사고에서 탈피, 취업불안감	가족, 커리어, 사회정치의식, 논리적	음식, 건강 구조조정, 이혼, 사회정체성 위기

출전) 제일기획, 2001 전국소비자조사. 보완.

대체로 상품이 판매되지 않는 원인으로는 소재나 기술 면에서 낙후된 측면도 있겠으나 마케팅과정에서 완벽한 시장정보를 확보하지 못했기 때문이다.

즉 시장조사가 과학적이지 못해 나타난 혹독한 대가이므로 이제부터라

4. 시장조사, 어떻게 할 것인가?

도 과학적인 조사 분석을 통해 '어떻게 하면 필요한 자료를 필요할 때 이용할 수 있는 시스템을 형성하느냐?' 가 성패의 관건임을 인식하여 대비하여야 한다.

즉 정확한 시장정보와 시장조사 분석의 데이터만 있다면 어느 누구든 어떤 산업이든 무슨 제품을 생산하고 판매하든지 성공할 수 있다는 자신감을 가질 수 있고 성공할 수도 있다.

그러나 시장조사의 시기와 분위기에 따라 다를 수 있으므로 시장조사의 결과를 무조건 신뢰하기보다는 흐름을 이해하는 것이 좋다.

설문조사 때는 호응했어도 본격적으로 판매할 때는 외면하기도 하며 시장조사 때는 외면당했어도 시판 때는 히트하기도 하는 등 함정이 도사리고 있기 때문에 주의하여야 한다.

시장조사 사례(2)

- **스팰딩사와 미즈노사** : 스포츠용품 회사로서 1990년대 초에 펌프운동화의 원리를 이용하여 공기주머니를 부착한 야구용 펌프글러브를 개발하고자 설문조사를 한 결과 소비자들로부터 호평을 받아 100달러에 판매하였으나 소비자들이 외면하는 바람에 큰 손해를 보고 말았다.
- **크라이슬러사** : 시장조사에서 미니밴의 평가가 아주 안 좋았지만 개발·출시하여 히트상품화되었다.
- **스틸케이스사** : 사무용품 가구업체로서 신제품을 개발할 때 아이디어 창출을 위해서 여러 회사에 비디오 카메라를 설치하여 직원들 몰래 그들의 행동패턴을 관찰한 결과를 기초로, 집단으로 모일 수 있으면서 개인공간도 보장해주는 모듈식 가구를 개발해 히트를 쳤다.
- **어번아웃피터사** : 20개 체인을 갖고 있는 미국의 의류업체로서 매장과 뉴욕의 이스트빌리지 등의 주택가를 찾아다니며 카메라로 촬영하여 그 자료를 신제품개발에 활용하고 있다. 설문조사는 창업 이후 25년간 두 차례밖에 하지 않았고 실제조사에 전념하고 있다.

3) 확실한 판매예측과 분석

① 확실한 판매예측의 방법

우리가 가장 기대하는 판매를 예측한다는 것은 아주 어려운 일이면서도 한편으로는 쉬운 일이다.

어떤 제품이 언제, 어디서, 누구에게, 얼마만큼, 얼마로 판매될 수 있는가를 예측하는 일이므로 무엇보다도 정확성을 위해서는 과학적이고 객관적인 조사 분석과 통계 및 예측이 필요하다.

또한 생산과 기업의 활동에 영향을 주기 때문에 절대적으로 필요한 요소이지만 다양한 변수를 예측하지 못해 오류가 발생한다면 오히려 막대한 경영손실이 초래된다는 것을 잊지 말아야 한다.

◉ 통계적 예측법 : 그동안의 통계에 의한 방법으로 단일지수법은 어떤 상품에서 경기변동 이외에 수요를 자극하는 요인이 적을 때 이용하는 방법으로 소비증가에 대한 통계자료로 수요증가를 예측할 수 있지만 상관계수법은 생산재 상품의 경우 그 상품과 밀접한 관계가 있는 지수와의 관계에서 수요를 예측한다.

◉ 누적적 예측법 : 과거 경험에 의한 누적방법으로 경영자의 판매책정량과 그것을 구현시켜야 할 판매부서의 판매 가능량 사이에 오차가 생기므로 양자의 차이를 조정하기 위해서 사용하는 방법이므로 판매예측표를 작성하여 도매점과 판매원에게 각기 판매예측량을 제시하는 것으로서 실현율이 높은 반면에 허위로 기재될 가능성이 있다.

◉ 계절지수 예측법 : 판매량은 계절에 따라 변동이 있어 보통 1년 단위로 변동을 계수적으로 파악한 후 그 계절지수를 산출하여 판매량을 측정하는 방법이다.

여기에서 계절지수란 지난 수년 동안의 매출액에 대해 각 월의 평균액

4. 시장조사, 어떻게 할 것인가?

을 합한 후 12로 나누어 총계에 대한 평균을 구하는 것이다.

◉ **경향변동 예측법** : 양분평균법은 판매실적의 기간을 전후반으로 구분하여 전반부에 대한 산술평균을 구해서 그래프로 만드는 방법이다.

즉 전 기간을 1로 보고 1/4과 3/4에 점을 찍고 직선을 그어 판매경향선을 통해 판매를 예측할 수 있는데 언제나 직선으로 나타나기 때문에 정확하지는 않다. 그렇기 때문에 매출기간을 몇 개의 층으로 나누어 각 층마다 양분평균법을 사용하여 경향선을 그린 후에 그것에 따라 층별로 영업정책을 탄력적으로 운용한다.

이동평균법은 전체적인 판매기간을 몇 개월 단위로 구분하여 산술평균을 구하고 그 후부터는 1기씩 이동시켜 점차 같은 기간마다의 평균값을 구해가는 방법이다. 주로 판매실적값에 의한 것보다는 변동폭이 좁아 이동평균값의 수가 적어져서 경향선을 긋기는 쉽지만 최근의 이동평균값이 산출되지 않으므로 앞으로의 예측에 비효율적이라는 단점도 있다.

단위기간을 짧게 잡을수록 이동평균값의 변동폭이 넓어지고 평균값의 수가 많아지므로 판매경향선을 긋기가 힘들지만 최근까지의 이동평균값이 산출되므로 예측하는 데 효과적이어서 단위기간을 알맞게 정하는 것이 중요하다.

이와 같은 방법 중에서 특정방법만을 고집하기보다는 총체적인 방법 아래 상황에 따라 특정방법을 활용하면 효과적이다.

② 판매분석은 판매계획이다

판매분석은 판매활동의 현황을 파악하고 유효한 판매지도와 상품정책 및 판매액 예측의 기초자료로 삼기 위해 하는 것이다.

이때 매출기록, 비용, 이윤에 대한 자료를 수집하여 분석의 필요에 따라 분류하고 다각도로 검토하여 추후 판매계획에 활용하는 것이 바람직하다.

- **총매출액 분석** : 금액별 증감 변화상태와 그 원인
- **상품별·월별 판매분석**
- **기별 판매분석** : 상승과 하강경향, 평균, 판매예측과 실적차이 원인
- **경로별 판매분석** : 도매상, 연쇄점, 일반소매상
- **지역별 판매분석**
- **고객별 판매분석** : 고객별 매출액, 비용, 이윤 분석
- **취급 점포별 판매분석** : 흐름분석
- **주문액분석** : 주문 흐름
- **판매원별 판매분석** : 신규 거래처, 계정수, 방문횟수와 비용, 방문시간 등
- **고객의 판매에 대한 불만분석** : 불만과 제안원인 분석

한편 판매계획을 수립하는 데에는 여러 가지 방법이 있으나 대체로 다음과 같다.

◉ **전년도의 월별 매출액에 일정률을 곱하는 방법** : 판매 경향, 계절, 순환, 불규칙적인 변동과 생산지수·물가지수를 조사한 후에 소비수준의 경향을 계수적으로 파악하며 경쟁사의 경쟁률의 현황을 알아보고 신기술·신제품의 출현과 발전상황, 국가시책, 재정, 금융계의 동향, 자사의 경영빌전과 운영상 어러 요인을 파악한다.

◉ **누가비율에 의한 방법** : 연간매출액을 기초로 매월 매출액의 비율을 구하고 이 매월의 비율을 누가해서 누가비율을 산출한 후 판매액을 계획하는 것이다.

◉ **연간경비에 의한 판매계획법** : 모든 경비를 충당하고도 이익이 남을 수 있는 목표를 세우는 것으로 비용을 중요시하고 그것을 기준삼아 판매계획을 세운다.

4. 시장조사, 어떻게 할 것인가?

5. 시장세분화와 포지셔닝 및 표적마케팅전략

　　고객들의 가치관이 변하고 교육수준이 향상되었으며 매스미디어의 발달로 고객의 욕구가 매우 다양해졌기 때문에 한 가지 제품과 판촉기법만으로는 만족을 줄 수 없다.

　　따라서 각양각색의 욕구를 적시 적소 적량으로 만족시키기 위해서는 시장세분화에 의한 포지셔닝 및 표적 고객에 맞는 전략마케팅을 통해 마케팅목표를 달성하기 위한 틈새고객을 공략한 표적시장 노하우가 필요하다.

1) 타깃 시장세분화와 포지셔닝

① 시장세분화의 본질과 형태

고객은 점차 의식과 적성의 변화로 그 욕구도 천차만별이고 변화하기 마련이다.

따라서 같은 종류의 같은 제품으로는 모든 소비자들을 만족시킬 수는 없기 때문에 포괄적인 전체시장을 단일표적으로 삼는 것은 너무 추상적이어서 비효율적일 수밖에 없다.

이는 과거처럼 소품종 다량생산시대가 아니라 다품종 소량생산 또는 가변생산 시대임을 입증하는 것이므로 시대적인 흐름에 부합되기 위해서는 불가피하다.

이런 관계로 특정품목을 제품 하나 또는 그 이상의 제한된 세분시장만을 고집하기보다는 구체적이고 과학적인 표적시장으로 삼아 에너지를 극대화시키는 것이 판매를 촉진시키는 등 훨씬 효과적이다.

더구나 시장은 니즈를 선점하고 고도의 마케팅기획과 거기에서 제기되는 컨셉을 생산화시키는 지적 이노베이션(Innovation : 혁신), 즉 혁신에 의한 고부가가치의 창출전략이기 때문에 매우 중요하다.

이를 목표로 적합한 제품개발과 판매 등 온갖 마케팅 자원과 노력을 집중적으로 투입하여 효과를 얻기 위한 것이 시장세분화이며 동질적으로 세분화된 시장이 바로 세분시장이며 이를 표적시장이라고도 하여 마케팅의 핵심을 이룬다.

그 방법에는 비시장 세분화와 완전시장 세분화가 있고, 형태에는 시장을 형성하는 모든 구매자들이 거의 동일한 선호경향을 나타내는 동질적 선호와 선호경향이 상당이 흩어져 있는 확장된 선호 및 몇 개로 고객군이 밀집된 선호가 있으므로 이를 적시적소에 활용하는 것이 바람직하다.

시장의 세분화

구 분	내 용
지리통계적	지역, 인구밀도, 도시의 규모, 기후, 역사, 문화
인구통계적	성별, 연령, 가족규모, 가족수명주기, 소득, 직업, 교육수준, 사회계층, 종교
심리분석적	사회계층, 라이프 스타일, 개성, 태도, 소비심리형태
행동분석적	구매계기, 추구편익, 사용자 신분과 상태, 사용률, 상표충성도

시장세분화의 방법

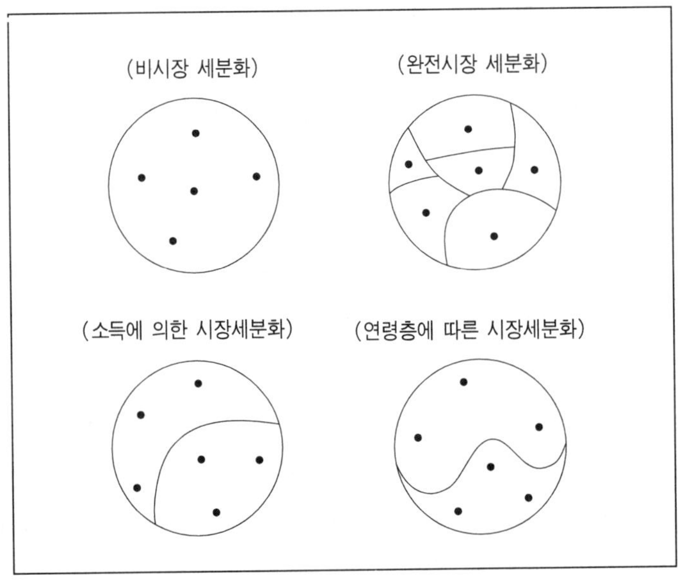

제2장 마케팅 정보전략

패션회사의 시장세분화 사례

<table>
<tr><th colspan="2">기준 및 내용
요인</th><th>기준</th><th colspan="8">시장세분화 내용</th></tr>
<tr><td rowspan="2">인구학적
요인</td><td></td><td>성별</td><td colspan="4">남</td><td colspan="4">여</td></tr>
<tr><td></td><td>연령</td><td>유아</td><td>아동</td><td>주니어</td><td>영</td><td>성인</td><td>미스</td><td>미세스</td><td>실버
미세스</td></tr>
<tr><td rowspan="2">심리학적
요인</td><td></td><td>연출분위기</td><td colspan="2">페미닌</td><td colspan="2">클래식</td><td colspan="2">캐주얼</td><td colspan="2">스포티</td></tr>
<tr><td></td><td>패션
수용도</td><td>패션리더</td><td>패션추종자</td><td colspan="2">패션 전기
수용자</td><td colspan="2">패션 후기
수용자</td><td colspan="2">패션
무관심형</td></tr>
<tr><td rowspan="4">상품구성적
요인</td><td></td><td>용도</td><td colspan="2">타운웨어</td><td colspan="2">포멀웨어</td><td colspan="2">스포츠·레저웨어</td><td colspan="2">홈웨어</td></tr>
<tr><td></td><td>의류종류</td><td>코트</td><td>슈트</td><td>원피스</td><td>재킷,
스커트,
팬티</td><td>니트</td><td>브래지어,
스커트</td><td>블라우스</td><td>티셔츠,
팬티</td></tr>
<tr><td></td><td>가격</td><td colspan="3">고가</td><td colspan="3">중가</td><td colspan="2">저가</td></tr>
<tr><td></td><td>색상</td><td colspan="2">난색계</td><td colspan="2">중성색계</td><td colspan="2">한색계</td><td colspan="2">무채색계</td></tr>
<tr><td rowspan="5">유통구조적
요인</td><td></td><td>구매장소</td><td colspan="2">백화점</td><td colspan="2">전문점, 대리점</td><td colspan="2">상설세일장</td><td colspan="2">재래시장</td></tr>
<tr><td></td><td>구매지역</td><td colspan="2">서울, 광역시</td><td colspan="2">중견도시</td><td colspan="2">중소도시</td><td>읍</td><td>면</td></tr>
<tr><td></td><td>구매시간</td><td colspan="3">오전</td><td colspan="3">오후</td><td colspan="2">저녁</td></tr>
<tr><td></td><td>구매기간</td><td colspan="3">계절 정상기간</td><td colspan="3">계절 전후</td><td colspan="2">세일기간</td></tr>
<tr><td></td><td>구매요인</td><td>광고</td><td>이미지
(상표)</td><td>가격</td><td>권고</td><td>경험</td><td>구매
장소</td><td>충동</td><td>왠지
모르게</td></tr>
</table>

② 시장세분화의 장단점과 전제조건

시장세분화는 소비자들의 욕구에 맞는 제품을 비롯한 마케팅믹스를 개발함으로써 그들의 욕구를 좀더 충족시킬 수 있고 자사상표에 대한 충성도를 향상시킬 수 있다.

또한 수익성이 높은 시장에 집중 노력하여 효과가 빠르고 최적의 판매촉진활동은 물론, 타이밍을 조절시켜줄 수 있을 뿐만 아니라 시장의 변화를 신속하게 파악하여 대응할 수 있는 효과가 크다.

그러나 시장세분화를 잘못 실행하면 오히려 기대하는 효과를 얻지 못할 뿐만 아니라 막대한 경비와 시간의 투자로 인해 기업에 악영향을 초래하기 때문에 시장세분화를 안 하는 것보다도 못한 결과가 나타나므로 고객 심리와 행동 및 다른 경쟁업체를 주의 깊게 살펴 신중하게 실행하여야 한다.

이때 시장세분화의 전제조건으로 측정 가능해야 하며, 접근의 용이성과 내용의 풍부성 및 진행능력을 갖추어야 효과적이다.

2) 표적시장의 마케팅전략기법

① 표적시장의 대안적 마케팅전략

경제적으로 효율성을 높이기 위해 지나치게 구체적이고 협소한 세분표적시장을 선정하게 되면 오히려 시장기회를 상실하게 되어 매출과 수익이 줄어들 것이다.

그렇다고 너무 광범위하게 선정하면 마케팅활동이 분산되어 매출 및 수익의 증대보다도 더 많은 추가비용이 발생하게 되므로 이상적인 세분시장의 선정이 요구된다는 점에서 다음과 같은 유형을 적절히 활용하는 것이 바람직하다.

◎ 비차별화 마케팅전략 : 시장을 구분하지 않고 총체적으로 묶은 전체시장 또는 그 가운데에서 가장 큰 부분을 표적시장으로 삼고 동일한 마케팅전략을 수립하여 진행하는 전근대적인 마케팅전략이다.

한편으로는 소비자들이 깜짝 놀랄 정도의 혁신적인 신제품을 개발하여 경쟁우위를 완전히 장악하기 위해 대량생산과 대량판매의 이점을 활용하려는 기업 중심적인 사고로서 제품차별화와 촉진전략이므로 시장기회를 주기적으로 재평가하여 대응하는 것이 바람직하다.

◉ **차별화 마케팅전략** : 시장을 몇 개의 표적시장으로 삼고 근본은 같지만 약간 서로 다른 마케팅믹스를 적중시켜 최대한의 목표달성을 이루는 전략이다.

가치관의 다양성으로 인한 소비의 다양화 등 고객들의 이질적인 수요를 충분히 존중하여 효과적으로 만족시키려는 아주 고객중심적인 사고이지만 시장을 지나치게 세분화하면 매출고와 시장점유율 등은 증가하는 반면에 이익은 오히려 감소할 염려가 있으므로 효율적인 세분화를 해야 한다.

◉ **집중적 마케팅전략** : 시장세분화 중에서 하나 또는 제한된 수의 세분시장만을 표적시장으로 선정하고 마케팅자원과 노력을 집중적으로 투입하는 전략이다.

세분시장의 고객들을 수용할 수 있으며 높은 투자효율과 명성을 얻을 수 있으나 소비자들로부터 외면당하면 기업 전반에 걸친 위기를 모면할 수 없다는 위험도 내포되어 있으므로 주의하길 바란다.

3) 표적시장선정과 포지셔닝전략사례

① 표적시장과 시장포지셔닝의 유형

표적(Target)시장이란 보다 세분화시켜 구체적인 마케팅믹스를 개발하여 접근하려는 세분시장을 말하며, 포지셔닝(Positioning)이란 시장의 빈 공간 경쟁상대를 고려한 후에 제품을 소비자 니즈에 기초하여 유리한 조건에 위치시켜 가도록 확인 분석하는 마케팅기법이다.

그 의미도 양보다는 질, 물질보다는 문화 · 정보 · 이미지 · 가치 등이 중시되고 있으며 과거에 빈 공간을 발견하기 위한 개념으로부터 오늘날에는 시간을 창조하고 개발하는 개념으로 점차 발전되고 있다.

포지셔닝축의 설정유형

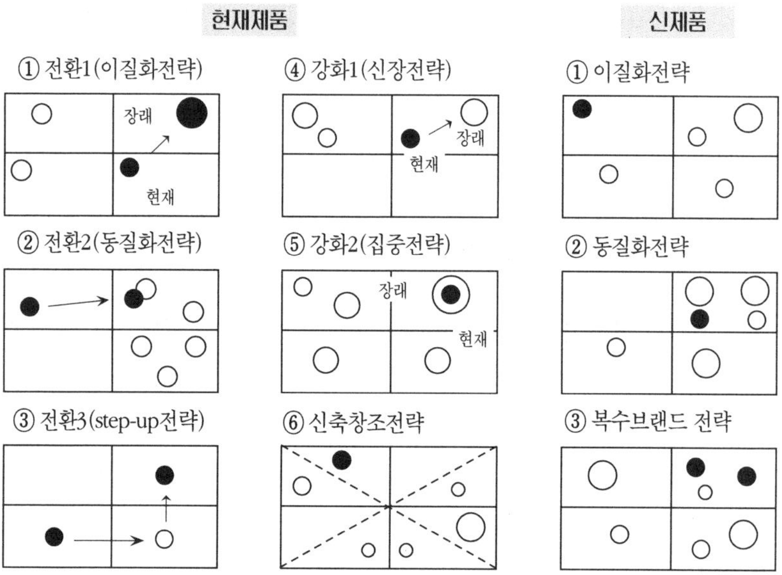

현재제품 　　　　　　　　　　　　　　　　　신제품

마케팅 풀 포지셔닝 유형

구　분	내　용
파워풀 (Powerful)	힘(이미지)→구매 전 유혹→상품기술, 가격, 브랜드, 경쟁력
스킬풀 (Skillful)	피부(체험)→구매시 접근→점포이미지, 접객기술, 디자인
원더풀 (Wonderful)	감동(만족)→구매 후 만족→서비스, 충성심

ⓒ Chae Soo Myung 37

② **포지셔닝전략 사례**

자사제품이 소비자들의 마음속에 바람직한 위치를 잡을 수 있도록 부각
시키는 노력이 필요하다. 이때 정보조사를 바탕으로 목표로 하는 시장을
분석하고 자사제품과 경쟁제품의 시장위치를 파악하여 인지도를 이용하

132

제2장 마케팅 정보전략

여 이해도를 높이는 것이 효과적이다.

포지셔닝전략의 사례

화장품회사 포지셔닝을 보면 A사의 제품은 나이가 든 사람에게 알맞으며 화장의 효과가 높으며 C사의 제품은 좀더 젊은층의 소비자에게 알맞으며 화장의 효과가 순하다는 것을 알 수 있다.

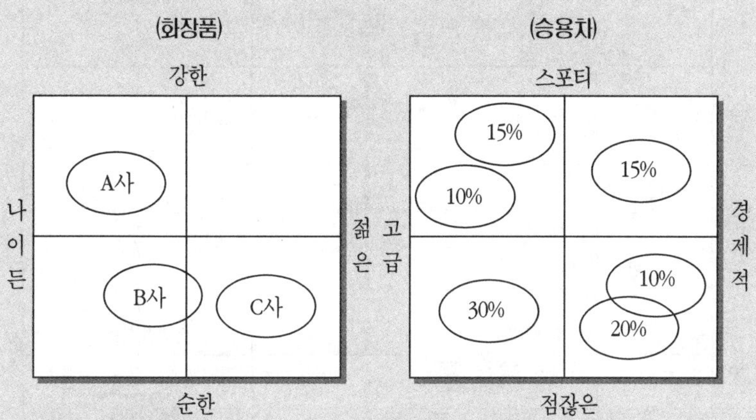

자동차는 경제적인 면과 고급스런 면, 스포티한 면과 중후한 면으로 시장이 구성되어 있다고 보자.

이때 중후하면서도 고급스러운 차를 갖고 싶은 사람이 30%, 중후하면서도 경제적인 차를 갖고 싶은 사람은 20%, 스포티하면서도 약간 고급스러운 차를 갖고 싶은 사람들은 15%, 아주 경제적인 차를 갖고 싶은 사람은 10%, 아주 고급스러우면서도 약간 스포티한 차를 갖고 싶은 사람은 10% 등으로 소비자 분포가 이루어져 있다.

이를 근거로 타깃에 맞는 이미지 포지셔닝을 구축하여 기대하는 목표를 달성하기 위한 요소로는 첨단핵심부품의 혁신, 창의적인 디자인 감각, 고풍스런 브랜드, 적정가격, 광고심리적 충족, 서비스 등에 있으므로 이에 대한 구체적인 연구가 요구된다.

이미지 포지셔닝의 사례

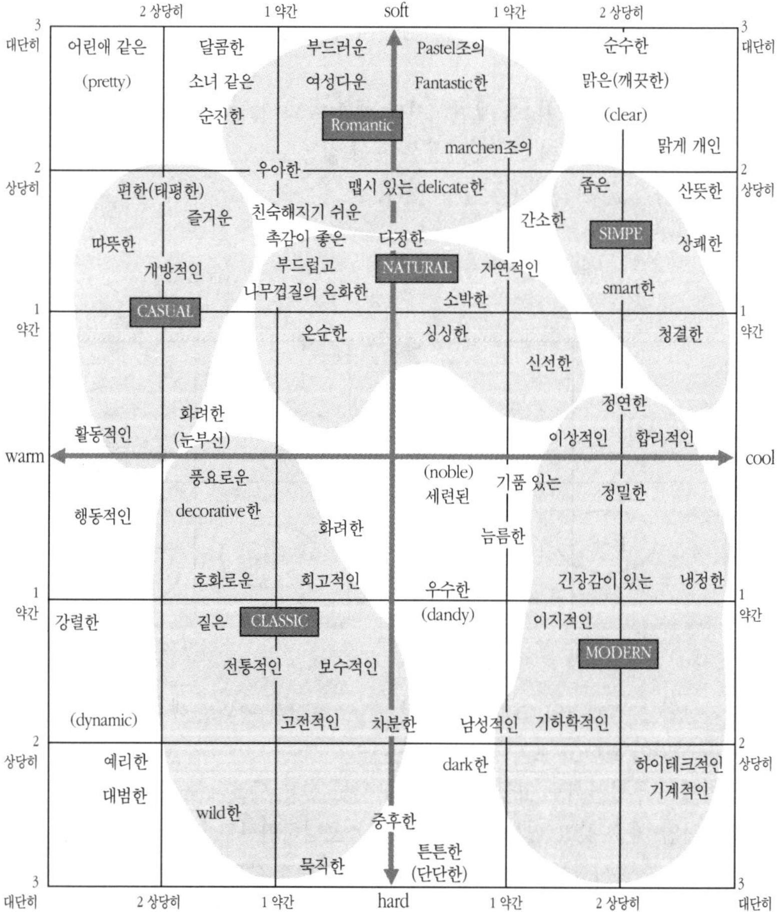

더구나 포지셔닝 마케팅에 대한 체계적인 계획에 의해 연구개발과 이에 의한 판촉서비스전략을 구사함으로써 상품생명은 물론 기업의 운명까지 결정되기 마련이라는 것을 깊이 인식하였으면 한다.

제3장
마케팅 핵심 요소

1. 제품의 라이프 사이클을 관리하는 법

생물체는 태어나서 생명을 다할 때까지의 라이프사이클을 가지고 있는데 이때 상황에 따른 합당한 조치는 성장과 보존을 위해 당연하다.

즉 상품에도 도입기, 성장기, 성숙기, 쇠퇴기라는 특성이 있어 이에 적합한 전략전술로 기대하는 효과를 얻을 수 있으나 방관하면 실패를 자초하게 되는 결정적인 요인이 될 수 있다.

따라서 제품의 라이프사이클을 철저히 관리하여 그 기능을 다할 수 있도록 보살피 는 것은 당연한 이치가 아닐 수 없다.

1) 제품수명주기의 관리기법

① 제품관리의 개념과 분류

제품관리란 제품의 수명주기를 그에 합당하게 대처하고 관리하는 행위이다.

즉 도입기, 성장기, 성숙기, 쇠퇴기를 각 단계별로 철저하게 계획, 실행, 통제를 통해 손실을 줄여 효율성을 높임으로써 제품판매촉진과 제품가치를 향상시키려는 데 그 의의가 있다.

제품관리의 영역으로는 시장상황, 제품 개선과 개발, 생산, 품질, 브랜드, 포장, 가격, 유통, 광고, 시장확대, 애프터서비스, 재고 등 제품에 관한 전반적인 사항이 포함되기 때문에 구매자가 누구인가에 따라 소비자상품과 산업상품으로 분류되며 형체의 유무, 쇼핑 습성, 심리적인 변수에 따라 다르게 나타난다.

● **사용기간과 형체의 유무** : 비내구재는 보통 1~3회의 사용으로 소모되는 유형재이며 내구재는 여러 번 반복하여 사용할 수 있는 유형재이다. 서비스는 수리 및 운송 등과 같은 무형의 활동, 편익, 만족 등의 구매대상을 말한다.

● **쇼핑 습성** : 편의품은 신문, 비누, 담배와 같이 즉시 구매가 가능하며 최소한의 비교와 노력이 필요한 소비자상품이고 선매품은 자동차, 가전제품과 같이 여러 점포를 다니면서 품질, 가격, 디자인 등을 상호비교하며 구매하는 소비자상품을 말한다.

전문품은 카메라, 오디오와 같이 고급 · 고가의 상품으로 독특한 성격이나 브랜드명 때문에 소비자들이 특별한 구매노력을 들여 구매하는 상품으로 전문가들이 구매하여 사용한다는 점에서 전문가들의 욕구를 이해하여 대응하는 것이 효과적이다.

● **심리적 변수** : 위신상품은 고급승용차, 고급아파트, 고급가구 등과 같이 리더십이나 소유자의 권위적 신분을 상징해주는 상품을 말하므로 분야별로 최고급품을 선호하여 과시하며, 성인상품은 술, 담배, 화장품 등과 같이 소비자의 성숙성을 상징하는 상품으로 청소년들이 선호하게 된다.

신분상품은 위신상품과 비슷해 사회계층이나 단체의 멤버십을 상징하는 상품으로서 골프회원권 등이 있고 불안제거상품은 치약, 향수, 면도기 등과 같이 개인적·사회적 비난이나 열등을 방지하기 위해 사용하는 상품이므로 전문화가 필요하다.

쾌락상품은 승용차의 디자인이나 색채, 화려한 의상, 향수 등처럼 인간의 감각에 크게 의존하는 상품이므로 정서적 욕구만족을 꾀하여야 하며 기능상품은 문화적·감각적·사회적인 의의가 희박하고 일정한 효용충족 기능만을 수행하는 상품이므로 서민층과 합리적인 구매자들이 선호하게 된다.

② 제품수명주기의 관리기법

제품수명주기는 제품의 아이디어창출에서 제품이 출시된 이후 시장성이 증명되고 폐기될 때까지의 판매 규모와 이익 등을 고려해 넣은 단계 내지 과정을 말한다.

최근 들어 소비자 취향의 변화, 급속한 기술혁신에 따른 신제품의 범람과 과당경쟁, 성격상 등의 원인과 개성·감성·유행제품 등을 정책적으로 생산·판매하기 때문에 제품수명주기가 점점 짧아지고 있다는 사실은 그만큼 소비성향이 강하다는 뜻에서 장단점이 있다.

이때 제품 수명주기(product life-cycle : PLC)는 대체로 제품의 특성과 시기에 따라 다르게 나타나는데 일반적으로 S자 곡선형을 가지며 도입, 성장, 성숙, 쇠퇴의 길을 걷게 되는 것이 자연의 법칙이다.

이 밖에 계절성과 유행성 제품, 편의품, 내구성 소비제품에 따라 낙타등 형과 부채꼴형 등의 다향한 형태로 나타나는 경우가 늘어나고 있다.

제품수명주기

구 분	내 용
연구개발 (잉태) 기	연구개발방침, 시장조사분석, 기술혁신, 디자인, 브랜드 마케팅전략, 광고판촉준비
시장출시 (출생) 기	시장 출시
시장선도 (유아) 기	시장에서 혁신적인 선도그룹 선호 및 구매
시장확장 (청년) 기	시장에서 지명도를 얻어 시장영업 확대
시장성숙 (장년) 기	시장에서 최대 성장
시장침체 (노년) 기	시장에서 침체 초기, 고객외면, 다른 상품 출시
시장퇴출 (황혼) 기	시장에서 퇴출준비 및 퇴출기

ⓒ Chae Soo Myung 38

일반적인 라이프사이클 특성과 관리는 다음과 같다.

◉ **도입기** : 제품을 시장에 출시한 초창기로서 신제품의 성능과 용도 등을 알리고 수요를 자극하기 위해서는 적극적인 광고활동을 펼치며 점포 망을 확충하고 생산시설을 늘리며 제품 자체의 결함을 해결하는 동시에 시장에서의 위치를 확보하는 것이 중요한데 대개 혁신층이 구매하며 이익 은 거의 없다.

◉ **성장기** : 급속한 시장성장률이 계속 유지되는 시기로 이를 위해서는 품질을 개선하거나 새로운 특징이나 모형을 추가하고 신규시장을 개척해

야 하며 추가로 판매할 수 있는 새로운 유통경로를 적극 개척하여 성장을 촉진 하는 것이 바람직하다.

또한 효과적인 광고를 통해 소비자들이 제품을 적극적으로 수용하는 구매행동으로 옮길 수 있도록 해야 하고, 가격변동에 민감한 고객집단을 유지하기 위해서 적절한 가격인하의 폭과 시기에 대한 결정을 검토한다.

◉ 성숙기 : 이 가운데 성장 성숙기는 유통부문의 확대기회가 없으므로 판매성장률이 감소하고 안정적 성숙기는 잠재구매자들도 이미 구매를 시도한 바 있어 미래의 판매량은 인구증가율과 대체수요에 따라 결정되는 시기이다.

쇠퇴성숙기는 일부 소비자가 다른 제품을 구매하기 시작하여 판매량이 감소하게 되므로 현상유지에 만족하지 말고 새로운 전략을 개발해야 하는데 신시장부문을 개 척하고 제품의 사용률을 증가시키며 더 큰 고객집단을 유지하기 위해 현재의 상표특성을 바꾸는 것이 좋다.

또한 사용횟수를 증가시키고 새로운 고객유치를 위해 제품을 개량하는 것이 바람직한데 그 이유는 이를 통해 기업의 혁신을 일으키며 소비자들에게는 대체의 여유를 줄 뿐만 아니라 판매원 이나 유통경로 담당자들에게 충성심을 얻을 수 있기 때문이다.

소비자들의 관심을 유발하기 위한 광고방법을 개발하고 가격을 인하해야 하며 다각적인 판촉활동 및 유통구조의 개선, 새로운 서비스의 제공 등 다양한 마케팅전략이 필요한 시기이다.

◉ 쇠퇴기 : 기술혁신에 따른 대체 제품의 출현, 유행이나 소비자 선호의 변화, 품질이 우수하거나 가격이 저렴한 수입품의 범람, 시장규모의 감소와 과잉공 급 등의 원인으로 인해 일어난다.

쇠퇴기간, 시장점유율 추세, 총 이익마진, 투자회수율 등을 기준으로 계속전략과 제품 감축 전략의 선택을 위해 브랜드의 수를 줄이고 수익성이

1. 제품의 라이프 사이클을 관리하는 법

없는 세분시장에서 철수한다.

또한 직접비도 회수하지 못하거나 총 비용을 회수하지 못해 막대한 손실을 초래하는 최악의 경우에는 제품폐기 등의 결정을 과감히 내리는 것이 좋다.

우리 나라 사람들은 신제품을 선호하는 등의 의식구조를 가지고 있어 소득에 비하여 지출이 많다는 점은 오히려 기업에게는 유리하다.

예를 들어 냉장고와 세탁기 등 가전제품의 경우 4~5년 전만 하더라도 신상품의 출시기간이 1.5~2년이었으나 최근 들어 기술 및 디자인 혁신이라는 명분 아래 1년 이내로 짧아지고 있다는 사실로 보아 시사하는 점이 많다.

제품 수명주기 관리의 특징과 대응력

매출고 구분					
단계 항목	도입기	성장기	성숙기	쇠퇴기	
고 객	혁신자 및 고소득층	고소득층 및 mass market	mass market	laggard buyer, 특수인	
	수용선도층	초기수용층	다수 초기수용층	다수 후발 수용층	후발수 용층
	12.5%	13.5%	34%	34%	16%
접근방법	제품	브랜드	브랜드 특성	전문화(유효성)	
광고	제품고지 및 소비자 교육고지	브랜드의 우수성	저가격	희소성	
촉진	인지수준향상, 사용유도를 위한 대규모 판촉예산	상표특징과 장점인식 유도, 보통규모의 촉진예산	상표차별화 상품전환 및 상표충성유도, 대규모 촉진예산	최소한의 촉진	

경쟁자	판매자 중심 시장이며, 독점성격을 가짐(없음)	경쟁자의 출현으로 경쟁에 돌입함(소수)	경쟁자의 수는 최다, 비가격경쟁이 심해짐	경쟁자의 수는 감소하지만 약간 존재(소수)
이익	높은 생산코스트와 마케팅코스트로 인해 이익은 낮음(없음)	수요증대로 인해 이익은 증가, 단위당 이익이 증대(절정)	단위당 이익은 안정되지만, 경쟁의 증가로 인해 총이익은 하강 시작(위축)	총이익이 저하되며 적자(없음)
총 이익폭	낮음	높음	낮음	가장 낮음
원가절감	적음	많음	더욱 느림	없음
자극	유통경로	유통경로 및 고소득자	소비자 및 유통경로	우통경로 및 저소득자
제품	미비점 개선	약간 다양화	다양화 신용도 개발, 신시장 개척	믹스 단순화
제품외관	기본적	1차 개량	세분화 및 복잡화	기본적
품질	좋지 않음	좋음	아주 좋음	한결같지 않음
생산능력	감소	적정	대량	과잉
생산방법	단기시험적 생산	대량생산방식의 도입	장기 및 자본 집약적 생산	축소·전환생산
수요	신제품에 대한 수요	수요는 가속화	수요는 보합, 대체 수요 및 추가 수요의 증가	수요는 급격히 감소
분배	전통적·선택적 유통	전속적·선택적 유통	개방적 유통	경로 정리
전략	조기채택자 설득 및 사용유도	대형시장 침투 설득	상표방어, 경쟁유입방지	철수준비

1. 제품의 라이프 사이클을 관리하는 법

제품수명주기의 단계별 소요조사

구분	제품	생산가격	마케팅가격	가격	수요	판매	유통	경쟁자
개척기	빈번한 변화 한정계열	높다	높다	높다	1차적	서서히 증대	제한적	약간
시장수용기	최초의 주요 제품 변화	약간 낮아짐	약간 낮아짐	높다	1차적	서서히 증대	어려움이 있으나 확대	증가
활동기	디자인 지향성	낮다	증가하기 시작	높다	선택적	서서히 증대	어려움이 있으나 확대	증가
포화기	중고품 중심	잦다	증대	낮다	고도로 세분화	경제적인 요인에 따름	취급점 비판 증가	수가 안정적
구식화기	간소화된 좁은 계열	증가	증대	증대	1차적	감소	특수화	감소
단계결정을 위한 소요조사	관찰	이익과 가격 분석			판매, 시장점유율, 유통분석			시장점유 분석

2) 제품의 소비성향과 업종별 과제

① 제품의 소비성향 변화흐름도

소비자들의 성향은 시대상황과 함께 따라 변화하여 왔다.

경제 발전과 생활이 어려웠던 1970년대에는 크고 중후한 제품을 선호하였으나 어느 정도 여유가 생긴 1980년대에는 가볍고 얇고 짧으며 작은 팬시형의 제품이 주류를 이루었고, 개방화 물결에 따라 1990년대에는 창의성, 아름다움, 여가생활, 감성을 중시하는 경향이 짙다.

이런 변화추세로 보아 앞으로는 여러 상황을 복합한 결과 생활과의 조화, 편의 지향, 안정을 추구하면서 직장 · 첨단 · 화려 중심에서 가정 · 건강 · 고전 · 심플로 되돌아갈 것으로 전망된다.

더구나 생활과의 조화는 어떤 상품이든 소비자의 생활을 중심으로 시간과 공간, 경제여건과 맞아야 한다는 의미이고, 편의지향은 시간절약형 및 생활편의 지향형 상품이 우대받는다는 의미이다.

구체적으로 '본화편정'의 '본'은 직장·일·첨단·화려 중심에서 가정·건강·고전·심플로 되돌아가는 것을 뜻하며 '화'는 어떤 상품이든 소비자의 생활, 시간과 공간, 경제여건과 맞아야 한다는 것이다.

'편'은 시간절약형, 생활편의 지향형 상품이 우대받게 되고「정」은 개인주의에 대한 반발로 점차 가족 간의 유대가 강화되고 동호인이나 지역사회 내의 모임이 활발해지면서 인정을 희구하게 된다는 뜻을 내포하고 있다.

제품의 소비성향 변화도

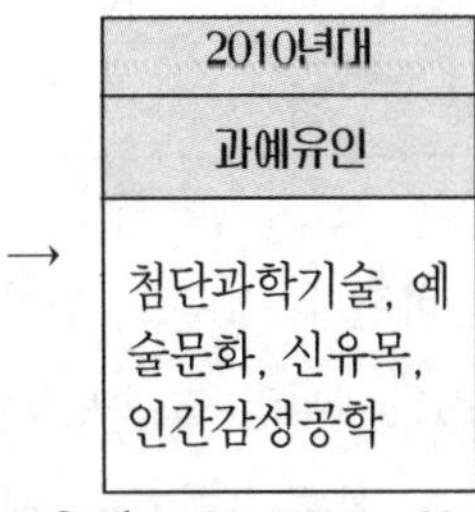

© Chae Soo Myung 39

이런 점에서 앞으로는 점점 '과예유인(科藝遊人)' 즉 최첨단 과학기술을 바탕으로 예술디자인화하여 이동에 필요한 신유목생활에 적합한 인간감

1. 제품의 라이프 사이클을 관리하는 법

성 공학적인 혁신적인 상품을 선호하게 될 것이라고 확신한다는 점에서 이에 대한 대비가 필요하다.

이와 같이 과거의 소비자들은 단순히 소유 그 자체에서 만족을 느꼈으나 현재와 미래의 소비자들은 문화적인 생활인으로서 제품과 서비스를 소비하는 시대 즉 감성과 감도를 선택하는 시대로 나아가고 있다.

따라서 제품소유의 만족감에는 고급브랜드로부터 느끼는 이미지를 소유하는 만족감과 제품의 성능 등 하이테크이미지에 따른 만족 및 인간 내면의 감성으로부터 느끼는 이미지에 대한 만족감 등이 있으므로 이를 보다 깊이 있게 연구해야 한다.

20세기의 13대 상품 출현시기

(단위 : 년)

구 분	선진국	한국	국내생산	구 분	선진국	한국	국내생산
전 화	1876	1896	1962	자동차	1896	1903	1962
라디오	1920	1927	1959	나일론	1938	1953	1963
T V	1939	1956	1966	컴퓨터	1946	1967	1976
반도체	1948	1966	1966	라 면	1958	1963	1963
PC	1976	1977	1981	휴대전화	1983	1984	1991
아파트	-	1957	1957	기 타	소주	연탄	

20세기 최고의 공학적 업적으로는 전기, 자동차, 비행기, 상수도, 전자공학, 라디오, TV, 컴퓨터, 농업기계화, 전화, 냉장고, 에어컨, 고속도로, 우주선, 인터넷, 이미징기술, 가전제품, 의료건강기술, 섬유 유화기술, 레이저 광섬유, 핵기술, 고기능재료 등을 들 수 있다.

이런점에서 21세기에도 과학기술의 혁신에 의한 다기능센스상품 등이 혁신 개발되어 사회생활 혁신을 유도해 나갈 것이다.

② 주요업종별 기술수준과 과제

● 상공자원부의 「주요업종별 경쟁력 실태와 과제」라는 조사결과(1991년)에 의하면 우리나라의 평균기술수준은 선진국에 비해 42% 정도인 것으로 나타났다.

생산기반, 항공, 자동차 등의 기술수준은 40% 미만이며, 가장 높은 수준인 의료기기의 기술수준도 57% 정도에 불과한 실정으로 거의 모든 분야에서 선진국과 상당한 차이를 보이고 있다.

다만, 컴퓨터와 메모리 생산기술이나 자동차의 기계가공, 조립기술은 90%에 육박한 반면, 컴퓨터의 PC용 칩 세트 설계기술은 5% 수준으로 극히 저조한 실정이어서 이에 대한 혁신이 절실하다.

선진국과 우리기술의 비교

구 분	내 용
가전산업 (일본 : 100)	신호처리기술(50), 서보(servo) 기술(70), 최적 프로세서 기술(50), 회로설계기술(50), 조립 및 생산(80)
컴퓨터 (선진국 : 100)	마이크로프로세서〔설계기술(3), 생산기술(20)〕, PC용 칩 세트〔설계 기술(5), 생산기술(30)〕, 메모리〔D램 : 설계기술(70%), 생산기술(90)〕, 마더보드〔설계기술(30), 생산기술(80), 시스템 설계기술(50), 노트북 컴퓨터 설계기술(20)〕
반도체 (선진국 : 100)	시스템기술(50), 설계기술(70), 제조기술(85), 조립기술(85), 검사기술(85), 품질기술(80)
기계자동화 (선진국 : 100)	NC화율(40), 부품 국산화율(50~60), 간이자동화(20~30), 로봇〔작동제어(80), 프로세서 응용기술(500), 언어(40)〕
자동화 (선진국 : 100) :	기본설계(40), 구조계산 및 해석(40), 주조 · 단조기술(80), 기계가공 · 조립기술(90), 금형제작기술(70), 도금 · 도정 기술(60), 시험 · 검사 기술(60), 열

1. 제품의 라이프 사이클을 관리하는 법

	처리기술(70)
조선(일본 : 100)	설계전산화(44), 컴퓨터통합시스템(33)
섬유(선진국 : 100)	화섬(85), 면방(70), 제직(65), 염색(50~60)

　한편 10대 주력산업의 양적인 경쟁력은 우수하나 질적인 경쟁력이 떨지므로 질적 경쟁력을 갖추기 위해서는 주력산업이 온오프 라인 간, 대기업과 중소기업 간, 산학정 간에 네트워크를 구축해 산업의 체질을 개선해야 한다.

10대산업의 경쟁력

구 분	양 적	질 적
디지털, 가전	초기시장 진입성공	원천 특허기술 부족, 제품가의 10~15% 특허료 지급
콘텐츠	외국계 국내시장 장악(75%)	저부가가치의 OEM생산단계
반도체	D램 생산 세계 1위	비메모리 시장점유율 1.2%
정보통신	CDMA 단말기 생산 53%, 정보통신생산 9%(세계 9위)	CDMA부품 국산화율 30%, 원천기술 선진국과 1~10년 격차
전자상거래	세계시장의 6.1%	관련시스템의 세계표준화 미흡
자동차 생산대수	세계 5위	연구개발비가 선진기업의 10% 수준
정밀부품	범용부품 위주의 생산	핵심기술의 수준은 선진국의 70%수준(소재기술 부족)
조선	생산 세계 1위	설계변경능력 우수, 생산효율 일본에 다소 뒤짐
섬유	생산 세계 9위	OEM생산위주
바이오	바이오 벤처 급증 추세	연구개발 초기단계

출전) 삼성경제연구소, 2001

제3장 마케팅 핵심 요소

이와 같이 우리의 기술력은 질적 성장보다는 노동과 자본에 의한 양적 성장을 해왔음을 알 수 있는데 이는 과거 급속한 공업화과정에서 생산설비의 일괄도입과 핵심부품 수입 및 리버스 엔지니어링에 의한 조립생산에 주력한 결과이다.

그러나 이미 10년이 지난 지금은 시대변화와 기술혁신으로 이보다는 많이 성장하였다고 볼 수 있으나 신제품과 신공정개발에는 아직도 여전히 매우 취약한 상태로서 이에 대한 개발과 연구는 우리 경제가 앞으로 해결해야 할 숙제인 것이다.

정부가 구상중인 5대 신기술산업 발전전략

구 분	IT	BT	NT
선택업종	이동통신 원천	간세포응용기술	나노측정,전자소자

출전) 재정경제부, 2001

1. 제품의 라이프 사이클을 관리하는 법

2. 히트 신제품의 화려한 탄생과정

히트상품을 탄생시킨다는 것은 모든 기업의 최대 희망사항이자 도전의 과제이다.

어떻게 하면 대박터지는 상품을 개발할 것인가에 대한 고민의 해결은 고객이 원하는 상품을 철저히 조사·분석 예측하여 개발하기 위해 고정관념을 파괴하고 혁신하는 것이다.

마케팅력에 의한 기술(用)과 디자인(美)은 경쟁력이라는 사실에 입각하여 이에 대한 연구개발이 요구된다.

1) 신제품개발과 아이디어 창출법

① 신제품의 개념과 순서

신제품이란 미시적으로 기존제품의 개량·개조제품에서 거시적으로 근본적인 혁신제품까지 포함된다.

그러나 진정한 신제품은 기존제품의 개량이나 외형적인 디자인의 변신이 아닌 근본적인 기술혁신을 바탕으로 한 제품의 혁신을 말한다는 점에서 新·神·信제품의 개발을 기대한다.

신제품의 발전과정

모방제품	유사제품	응용제품	적용제품	혁신제품	발명제품
(매우 불량)	(불량)	(보통)	(보통이상)	(우량)	(매우 우량)

출전)채수명 : 「디자인마케팅」. 국제, 1993. P.130

모방제품과 수정제품은 경비와 노력이 적게 든다는 장점이 있으나 지적소유권 분쟁은 물론, 막대한 로열티 지불이 예상되는 동시에 소비자들로부터 상품·기업 등이 부정적인 이미지를 초래할 가능성이 크다.

혁신제품과 발명제품은 경비와 시간 및 노력이 많이 소요된다는 점에 실패하면 기업에 악영향을 끼치게 되지만, 성공하면 기업성장에 일익을 담당하게 되는 것이다.

따라서 신제품은 기업체의 안정과 발전을 촉진하고 기존제품의 대체 가능성에 대한 전략적 대응수단을 제공하며 시장구조의 변화에 대한 적응력을 제공하는 동시에 제품수명주기와 이익주기에 대한 대응을 할 수 있기 때문에 매우 중요하다.

오늘날 신제품은 단순한 제품으로서가 아니라 뉴서비스 상품, 즉 얼마나 많은 정보와 서비스를 제공해주는 상품이냐에 따라 그 판도가 달라지므로 다각적인 측면에서 소비자욕구를 충족시키는 한편 수요를 창출해내고 소비자를 리드하는 상품이어야 한다.

그러므로 체계적이고 과학적이며 합리적인 신제품계획과 실시 및 최종평가가 중요하다는 점에서 혁신적 사고와 마케팅컨셉트 및 제품개발 및 판촉은 제품관리에서 중요한 변수이다.

◉ **유발되는 원천** : 공급추진형은 원초적 창조성(연구개발), 완결적 창조성(마케팅)이 있는데 위험도가 높고 잠재적 수익이 크며 소요유도형은 잠재적 창조성(마케팅), 완결적 창조성(연구개발)이 있는데 위험도가 낮고 잠재적 수익은 작다.

◉ **근세기** : 장기기획형 혁신은 시간과 자원의 투입이 필요하고 기술형 혁신은 제트엔진, 입체음향 등이 그 예가 되며 일상형 혁신은 경쟁기업보다 나은 제품을 개발하는 것이다.

◉ **소비패턴에 미치는 혁신의 영향 정도** : 연속형 혁신은 과거에 확신되어 있는 소비패턴을 그다지 변화시키지 않고 소비자들에게 수용될 수 있는 혁신을 지향한다.

동태적 연속형 혁신은 새로운 소비패턴을 형성하지는 않지만, 연속형 혁신보다는 기존 소비패턴의 변화를 좀더 유발시키며 비연속형 혁신은 새로운 소비패턴의 확립과 과거 소비자가 알지 못했던 신상품을 창조하는 경우다.

◉ **혁신의 정도** : 개척형 혁신은 최초로 무엇인가를 이룩하는 혁신으로 원초적 돌파형, 평균적 창조형, 응용기술형이 있고 적응형 혁신은 개척자가 창조한 것을 개선하는 혁신으로 누군가가 이룩한 개척형 기술을

시장에서 좀더 가치 있게 만드는 것이다.

반면에 모방형 혁신은 아무런 변경 없이 혁신적인 아이디어를 모방하는 것으로 시간과 경비 및 노력이 적게 들며 위험도가 낮지만 기업의 지적소유권을 침해하며 소비자를 우롱하는 것이므로 탈피해야 한다.

신제품개발 과정

① **탐색관계** : 팀 구성, 일정표 작성, 예산편성, 목표설정(판매, 이익)
② **시장조사분석** : 시장상황, 소비자 구매심리와 행동, 경쟁사와 자사제품 관련 조사분석
③ **방향설정** : 문제점과 개선방향, 수요예측, 시장세분화, 방향설정 정립
④ **아이디어창출** : 소비자 구매의식과 행동, 욕구충족
⑤ **아이디어심사** : 경영분석(생산과 판매), 아이디어 확정
⑥ **제품개발** : 제품개발의 구체화, 기술과 디자인 접목
⑦ **시험마케팅** : 소비자, 판매자 테스트, 수정보완 확정
⑧ **상품화** : 대량생산, 생산관리, 출시, 주기적 점검

② 신선한 아이디어창출법과 평가

아이디어는 신제품개발의 생명으로서 창출법은 여러 가지가 있겠으나 무엇보다도 고정관념을 과감히 탈피하고 사용자의 편에 서서 사고하며 개선하여 아이디어를 제시해야 한다.

● **브레인 스토밍법** : 무엇보다도 보다 편안한 상태에서 자유로운 토론을 통해 아이디어를 자유분방하게 제안하는 방법이다.

이때 상대방 의견에 대한 거부나 비판은 금물이기 때문에 오히려 의외로 좋은 아이디어가 나올 수 있지만 지나치게 제하다보니 이 방법을 사용하다가도 중단하는 경우가 많다.

◉ 역브레인 스토밍법 : 우선 해결해야 할 사안을 결정한 후에 이에 접근하기 위한 보완점과 결점을 찾는 방법이다.

◉ 고든법 : 문제점을 알고 있는 사람은 리더뿐이고 다른 참가자들에게는 그 상위개념의 문제만을 제시하게 하므로써 아이디어창출향상을 이끌어 내는 것이다.

◉ 체크리스트법 : 아이디어를 나열해 놓고 우수, 보통, 문제 등으로 분류하여 상대평가, 절대평가를 통해 체크해나가는 방식이다.

◉ 속성 열거법 : 특성란 위에 개선사항을 구체적으로 열거한다.

◉ 희망점 열거법 : 미리 이상향을 그려 놓고 이를 구체적으로 실현시키는 방법이다.(네모난 수박, 병배)

◉ 집단 노트북법 : 여러 명에게 노트북을 주고 일정기간 동안 자신의 아이디어나 생각을 기록하게 한다.

◉ 강제관련법 : 평상시 연관이 없다고 생각되지만 연결하면 좋을 것이라고 예상한 후에 강제로 연결시켜 의외의 효과를 얻어내는 방법이다.

◉ 1H5W법 : 언제, 어디서, 누가, 얼마나, 어떻게, 왜?라는 문제를 보다 효과적으로 해결하기 위한 연구노력이기 때문에 입체적이고 구체적이다.

이 밖에도 다양한 방법이 있는데 신선하고 혁신적인 아이디어 창출과 이를 사업화할 수 있는 평가방법을 모색하여 활용하여야 한다.

아이디어 사례

구 분	내 용
우산	편리(이단우산, 삼단우산), 크게(큰 우산), 옷(비닐옷우산), 지팡이(지팡이 우산), 햇빛차단(양산)
시계	손목시계, 괘종시계, 전자시계, 타임시계, 알람시계, 장난감시계
아이디어	빼기(튜브 없는 타이어), 사고 파괴(네모난 수박, 병배), 재활용(연탄벽

돌), 크게(아파트, 냉장고, 승용차), 작게(휴대폰, 컴퓨터), 강제연결(불
따개), 회구(김치냉장고, 반찬 냉장고, 화장품냉장고, 음료수냉장고, 전문
가용 자전거)

신제품 아이디어 체크사항

구 분	내　　용
시장성	장래성, 계절변동, 경제의존, 지역적 분산, 산업성장추이 / 시장 고객욕구 흐름
경쟁성	가격, 품질, 디자인, 브랜드, 기능, 전문성, 독창성 / 경쟁적 우위확보
판매성	유통경로, 소비성향, 소구성, 인지도, 판매기법 / 고객욕구 만족 테크닉 확대
정책성	제품정책, 장애요인 극복, 특허출원 문제, 공익성, 장기적 성장 / 정부시책
생산성	설비, 인원, 자재, 기술 / 경제적인 생산능력
채산성	매출이익률, 자본회수기간, 자본생산성, 자본효율성, 신제품교체율 / 효율성

아이디어창출의 부재원인으로는 과거지향적인 고목보호, 근시안적인 단순사고, 연구능력의 부족, 위험에 적극 대응하기 위한 능력부족으로 인한 회피, 리더의 능력부족 때문이다.

또한 손쉽게 노력 없이 선두기업 방법을 단순모방, 소비자를 기만하거나 조작, 단순전술, 내부구조적으로 팀간의 불협화음, 단순지식으로 인한 사업효율성 부족, 하향식에 의한 의사결정부재 등이 있다.

이러한 원인들을 없애기 위해서는 리더는 좋은 아이디어를 수용할 수

2. 히트 신제품의 화려한 탄생과정

있는 자세와 자질을 갖추어야 하고, 시대상황을 읽어 기업 전반에 걸친 혁신적인 분위기가 이루어져야만 한다.

2) 별동대운영과 딜레마의 원인

① 혁신적 사고, 별동대를 운영하자

소비자들이 신선한 제품을 선호함에 따라 각 기업들은 이에 공조하기 위해 지금까지의 고정관념에서 과감히 벗어나 보다 참신하고 효용가치가 있는 아이디어를 창출하기 위해서 지금까지의 방법과는 다른 별도의 특별 조직을 운영하기도 한다.

● 삼성화재 : 우주의 정기를 지구에 전하는 해결사라는 뜻이 담긴 '스타지오'는 "깜짝 놀랄 만한 상품을 개발하라", "임직원들이 눈만 뜨면 회사에 나가고 싶게 만들어라", "우리 회사가 아니면 계약을 하지 않겠다고 하게끔 고객을 사로잡아라"는 삼성화재 대표의 특명을 받고 조직된 팀으로서 이들에게는 부여된 실적도 고유업무도 목표도 없다.

이 팀은 자유롭게 근무하며 오직 기발한 아이디어만을 구상하는 조직이므로 그들에게는 희망에 따라 외국의 백화점과 사회복지시설을 돌아보게 하는 등 (기간은 3주에서 6개월까지) 파격적인 조직을 운영하고 있다.

● 제일제당 : 유망사업을 모색하고 신상품아이디어를 발굴한다는 의지로 '유레카'가 조직되어 있는데 근무기간(1년) 동안 출·퇴근과 업무에 대한 자유를 보장해주며, 팀원들은 하루에 한 건 씩의 아이디어를 제출하고 있다.

◉ 대상 : 꿈을 찾아 다닌다는 뜻의 '드리머'라는 조직을 운영하고 있는데 팀원들이 제출한 아이디어가 실적으로 연결되면 성과급을 지급한다.

◉ 빙그레 : 사내 아이디어뱅크팀을 운영하면서 일반 소비자에게도 아이디어를 공모하고 있는데 채택되면 명예연구원으로 위촉하고 별도의 사례비를 지급하고 있다.

기업들의 이러한 움직임은 급변하는 환경에 적응하고 선도적인 자리를 차지하기 위한 노력으로서 상품개발의 묘수찾기에 골몰하고 있는 현실을 대변해주고 있어 앞으로 이와 같은 상근, 비상근팀들의 운영사례가 파급될 것으로 예상된다.

3) 인간공학적인 접근과 신제품개발의 성패요인

① 인간을 위한 공학적 접근은 시대적 요청이다

과거 생산성을 지향하던 시대에는 제품을 우선시하여 사용자인 인간이 제품에 적응해야 했지만 고객 지향적인 현대에는 제품을 인간에게 맞추는 인체공학적인 접근이 강조되고 있다.

여기에서 인간공학(Human Engineering)이란 인간의 특성에 부합시켜 안전, 편리, 쾌락을 통해 능률을 향상시키기 위한 인간을 위한 공학이고 과학이며 CS마케팅 실천이라는 점에서 이에 대한 관심은 물론 구매 결정에 지대한 영향을 끼치게 될 것이다.

2. 히트 신제품의 화려한 탄생과정

인간감성공학

구 분	내　　　용
인체공학	인체해부학(육체적 요소, 신체 접촉) → 안전, 편리
감성공학	센스공학(감성적 요소, 정신 접촉) → 감성, 센스, 쾌락

© Chae Soo Myung 41

즉 인간의 특성에서 비롯되는 여러 가지 문제를 해결하며 인간을 위한 인간에 맞는 문명을 이룩하고자 하는 종합 과학인 것으로써 인간의 능률을 생각하고 인간적 입장에서 해석하고 활용함으로써 다양한 환경 조건을 인간에게 적합하도록 조정하기 위한 응용과학이다.

인간공학의 가장 기본적인 사고방식은 신제품을 개발할 때 사용 대상을 먼저 알고 생각하여 적합한 도구나 제품을 설계하는 것으로 인체해부학적 측면에서 접근하려는 노력이다.

이는 생활수준이 향상되면서 보다 나은 기술을 원하게 됨에 따라 운전대가 없는 자동차와 온갖 첨단 제품은 음성, 지문, 센서장치로 작동될 것이며 특히 신체적 접촉이 매우 큰 의복, 의자, 신발 등은 인체공학과 아주 밀접한 관계 속에 여러 가지 상품들도 점점 그 관계가 밀접해지고 있다.

그 중에서도 패션은 인체공학과 가장 밀접한 관계에 있는 것으로 신체를 보호하는 기본적인 기능 이외에 개성연출을 표현하기도 하지만 무엇보다도 가장 기본적인 요소는 편리해야 한다는 점을 들 수 있다.

특히 여성들은 몸매를 위해 지나치게 타이트한 옷을 입거나 벨트를 강하게 죄는 등 장기간 착용하다 보면 허리에 부담을 주어 요통과 생리통을 일으키는 원인이 되며 꼭 끼는 브래지어는 가슴을 옥죄어 오랫동안 착용하면 악영향을 주므로 자신에게 맞는 적당한 치수의 제품을 사용하는 것이 바람직하다.

또한 키를 커 보이게 하기 위해 하이힐을 신는 경우가 많은데 이 또한 그 굽이 5cm를 넘으면 신체에 부담을 주어 넘어지는 경우가 많고 때로는 걷는 자세가 변형되는 한편 신체 전체에 무리를 주어 좋지 않으므로 주의하여야 한다.

그러므로 3cm 정도 높이의 굽이 가장 적합하며 또 지나치게 앞이 뾰족한 형태의 구두를 신다 보면 발가락들이 휘어지는 경우가 많으므로 구두에 발을 맞추기보다는 자기의 발을 먼저 고려한 후에 이에 적합한 예쁜 신발을 신는 것이 바람직하다.

인간 한계에 도전하는 마라토너들은 스포츠 중에서 가장 간편한 신발, 양말, 셔츠, 팬티만의 차림으로 0.1초라도 단축하려고 자신과 고독한 싸움을 벌이며 42.195㎞를 달린다.

보통 2만 5,000~2만 8,000 걸음을 뛰게 되므로 한쪽 발이 지면에 닿는 횟수만도 1만 3,000회나 되어 엄청난 충격이 발에 전달되므로 마라토너의 신발은 평상시 기록 및 컨디션과 함께 중요한 장비로서 기록에도 영향을 미치게 되는 것이다.

때문에 신발이 너무 딱딱하면 지면의 충격이 관절에 영향을 주어 오래 달리기 어렵고 신발 내부에 마찰이 일어나게 되면 발바닥에 물집이 잡히며 신발 바닥이 너무 푹신하면 에너지가 많이 소모되어 레이스를 망치게 된다.

발은 몸 전체의 1/4에 해당되는 52개의 뼈가 서로 연결되어 60개의 관절과 214개의 인대와 38개의 근육을 비롯한 수많은 혈관과 신경으로 구성되어 몸무게를 지탱해주는 등 3차원적인 공간 내에서 운동을 하며 몸 전체의 2%에 해당되는 생체방어기구이다.

따라서 신발 설계의 과학화를 이루기 위해서는 인체공학을 토대로 한 물리적 · 생리적 · 심리적 기능의 적합을 꾀하는 동시에 신소재를 개발하

2. 히트 신제품의 화려한 탄생과정

여 개인의 특성을 제품에 반영시켜 안정성과 쾌락성 및 정확성을 고도화함으로써 그 효과를 극대화시킬 수 있게 된다.

인간공학적인 신발을 개선하기 위해서 미국의 나이키와 리복, 일본의 아식스와 미즈노, 독일의 아디다스 등이 막대한 비용과 전문가를 투입하여 소재공학과 스포츠생리학에 접근하여 신제품 개발을 연구하고 있다.

◎ LG전자는 자연바람처럼 강약이 자동조절되는 카오스기능과 어두워지면 자동적으로 약해지는 취침기능을, 삼성전자는 음이온 방출로 방안의 공기를 맑게 해주고 악취제거는 물론 취침시 광센서에 의한 풍량조절기능과 기온에 따라 강·중·약풍이 자동 조절되고 6시간 작동 후 자동으로 전원이 차단되는 기능을 갖춘 신제품을 시판했다.

◎ 대우전자는 음성 IC의 내장으로 14초 간격으로 파도소리, 갈매기울음소리, 바람소리가 들리며 온도와 광센서에 의해 바람의 세기가 조절되고 소등 후 4시간 후에 작동이 멈추며 자주 사용하는 바람의 세기를 기억해서 이를 내보내는 메모리 기능까지도 채택한 신제품을 선보였다.

◎ 신일은 마이크로 컴퓨터가 주위의 온도와 습도 등 불쾌지수를 감지해 최적의 풍량을 뿜어주는 메모리기능과 광센서가 자동적으로 어둠을 감지해 1시간 후 선풍기의 작동이 멈춰지게 하는 숙면타이머 기능을 제품에 내장하였으며, 한일전기는 취침시 광센서에 의해 강약의 바람이 리드미컬하게 나오다가 4시간 만에 자동적으로 꺼지는 제품을 선보였다.

이와 같이 점차 인간을 위한 감성 인간공학적으로 접근한 상품을 소비자들이 선호하게 되는 것은 당연하므로 이에 대한 대비가 필요하다.

② 신제품개발의 성공과 실패요인

성공적인 신제품개발의 공통점으로 과학적이고 합리적인 시장조사 및 분석, 뛰어난 아이디어, 체계적인 추진방법의 효율화, 인체공학적인 접근, 효과적인 시장침투전략, 경영자와 모든 조직원들의 팀워크, 기타 변수 등을 들 수 있다.

신제품의 성(강)패(약) 요인

제품(기술혁신, 품질)＋디자인(형태, 색채)＋마케팅력(포지셔닝전략, 브랜드, 가격, 광고, 판촉, 서비스)＋변수(언론, 여론, 유행, 상황)

© Chae Soo Myung 42

반면에 실패요인으로는 제품 자체의 기술 부족과 끝마무리 미흡, 아이디어의 부족, 브랜드 취약과 과소·과대 포장, 비효율적인 마케팅전략, 지나친 개발비용과 시간투자, 유사 및 모방의 분쟁에서 비롯되는 부정적인 여론 등이 있다.

팔리는 상품과 팔리지 않는 상품 비교

구분	팔리는 상품	팔리지 않는 상품
브랜드	히트브랜드(기억, 발음, 제품특징, 타깃감각, 차별화, 신뢰)	보통브랜드(설명적, 시대감각 전무, 비차별화, 비신뢰감)
기술·품질	기술혁신·품질우수/인간공학	기술낙후·품질불량
디자인	디자인 센스(디자인, 색채)	디자인 부족
홍보광고	적극적, 합리적	소극적, 비합리적
마케팅전략	시장경쟁력, 고객만족	회사중심적
유통판촉	신속·정확·친절·신뢰	불명확, 불친절
키포인트	시대상황에 적시, 적소, 적량	시대 불일치

© Chae Soo Myung 43

2. 히트 신제품의 화려한 탄생과정

3. 센스 있는 굿 디자인이 잘 팔린다

디자인은 쓰임새[用]와 아름다움[美]이 결합되어야 한다.

그 중에서도 굿 디자인에는 인간공학 및 경제성까지 포함된다는 점에서 더욱더 가치가 높고 마케팅력이라는 날개만 달 수 있다면 그 이상의 무기는 없을 것이다.

더구나 고객들의 감성화와 문화시대를 대비하여 디자인의 중요성과 역할은 강화될 것이므로 인간의 정신적·물질적 욕구 충족을 위한 조형활동으로써 더욱더 상품 및 기업 경쟁력 강화에 힘쓸 것이 예상되므로 누구나 디자이너가 되길 바란다.

1) 디자인의 본질과 디자이너의 임무

① 디자인의 목적은 국가발전과 생활문화의 창조

오늘날의 디자인은 단순히 아름다움을 위한 조형적 표현이기보다는 어떤 목적을 가지고 문제를 해결하기 위한 행위로서 실용적이고 미적인 조형을 계획하며 표현하는 일이므로 우리의 생활 그 자체라고 볼 수 있다.

이렇게 볼 때 디자인은 인간생활에 편리함과 풍요를 주기 위해서 최첨단 과학기술과 예술이 결합되어 경영 및 마케팅을 통해 국가산업 발전에 일익을 담당한다는 의미에서 '산업디자인' 이라고 지칭하게 된 것이다.

디자인 용어의 발전사

공예(조선시대) → 도안(일제시대) → 응용미술(1960년대) → 산업미술(1970년대) → 디자인(1980년대) → 산업디자인(1990년대) → 마케팅디자인(2000년대) → 정보디자인(2010년대) → 디자인문화(2020년대)

출전) 채수명 : 「디자인마케팅」. 국제, 1993.

디자인의 본질은 1차적 기능으로서 예술적 표현인 도안 · 밑그림 · 소묘에서 2차적 기능으로서 아이디어의 창출인 설계 · 구상 · 착상, 그리고 3차적 기능으로서 경영과학적인 계획 · 의도 · 관리기능이 있다.

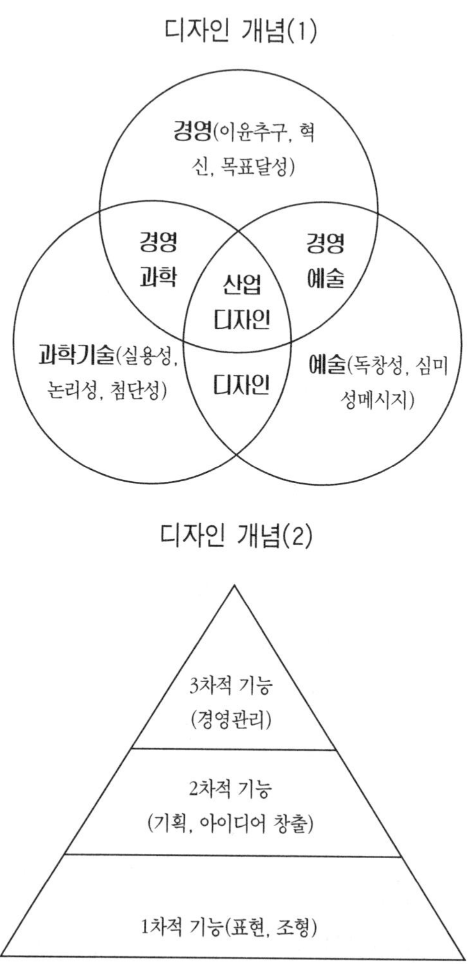

출전) 채수명 : 「현대디자인실무론」. 창지사, 1998.

    이런 점에서 디자인이란 조형 창출이 아니라 정신적이고 육체적인 종합 창조활동으로 경영, 마케팅, 광고, 법률, 심리학, 예술, 커뮤니케이션, 사회학, 자료공학 등 다양한 분야의 전문가가 팀을 이루어 상호 연계하여 연구 개발함으로써 좋은 결과가 나오게 된다.

결국 시각적으로 즐겁다면 하나의 표피에 지나지 않으므로 눈, 귀, 발, 손, 입, 가슴으로 즐거움을 느낄 수 있어야 진정한 디자인이라고 할 수 있다.

② 누구나 훌륭한 디자이너가 될 수 있다

디자인팀이나 디자이너는 모두 예술적인 표현만을 추구하는 조형집단이 되어서는 훌륭한 디자인을 창조해내기가 어렵다.

때문에 표현가(일러스트레이터), 마케터(시장조사 분석, 방향설정, 예측), 아이디어맨(과학기술로서의 혁신), 소비자(사용자), 영업자(판매자), 생산자, 관리자 등 그 영역이 매우 넓으므로 적절한 역할분담을 통해 작업에 임해야 한다.

디자인 작업을 하기 전에 디자인의 목적과 상황 등 시장조사 분석에 따른 데이터를 철저하게 분석한 후 방향을 설정하고 수많은 아이디어를 만들어내고 스케치를 거치고 검증을 통해 샘플을 생산하며 수정·보완 과정을 거쳐 본 디자인을 완성해야 한다.

그러나 예비상품으로서의 가치보다는 '예술적인 작품을 창조한다'라는 자기 아집에 빠져 시간과 경비 및 노력을 낭비하는 사례가 빈번하므로 시장과 소비자에 대해 충분히 이해한 후 판매와 생산에 대한 마인드를 기초로 디자인을 하는 것이 바람직하다.

2) 디자인 관련성과 디자인 라운드

① 디자인 관련성과 굿 디자인

디자인은 특성상 시각전달디자인, 산업공예디자인, 산업제품디자인, 영

3. 센스있는 굿 디자인이 잘 팔린다

상디자인으로 구분되나 인간을 위한 하나의 토털 시스템으로 보는 것이 바람직하다.

디자인의 관련성

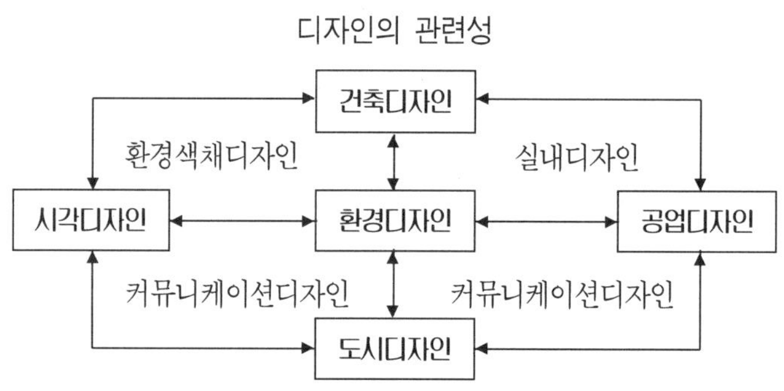

출전) 이윤구 · 김영환 : 「미술」. 동아출판사, 1994. p.180

굿(Good) 디자인이란 디자인만을 위한 조형미에서 벗어나 마케팅적인 고객만족의 히트상품이 될 때 진정한 의미가 된다는 것을 깊이 인식하여야 한다.

굿디자인의 개념적 범위

구 분	내 용
미시적	디자인측면만을 고려한 조형미, 우수디자인(한계성)
거시적	마케팅측면에서 브랜드, 기술혁신, 품질, 디자인, 포장, 인간공학을 포함한 경쟁력이 있는 고객만족, 히트장수상품

ⓒ Chae Soo Myung 44

② UR협상, 디자인 라운드(Design Round : DR)의 이해

고객들의 욕구변화로 인해 디자인은 곧 경쟁력으로서 그 중요성이 대두

되었다.

　이런 관계로 산업디자인의 행위에서 직간접적인 모방을 규제하기 위한 디자인 라운드가 유럽 등 선진국을 중심으로 제기되고 있어 무역질서의 새로운 쟁점으로 부상하고 있다.

　이는 지적 재산권의 일종으로서 산업디자인을 모방한 상품의 수입을 금지하거나 벌금을 물려 사실상 수입을 저지하기 위한 방편으로 이용되고 있다.

◉ EU(유럽연합)는 1995년에 통합특허청을 만들었고 1996년에 국제상표법을 발효하여 EU역내국가의 디자인을 모방한 제품을 수입 금지하는 등 다각적이고 단호한 조치를 추진하고 있다.

◉ 미국도 지적재산권법에 산업디자인을 보호하는 내용을 명문화하는 등 일본을 비롯한 선진국에서 디자인 라운드를 준비하고 있어 파급이 클 것으로 예상되는데, 이미 미국의 코빙튼 패트릭 사는 우리 나라의 D방직이 자사의 직물디자인을 도용했다며 1995년 2월 서울민사지방법원에 손해배상 청구소송을 제기하여 일부 승소판결을 받은 바 있다.

◉ 세계적인 가방메이커인 루이뷔통은 이태원 등에서 자사의 디자인을 모방한 가방이 유통되자 우리 나라의 특허청에 강력하게 항의하였고 이에 정부가 일제 단속을 벌인 사례도 있었다. 또 미국의 제약업체들이 국내 제약업체들을 상대로 항생제 캡슐 포장을 모방했다고 소송을 제기한 사례 등으로 볼 때 디자인의 모방과 유사성에 대한 논란은 더욱 증가할 것으로 예상된다.

◉ EU에서는 1996년부터 한국이 유럽에 수출하고 있는 자동차, 액세서리, 가방, 원단 등 주요 수출상품을 철저히 조사해 자국의 디자인을 모방한 제품에 대한 소송을 준비중에 있기 때문에 국내 기업들은 물론 정부, 무역협회, 특허청, 변리사, 디자이너들이 책임의식을 갖고 디자

3. 센스있는 굿 디자인이 잘 팔린다

인 라운드에 대비해야만 한다.

이와 같이 선진 각국은 제품·시각·포장·환경디자인으로 세분하여 인쇄서체나 심벌마크, 포장지의 디자인까지 지적재산권에 포함시켜서 디자인 보호영역을 확대해나가고 있다.

산업디자인은 단순히 디자인의 차원을 넘어서 기술, 경제전쟁으로까지 이어져 우리 상품의 생존을 좌우하기 때문에 선진국들의 산업디자인 보호 움직임에 대응하기 위해서는 우리도 산업디자인 보호에 관한 법제화작업을 서둘러야 할 것이다.

경영자와 상품개발팀(상품기획자, 디자이너)은 디자인 라운드에 대한 올바른 인식으로 다른 디자인을 침해하지 않도록 하고, 자사 디자인을 보호하는 대책 등을 강구해야만 한다.

4. 히트 브랜드는 히트 마케팅 파워이다

국제화, 개방화, CS화로 점차 상품의 차별화가 곤란해지면서 더욱더 브랜드를 전략마케팅기법으로 활용하고 있다.

따라서 브랜드는 곧 제품의 이미지이자 파워이며 제품 가치로 인식되고 있어 상품의 운명은 물론 기업의 운명까지도 좌우하는 요인이 되었다고 하여도 과언은 아니다.

이제는 국내 시장이라는 좁은 시야에서 벗어나 세계 시장을 공략하기 위해서는 얼굴 없는 OEM방식을 탈피해 장기적으로 브랜드 가치만 하여도 천문학적인 코카콜라와 같은 세계적인 브랜드를 기대하면서 브랜드 마케팅 패러다임 아래 시너지효과를 기대해 보면서 이에 대해 살펴보기로 한다.

1) 파워 브랜드의 기능과 용솟음치는 원천

① 파워 넘치는 브랜드의 폭넓은 이해

브랜드의 어원은 노르웨이어의 고어 Braldr(달구어지다, 화인하다)에서 유래되어 상품명으로써 이미지, 파워를 형성하여 가치를 나타내고 있다.

브랜드(BRAND)의 개념

B(Big : 큰, 위대한, 유명한)＋R(Rear : 세우다. 일으키다. 교육하다)＋
A(Action : 행동, 실행, 활동, 방법, 전투)＋N(Name : 이름, 명칭, 평판)＋
D(Design : 기획, 목적, 디자인)

© Chae Soo Myung 45

원래 브랜드는 판매자가 자기의 상품과 서비스를 경쟁자와 구분해서 표시할 수 있도록 사용하는 명칭과 디자인의 결합체를 말하나 대체로 상품의 이름을 지칭하는 것으로 제조원표시, 판매원표시, 제조원책임, 보호기능이 있다.

시장세분화·제품차별화·기업이미지 및 상표충성심 형성을 위해서는 소비자에게 강력한 이미지를 심어주고, 구매와 직결되도록 하기 위해서는 제품의 품질을 반영하고 무엇보다도 호감을 주는 발음과 효과적인 광고 및 마케팅전략 등 다각적인 내용이 브랜드에 함축되어야 한다.

상품의 특성을 충분히 반영할 것(연상테스트), 시대 감각적이며 신선감이 있을 것, 읽어서 즐겁고 발음하기 쉬우며 신축성이 있을 것(발음테스트), 인지하고 기억하기 쉬울 것(기억테스트), 타깃에 맞을 것, 독창적일 것(특허문제), 여러 나라의 언어로 표기할 수 있고 발음이 가능할 것(국제화), 체계적인 마케팅전략 등의 조건을 갖추어야 한다.

소비자들이 맹목적이라 할 정도로 유명메이커를 선호하는 이유도 상표에 대한 이미지의 신뢰는 곧 품질과 가격 및 서비스를 인정하고 있다는 증거이기 때문에 인기는 가히 폭발적일 수밖에 없다.

그러나 판매촉진만을 생각한 악덕 상인들이 이를 악이용하여 모조상표를 만들고, 때로는 모조인 줄 알면서도 과시용으로 구매하는 소비자가 많다는 사실은 브랜드파워를 말해주기에 충분하다.

브랜드의 관련성

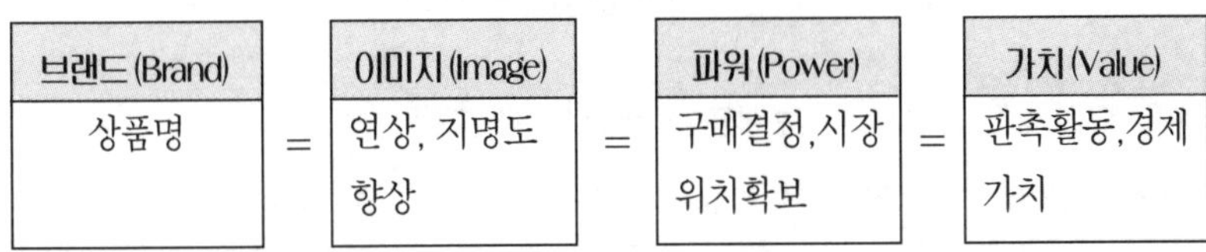

유명브랜드 이미지의 효과

구 분	경쟁효과	기대효과	탄성효과
소비자행동	우선 구매고려대상	처음부터 기대승인	실수나 문제시 관대
효 익	고가라도 구매	역시 신뢰	분쟁시 해결 신속
기 타	기초 튼튼	선호, 구매욕구 강렬	파급효과 큼

히트 네임 분류

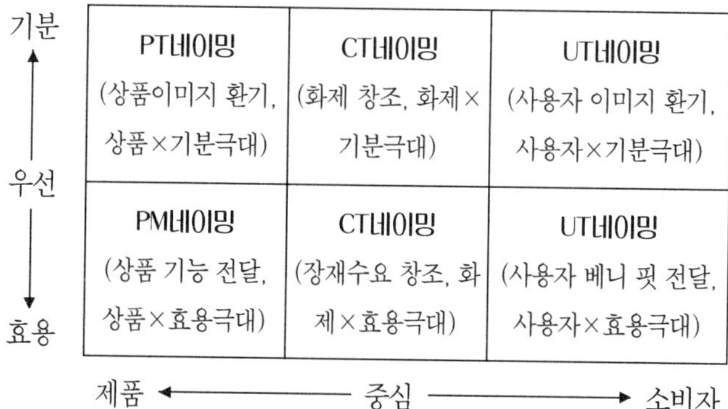

브랜드 선택시 관계 요인

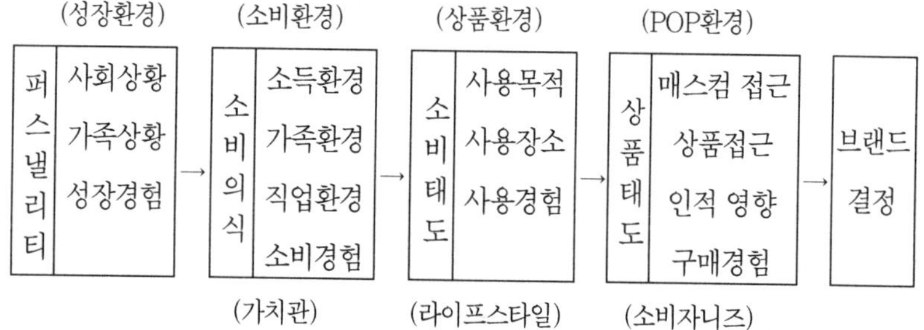

출전) 서병국, 이광회 : 「신제품개발」. 법경출판사, 1990., p.39.

브랜드차별화

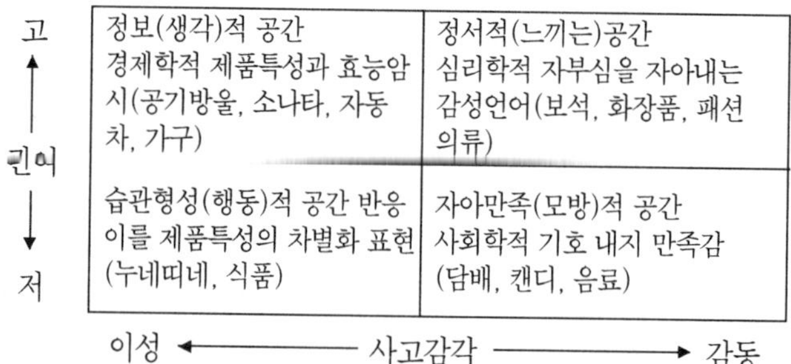

② 상품의 대명사 브랜드명의 원천과 분류

브랜드의 원천은 어떤 규정이 있는 것이 아니라 시대상황에 따라 고객의 심리와 행동 및 경쟁사를 고려한 자사 상품특성을 최대한 살려 마케팅 력화시켜야 한다.

브랜드의 원천

구　분	내　　용
인명(유명인사, 창업자)	김정문알로에, 윤선생영어교실, 이원재패션, 앙드레드김, 윤씨농방, 이가솜씨 / 포드, 파스테르우유, 몬테소리(아동교육의 선구자)
지명(유명지역)	강화 화문석, 강화 인삼, 광주 도자, 여주 땅콩, 안성 탕면, 천안 호두과자, 순창 고추장, 대구 사과, 금산 인삼, 가평 잣, 포천일동 막걸리, 의성 마늘, 진영 감, 나주 배, 전주 복숭아, 무등 수박, 공주 밤, 전주 비빔밥, 영덕 게, 영광 굴비, 완도 김, 고창 수박, 서산 어리굴젓, 예산 사과, 광천 새우젓, 청양 고추, 충주 사과, 춘천 닭갈비, 설악 생수, 울릉도 오징어, 함흥 냉면 / 보르네오가구, 본차이나
동식물명, 어류 (친근한 동식물 / 도감)	우루사, 펭귄표, 캥거루표, 버들표, 백화주조, 새우깡, 애플컴퓨터, 노루표 페인트, 오렌지, 아몬드, 김치냉장고
자연과 천체 및 광물 (환경친화적)	오리온, 백설표 설탕, 번개표 형광등, 해표 식용유
생활·전문용어 (일상, 전문 / 한글, 일본어, 영어, 불어, 독어 / 사전)	가정표 양말, 소나타(음악), 비너스(미술), 아그립파(미술), 애니콜(영어), 에이스(영어)
기업명(기업명 일치)	BYC, TRY, 후지필름
종교 (종교어필 / 성경, 법구경)	카디널, 할렐루야
추상(상상)	쌍용시멘트, 해태껌

4. 히트 브랜드는 히트 마케팅파워이다

역사 (역사문화, 걸작, 인물, 신화)	조선일보, 신라명과, 김삿갓소주, 태백이, 황진이, 고려당 / 로코코가구, 바로크가구

브랜드명의 유형

구 분	내 용
개별브랜드	비비안, 라보라, 물먹는 하마, 청산리 벽계수
기업명 관련 브랜드	기업명(진도모피), 기업명＋개별(금성 빨래판세탁기), 기업명＋제품(롯데 살로우만, 농심 새우깡), 개별＋기업명(글라이코쉘)
제품그룹 관련 브랜드	제품그룹(가양 : 나드리), 제품그룹＋개별(백양 : 아미에, 러브팬, 아미에 마즈브라), 제품그룹＋제품그룹＋개별(LG : 드봉, 미네르바), 개별＋제품그룹(삼나 스포츠)
사 례	태평양(기업브랜드), 아모레(공동브랜드), 순정(개별브랜드)

브랜드명 의미상 원천

구 분	내 용
성공약속 보장	물먹는 하마(습기제거), 유니나(샴푸), 맛나(조미료), 아이차바(빙과), 하이얀치약(치약)
사용편리 강조	바로수프(즉석수프), 3분(카레), 일분면(라면), 짜파게티
품위·품질보장	VIP(옷감, 주류), 엘리트(모직), 월드컵(신발), 로얄(호텔, 자동차), 우등생(과자), 하버드(책·걸상), 에이스(과자)
제품내용 설명	해물탕(라면), 두날(면도기), 그린밀크(두유), 살로우만(소시지)
용도·사용법	바퀴오라오라(바퀴벌레약), 짤순이(세탁탈수기), 패미콤(가정용 컴퓨터)

유쾌 · 흥미	파라다이스(주류), 캡틴큐(주류), 브라보콘(빙과), 윙윙바, 럭키치약
보상 · 약속	갤럭시(신사복), 맨스타(신사복), 탁틴(화장품), 하이얀치약, 유니나 상품
발음 · 기억	라라(화장지), 쌕쌕(주스), 쭈쭈바(빙과), 빼빼로(과자)

출진) 고동화 : 「브랜드명의 원친」. 월긴 마게팅시대 보완.

브랜드명의 가감승제 수학상식

구 분	내 용
더하기(N=A+B)	바퀴벌레렌터(명사+명사), 금지된 장난(형용사+명사)
빼기(N=A-B)	초코바(초코바 파르페), VIP(Very Important Person)
곱하기(N=A×B)	의미 곱하기(Case by Case), 단어 오버랩(COMEDKS : Cometict Medical), 글자 바꾸기(Arabian Light : Arabian Nignt)
반복하기($N=A^2$)	캉캉, 봉봉, 뱅뱅, 토토, 루루, 탄탄, 바바

출전) 고동화 : 「브랜드명의 원천」. 월간 마케팅시대, 1993.

브랜드의 예

구 분	내 용
소주	참(금복주), 시원(대전주조), 새찬(선양주조), 천년의 아침(보해), 화이트(무학)
전통주	설중매(두산), 군주(두산), 천국(진로), 화랑(금복주), 금박매취순(보해양조), 매실마을(무학)
배음료	갈아만든 배(해태음료), 갈아서 만든 배(다향식품), 갈아서 만든 참배(우성식품), 썰어서 갈은 배(온누리식품), 시골집 갈아서 넣은 배(삼미식품), 갈아서 만든 생배즙(영우식품), 갈아먹는 배(한미약품), 갈아 부순 배(산가리아), 갈아서 만든 배(삼진인삼종합), 갈아 넣은 배(신송농협), 갈아 시원한 배(유한양행), 썰어서 갈은 배(온

4. 히트 브랜드는 히트 마케팅파워이다

누리식품), 곱게 갈은배(명진종합식품), 갈아 넣은 고향배(광동제약), 골라서 갈은 배(동원산업), 갈아서 시원한 배(유한양행), 갈아 마시는 배(삼립식품), 먹어봤나 갈은 배(비락), 시원한 겨울배(LG생활건강), 싱그런 배(롯데삼강), 아삭아삭 생배(한국야쿠르트), 배밭골 사람들(상아제약), 배마을 배즙(나주농산), 사각사각 배(롯데칠성), 마시는 배속살(남양유업), 과일천국 배(기린), 배식혜(나주배), 배사랑(하동농협), 생생배(진로종합식품), 배랑여행(산내들, 금강식품)

2) 우수·모순 브랜드의 사례분석

① 우수브랜드 사례분석

우수브랜드는 곧 파워이므로 이를 조사 검토하여 참고하는 것이 효과적이다.

• **새우깡** : 롯데그룹 신격호 회장의 셋째 동생으로 농심의 전신인 롯데공업을 설립한 신춘호 회장이 상품명을 놓고 고민중이었을 때 당시 네 살이었던 신춘호 회장의 막내딸 신윤경(태평양 서경배 사장 부인) 씨가 어색한 발음으로 민요 아리랑을 "아리깡 아리깡 아라리요"라고 부르는 것을 보고 아리깡 그리고 당시 음식이었던 깡보리밥을 연결시켜 새우깡을 탄생시킨 것이다.

새우와 깡의 합성어인 새우깡은 새우의 친근한 이미지에 깡이라는 의미 심상하면서도 강렬한 발음이 어우러져 더욱 효과를 얻게 되었을 뿐만 아니라 바다와는 관계가 먼 기업명 농심(농부의 마음)에 더욱더 호감과 신뢰를 주고 있다.

• **낫소** : 세계적인 명성을 얻고 있는 '낫소' 는 우리말로 '좋다' 는 뜻을 지닌 순수한 국산 브랜드로서 외국의 유명 브랜드 이미지가 물씬 풍기고 발음이 아주 쉬워서 빠른 시간 안에 성공할 수 있었다.

더구나 낫소는 미국의 프린스턴에 위치한 거리이름이기도 하고 이 거리의 낫소관은 조지 워싱턴이 독립선언문을 낭독한 곳이며, 미국 플로리다 동쪽에 있는 바라마 군노의 수노녕이기노 하며, 독일연방국을 서쳐 현재 네덜란드 역사 속에 번창했던 유럽 왕국의 호칭 등 다양한 의미를 갖고 있어 세계 어느 곳에서나 유명하고 친밀한 브랜드로서 이미지를 심어 주고 있다.

• **물먹는 하마**(옥시) : 습기제거제인 '물먹는 하마' 는 우리 나라의 기후 특성을 감안하여 재미있고 흥미로우며 제품의 특성을 충분히 살린 독특한 브랜드명으로 소비자에게 아주 쉽게 인식되어 판매효과를 높이고 있다.

이 상품은 원래 화학제품 제조공정에서 부산물로 발생하는 염화칼슘의 처리를 고심하다가 흡수력이 뛰어난 특성을 살려 습기를 빨아들인 후 물로 저장하는 습기제거제를 만들자는 데서 착안한 것이다.

'물먹는 하마' 라는 이름은 사내공모를 통해 결정된 것으로 물가에 살고 있는 친근한 동물인 하마와 습기를 빨아들인다는 점을 연상시켜 제습기임을 인식시켰고 재미있는 하마캐릭터를 부각시킴으로써 어른과 아이들 모두에게 호감을 주고 있는 대표적인 사례가 된다.

• **프로스펙스**(국제상사) : 1981년 professional specification(프로규격)을 줄여 '프로스펙스' 라는 브랜드를 개발하여 1994년 국내 5,400억원 시장에서 520억 원을 기록하여 시장 점유율과 매출에서 모두 1위를 차지했고 1986년 프랑스 사텍사와 브랜드 라이센스를 체결하여 해외진출 1호로 국내 브랜드를 수출하기도 하였다.

4. 히트 브랜드는 히트 마케팅파워이다

• 르까프 (화승) : 1953년 동양고무공업(주)의 '기차표'로 출발하여 1986년까지 OEM방식으로 나이키를 생산해왔다.

그러나 그 이후 나이키사와 결별하고 '르까프'라는 자사 브랜드를 개발하여 1994년 단일 브랜드만으로 470억 원의 매출을 기록했으며 스페인, 덴마크, 아르헨티나, 남아프리카공화국 등에 로열티를 받고 브랜드를 수출하는 등 국제적인 명성을 굳혀가고 있다.

• 액티브(코오롱상사) : 텐트와 버너 등 스포츠용품을 주로 생산해오던 중 1986년 신발산업에 뛰어들어 1990년부터 '액티브'라는 브랜드를 개발하여 수출하기 시작했고 1994년 200억 원의 국내 매출고와 3,000만 달러의 해외수출을 기록함으로써 국내 브랜드로는 최고를 기록하는 기염을 토해내 그 가능성을 보여주었다.

• 소니(SONY) : 일본의 소니는 어느 나라 언어로도 편안하게 발음되며 강한 인상이 풍기는 동시에 품질, 서비스, 홍보를 통해 세계적인 명성을 얻고 있는 일본을 대표하는 우수한 브랜드가 되었다.

• 도요타 : 일본의 자동차 회사인 '도요타'는 Coralla, Corona, Cynos와 같이 알파벳 'C'로 시작하는 독특한 네이밍 방법을 사용해서 시각적으로나 발음상 도요타의 자동차임을 강조하고 있다.

• 볼보 : 자동차 회사인 '볼보' 브랜드는 240, 740, 760, 780과 같이 끝자리 수가 '0'으로 끝나는 세 자리 숫자를 사용함으로써 순번을 통해 제품과 기업 이미지를 구축하고 있다.

• 코카콜라 : 1985년 미국의 코카콜라사는 기존 코카콜라의 맛을 약간 바꾸면서 브랜드도 뉴코크(New Coke)라 했으나 소비자들의 거부감 때문에 코카콜라를 클래식코크(Classic Coke)라는 브랜드명으로 시장에 다시 출시하여 많은 호응을 얻었다.

맛의 개선은 그 전에도 여러 번 행해졌으나 소비자들이 알 수 없을 정

제3장 마케팅 핵심 요소

도의 차이였으며 뉴코크의 경우에는 맛을 바꾸었다는 발표를 하지 않았더라면 소비자들에게 큰 저항 없이 자연스럽게 수용되었을 것이다.

이는 그 동안 누적된 코카콜라 고유의 맛에 대한 고정관념과 향수가 강하기 때문인 것으로 풀이되며 코카콜라로 대표되는 '미국의 상징'에 대한 변경을 미국인들이 반대하였다.

이 경우는 단순히 청량음료가 아닌 미국의 상징이자 미국인의 라이프 스타일 중의 하나로서 미국인의 아이덴티티를 형성하고 있을 뿐만 아니라 세계인들에게 사랑받는 세계적인 음료로서의 이미지가 구축된 사례이다.

우수브랜드 사례

구 분	내　　　용	구 분	내　　　용
식 품	안성탕면, 맛동산, 미원, 새우깡	휴대폰	애니콜
제 약	우루사, 겔포스	청결제	유니나샴푸, 노루표페인트
승용차	소나타	주 류	하이트맥주, 진로
화장품	탐스핀, 식물나라	가 전	짤순이, 그린컴퓨터
의 류	비너스, 비비안	기 타	영광굴비, 영덕게, 나주배

ⓒ Chae Soo Myung 47

브랜드는 지명도와 인지도에 따른 경제가치가 매우 크기 때문에 대충 지어서는 안 된다는 결론이 나온다는 것을 깊이 인식하여 국내는 물론 세계적인 브랜드 창출로 고부가가치를 누리기 위한 노력이 절실하다.

4. 히트 브랜드는 히트 마케팅파워이다

브랜드가치

(단위 : 억원)

구분	승용차	맥주	휴대폰	패스트푸드	스포츠화	라면
1	소나타 (2,826)	하이트 (1,013)	애니콜 (3,278)	롯데리아 (410)	나이키 (368)	신라면 (285)
2	레간자 (1,722)	오비라거 (832)	싸이언 (815)	KFC (263)	프로스펙스 (286)	안성탕면 (130)
3	아반떼 (1,596)	카스 (389)	걸리버 (256)	파파이스 (145)	이디다스 (194)	진라면 (34)
4	크레도스 (1,453)	카프리 (30)	스타텍 (50)	맥도날드 (132)	리복 (153)	삼양라면 (31)
5	누비라 (1,076)	버드와이저 (24)	-	버거킹 (65)	르까프 (145)	쇼킹면 (27)
6	세피아 (728)	밀러 (20)	-	웬디스 (30)	아식스 (62)	핫라면 (19)
7	SM5 (565)	엑스필 (7)	-	하디스 (24)	-	열라면 (18)
8	티뷰론 (103)	레드락 (5)	-	-	-	대관령 (16)

출전) 브랜드 벨휴사, 1998.

우리나라 대학생들이 선호하는 브랜드 톱

구 분	브랜드	구 분	브랜드	구 분	브랜드
청바지	리바이스	이동전화	스피드011	인터넷통신	넷츠고
소주	참진이슬로	스포츠음료	파워 에이드	커피	맥심
라면	신라면	경승용차	마티스	오토바이	효성스즈키

출전) 「캠퍼스저널」. 1999. 7(서울 15개 대학 1천50명 조사).

제3장 마케팅 핵심 요소

② 모순 브랜드의 사례분석

- 후라보노껌(동양제과) : '후라보노껌'은 껌의 일반적인 성분을 나타낸 브랜드이기 때문에 해태와 롯데에서도 후라보노껌을 생산, 판매할 수 있어 브랜드의 가치가 반감되므로 처음부터 완벽한 브랜드전략이 필요한 것이다.

- 아모레(태평양) : '아모레(AMORE)'는 국내의 대표 브랜드이지만 유럽에서는 그 뜻이 '돈을 주고 하는 사랑 또는 매춘'을 의미하고 있어 문제가 되고 있으므로 개선이 시급하다.

- 골드스타(LG전자) : 과거의 금성사는 국제화 시대를 맞이하여 'GOLD STAR'로 브랜드와 기업명을 동시에 변경했는데 이는 국내에서는 '샛별' 또는 아름다운 '금성'을 뜻하지만 미국에서는 '전몰장병'을 의미하고 있어 문화적 차이를 극복하기 위한 시도이다.

이와 같이 브랜드가 매출뿐만 아니라 상품 및 기업활동에도 지대한 영향을 끼치므로 브랜드 가치가 높아지자 특허출현시 등록 유무와 추후 판매경쟁으로 인해 분쟁이 일어나는 경우가 있는데 이를 사전에 준비하는 것이 바람직하다.

상표등록 불가 사례

구 분	내 용
보통명사	보통명사(TV, 냉장고, 사과)
관습적 이름	상품의 대명사(정종, 조미료, 직물)
잘 알려진 지리적 명칭	서울, 부산, 대전 등 / 단, 대구사과처럼 사과단지로써 잘 알려진 명칭은 상품등록이 가능함
성질표시	사용방법과 시기 등을 누구나 자유롭게 사용하고 타사와 구별이 어려워 불가능
기타	타사와 구별이 불가능한 경우 / 단, 새우깡의 경우 오랫동안 광고 홍보하여 유명했기 때문에 상표등록 가능했음

4. 히트 브랜드는 히트 마케팅파워이다

3) 브랜드를 종합적으로 아이덴티티하면 효과적

① 브랜드의 아이덴티티하는 본질과 요소

점차 브랜드의 가치가 커져 상품의 운명을 좌우하는 등 지대한 영향을 끼치자 이를 전략적으로 마케팅화시키고 있다.

브랜드 아이덴티티(brand identity : BI)란 브랜드를 구성하고 있는 모든 요소들을 마케팅 나아가 경영전략차원에서 통합하여 이미지화시킨 후 이를 홍보판촉전술로 활용하고 있는 것이다.

이는 브랜드를 구성하는 각각의 활동보다는 통합하여 일관성 있고 집합적인 이미지를 전개함으로써 구매욕구와 관리를 용이하게 할 수 있기 때문에 브랜드 아이덴티티를 적극적으로 활용하고 있어 기대 이상의 효과를 거두고 있다.

그러나 지나치게 비체계이고 비합리적인 것은 준비가 부족한 상황에서 의욕만을 앞세워 실행한 결과 기대하는 효과를 얻지 못하는 경우가 너무 많아 결국 실패하는 경우가 일반적이다.

즉 마케팅차원에서 추진하기보다는 디자인차원에서 통합하거나 브랜드명 하나만을 갖고 급조하여 추진한 한마디로 능력부족 상태이기 때문에 어쩌면 당연한 일이다.

브랜드 아이덴티티(BI) 구성요소

구 분	내 용
브랜드명	브랜드의 이름
브랜드 마크	브랜드를 상징하는 얼굴로서의 심벌마크
브랜드 로고타이프	브랜드명의 특성에 맞는 독창적이고 심미적인 글씨체
브랜드 컬러	브랜드를 상징하는 색상

브랜드 캐릭터	브랜드의 특성을 살린 패턴이나 동식물의 디자인
브랜드 슬로건	브랜드가 지향하는 바를 나타낸 간결한 문구
기타	포장지, 쇼핑백, 캐리어백(음료수 포장단위), 라벨, 구매시 점광고(point of purchase advertising : POP)

따라서 브랜드 요소를 전략마케팅 경영에 의한 이슈화로 흥미를 갖고 구매를 할 수 있도록 연구 노력 및 관리를 할 때 기대하는 성과를 얻을 수 있다.

브랜드 슬로건 사례

구 분	내　　　용	구 분	내　　　용
트라이	편안한 패션내의	럭키자연풍	깨끗한 물, 깨끗한 세제
위스퍼	깨끗한 첫느낌을 그대로	산도깨비	맑은 공기, 밝은 생활
롯데매니아	프로페셔널 오디오	밀크샴바드	피부미인을 위한 바디케어

② 브랜드를 전략적으로 마케팅화한 사례

브랜드를 마케팅화하는 브랜드마케팅은 마케팅전략이자 전술로써 개념을 익혀 그 효과를 이루는 적극적이고 합리적인 사고와 추진력이 필요하다.

브랜드 전략마케팅 개념

브랜드(상품명) × 전략(목표달성) × 마케팅(고객만족 시장우위 경쟁력) = 브랜드마케팅

4. 히트 브랜드는 히트 마케팅파워이다

소비자가 제품을 구매하는 기준은 '품질이 좋다' 라는 물리적 기능에서 '누가(유명인사) 구매했느냐, 구매했다면 어떤 효과가 있느냐?' 라는 비물리적, 즉 심리적으로 튀는 구매충동의 전략마케팅으로 변화하는 추세이다.

브랜드 전략마케팅 유행

- **퍼스널브랜딩**(최고경영자 : CEO) : 미국 제너럴 일렉트릭의 전 회장인 잭 웰치, 마이크로 소프트 빌 게이츠 회장
- **이모셔널 브랜딩**(광고와 품질 및 가격 등 브랜드에 정서와 감정호소)
- **캐릭터 브랜딩**(갈수록 소비자의 개성과 이미지 선호)
- **차별화 브랜딩**(10대, 여성층, 중년층, 노년층 등 차별화된 서비스) : Khai, Na, TTL
- **스폰서십 브랜딩**(운동 경기나 예술공연에 후원하여 이미지 부각)
- **체험 브랜딩**(이벤트 개최를 통해 판촉활동과 판매원 대인접촉 등 체험과정 제공)
- **퓨전 브랜딩**(공동 브랜딩에 의한 공동판촉과 제휴로 약점 보완, 강점 강화로 강한 이미지 부각)

출전) 「LG경제연구소」. 2001. 10 / 중앙일보, 10. 19., p. 40.

이와 같이 브랜드를 전략적으로 마케팅화하려면 마케팅을 전략적으로 활용할 수 있는 브랜드를 기획, 개발, 관리할 수 있는 연구가 필요하다.

5. 포장과 색채는 말없는 세일즈맨

옷이 날개라는 말이 있듯이 포장과 색채는 제품의 날개이다.

왜냐하면 상품을 보호하고 판매를 촉진시켜 주는 포장은 색채와 함께 다분히 사회심리학적인 요소가 강하다는 점에서 무언의 세일즈 맨이기도 하다.

때문에 누구나 포장과 색채에 대한 관심을 갖고 이에 대한 합리적인 포장마케팅, 색채심리마케팅 전략전술이 필요하다.

1) 포장은 말없는 프로 세일즈맨이다

① 포장공학디자인의 본질과 종류 및 과학성

제2차 세계대전 중 군수물자를 수송, 보관, 하역하면서 물류 포장기술의 과학적인 접근이 시작되면서부터 더욱 급속히 발전되어 1980년대 상품경쟁이 치열해지면서 소비자 욕구충족에 따른 판매촉진의 일환으로서 상품포장은 판매경쟁력의 중요한 무기가 되었다.

포장은 상품의 얼굴로서 '상품＝제품＋포장' 이라는 공식이 성립되어 제품과 불가분의 관계를 이루고 있을 뿐만 아니라 제품보호, 운반편리, 제품가치, 판매촉진 등의 기능을 한다.

포장의 중요성

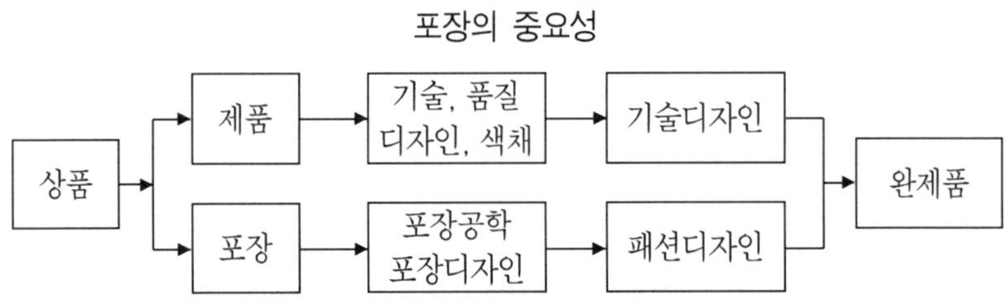

© Chae Soo Myung 50

좋은 포장은 제품에 대한 가치를 높이고 호감을 주어 구매를 유도하는 강력한 수단이 되며 제품의 신선도를 유지하는 동시에 사용에 따른 정보제공 등 편익을 주고 고객들이 제품을 스스로 발견하고 선정하게 되므로 셀프 서비스적인 성격도 띤다.

또한 편의성과 매력적인 디자인으로 소비자들에게 긍지를 심어 주고 제품과 기업 이미지를 향상시켜 마케팅 목표달성과 우호적인 대중관계에까지 기여하며 물류 유통비의 절감 및 능률을 꾀할 수 있다.

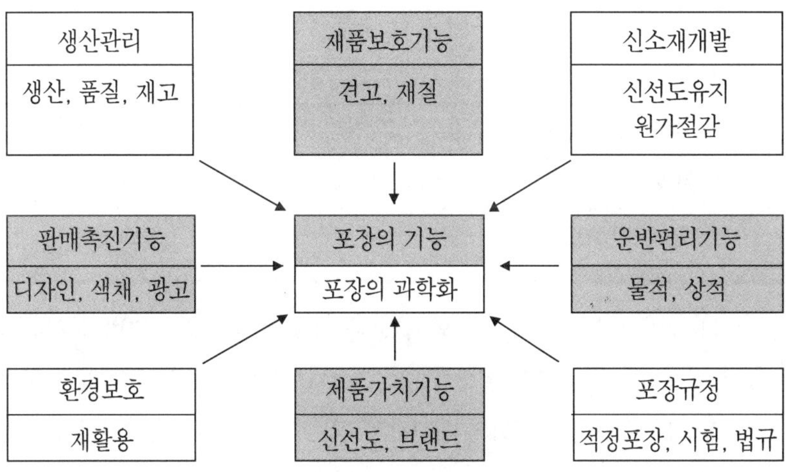

출전) 채수명 :「마케팅박사의 마케팅여행」. 한국경제신문사, 1996, p.191.

과거에는 포장을 운송수단으로 활용했으나 오늘날에는 판매촉진의 수단으로 활용하다 보니 과대 포장이 많아 환경문제 등이 제기되고 있으므로 재활용과 적정포장 등 시대변화에 부응하는 개발이 요망된다.

공업포장은 상품의 수송과 보관과정에서 상품의 가치와 상태를 보호하기 위해서 적절한 재료와 용기 등을 물품에 덧붙이는 기술 및 상태를 말한다는 점에서 일명 물적포장, 유통포장이라고 한다.

상업포장은 상품의 가치를 보호하는 낱개 포장, 상품의 방수·방습과 광열·충격을 막는 속포장, 수송과 하역을 편리하게 하는 겉포장으로 구분되는데 무엇보다도 강도·치수·재료·기법의 표준화가 필요한 가운데 품질관리가 중요하다.

5. 포장과 색채는 말없는 세일즈맨

포장의 과학성

구 분	핵 심	내 용
포장공학	포장상식	재질 / 공업포장, 상업포장 / 방수 · 방습포장
포장마케팅	포장비즈니스	시장환경, 고객심리, 포지셔닝전략, 판촉 / 시장경쟁력
포장디자인	포장조형미	독창적 조형미 / 레이아웃, 디자인, 색채, 일러스트, 글자

© Chae Soo Myung 51

또한 포장은 물적 유통구조와 긴밀한 관계가 있으므로 경비와 시간이 많이 소요되므로 포장의 현대화 없이는 유통혁명을 기대할 수 없어 무엇보다도 유통구조의 현대화와 첨단화된 장비와 다각적인 선진기법의 도입이 시급하다.

포장의 효율화를 위해 국제적으로 표준화시킨 컨테이너의 규격은 8×8ft에서 1F까지 분류한 미국형(시리즈Ⅱ)과 높이가 2.1m로 길이와 폭에 따라 2A에서 2C까지 분류한 유럽형(시리즈Ⅱ)이 있다.

따라서 낱개 포장, 속포장, 겉포장의 상업포장은 결국 공업포장인 컨테이너까지 연계되어야 하는 동시에 판매촉진 측면은 물론 환경보호 및 재활용문제까지도 고려되어야 한다. 또한 지나치게 판촉만을 위해 고객들을 기만하는 경쟁적인 과대포장에서 벗어나야만 하는 것은 당연한 일이나 현실은 그렇지 못해 점차 이에 대한 문제가 대두될 것이라 예상되므로 대비가 시급하다.

적정포장이란 유통과정에서 진동, 충격, 압축, 온 · 습도, 환경 등으로 인해 물품이 파손되거나 손상되는 것을 막아 그 가치와 상태가 저하되지 않도록 유통조건에 적합한 합리적인 보호가 되도록 한 포장으로써 상품보호와 생산비의 절감효과가 필요하다.

이때 UPC(Universal Product Code : 제품코드)란 상품의 값을 빠르고 정확

하게 계산해주며 영수증 테이프이어서 보관이 간편하여 점포 경영의 합리화를 꾀하는 효과가 있기 때문에 국제적으로 일반화되었다.

처음 다섯 자리 숫자는 제조회사를, 다음 다섯 자리 숫자는 제품의 성격과 종류를 나타내며 유통과정상 편리함을 위해서 존재하는 것이다.

포장의 과학성에 대한 연구는 무엇보다도 소비자만족을 이루겠다는 차원에서, 불만을 수용하고 개혁하려는 적극적인 자세와 실천은 곧 단기적으로는 마이너스를 초래하겠지만 장기적으로 다른 회사보다 신뢰를 얻어 상품과 기업 이미지에도 효과를 얻게 된다는 점에 유의하였으면 한다.

② 센스 있는 포장디자인은 판촉을 유혹한다.

포장공학과 디자인개발은 신제품개발과 동시에 이루어지며 포장자체에 문제가 있거나 경쟁상품의 포장에 비해 뒤처질 때 판매가 부진하며 영업자와 소비자들의 요구가 있을 경우 이미지혁신을 위해 포장개선이 필요하다.

즉 포장은 공학적인 측면, 유통적인 측면, 디자인적인 측면 등을 고려한 후에 포장디자인으로 응축시켜 포장마케팅으로 승화시킬 때 그 효력이 발휘된다.

포장 관계 등식

포장공학(시험, 방습, 재질 / 물류포장) → 포장디자인(조형성, 심미성 / 상업포장) → 포장마케팅(고객의 구매심리, 행동 / 경쟁력, CS)

ⓒ Chae Soo Myung 52

그 조건은 제품의 성격과 특성, 심미적이고 간결한 현대적인 디자인 감각, 포장재질, 포장디자인의 구성요소인 브랜드명 · 로고타이프 · 일러스

트·문안·기업명·심벌마크·주소 등을 고려, 효과적인 색채조절로 신
선함과 세련미, 재활용과 환경보호, 기업이미지와 부합되는 것이 좋다.

포장디자인 개선 성공사례

구 분	내	용
컬 러	카프리(OB맥주)	투명병
	참나무통 맑은 소주(진로)	블루그린색의 와인병 스타일
	칼틸힐	비대칭형, 각과 직선의 처리, 디켄더형
	아기밀플러스(남양산업)	백색바탕에 산뜻한 로고타이프, 파스텔 톤의 캐릭터, 아기일러스트(해와 달, 별빛)
	갈아만든 홍사과	빨강·파랑 동시에 출시, 리베 초콜릿
	조미료 선물세트(대상)	분해성 플라스틱 트레이 개발(재질)
적정포장화	제일제당 선물세트	겉포장의 재질(opptpeare지에서 종이 재질로 변경)
	풀무원식품 선물세트	광분해성 비닐 사용(환경오염 최소화)
	LG생활용품	종이가방형태(패밀리세트 중간 칸막이를 스티로폼에서 재생지로 교체 : 환경 보호)
기 타	진로 종이팩(1989년 9월~)	편의점, 환경보호
	아이비비스켓(해태제과)	흰색 사용, 절취선 따라 한 번에 개봉 가능, 3개의 속포장(세 번 나눠 먹는 장점 – 신세대·여성 소비자 만족)

ⓒ Chae Soo Myung 53

2) 구매심리 미학적인 색채마케팅관리

① 색채의 감정을 조절하는 법

색채는 예술적인 범주가 아니라 사회심리학적인 마케팅의 성격의 영역
이므로 색채심리마케팅으로 변신하여 그 기능을 할 때 기대하는 효과를
얻을 수 있다.

색채(자연, 인공 고유색) → 심리(상황, 정신) → 마케팅(판촉, 경쟁력, CS)

ⓒ Chae Soo Myung 54

색료의 3원색은 빨강(Magenta), 노랑(Yellow), 청색(Cyan)이며 색광의 3원색은 빨강(Red), 녹색(Green), 파랑(Blue)이다.

이때 물감의 색료혼합은 혼합할수록 채도와 명도가 낮아져 검정색이 되는 반면에 빛에 의한 색광혼합은 혼합할수록 채도는 낮아지지만 명도가 높아져 백색이 되는데 원래 빨강은 마젠타와 노랑을 혼합해야 나온다는 사실이다.

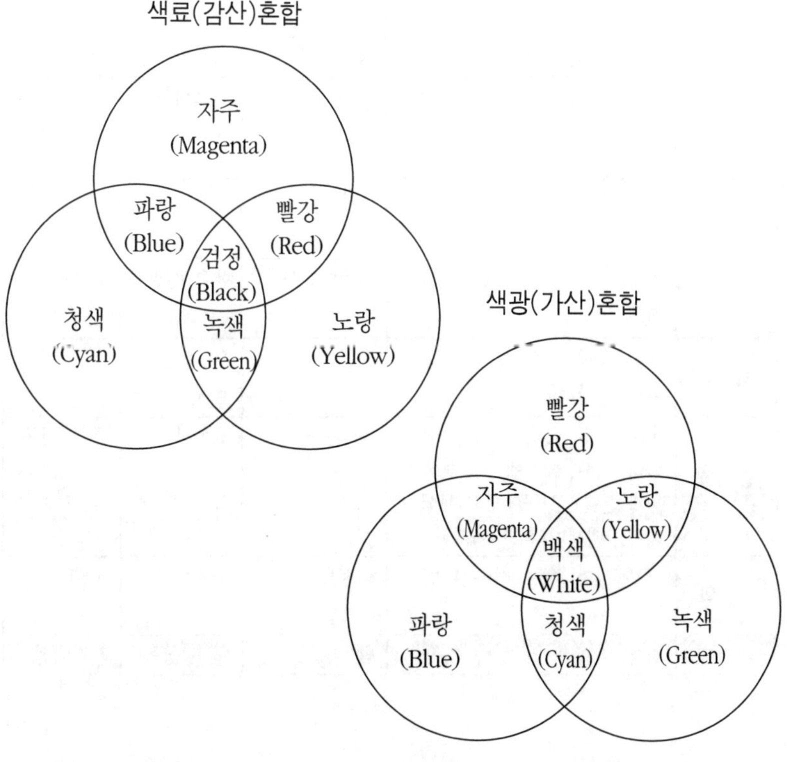

5. 포장과 색채는 말없는 세일즈맨

색의 감정과 이미지 및 효과

구 분	감 정	이미지	치료효과	기 타
빨 강	정열, 혁명, 더위, 잔인, 정지, 금지, 용기, 성욕	사과, 불, 태양, 피, 장미	빈혈, 방화, 정지, 금지	소방차기구, 위험표시
주 황	원기, 약동, 활력, 적극, 식욕	가을	강장제	위험물질
노 랑	희망, 광명, 명랑, 접근	금, 바나나	신경제, 신경질, 방부제, 주의	위험물질, 휘발유, 알코올, 충돌, 추락
연 두	위안, 친애, 신선	초봄, 어린이, 유아	피로회복	
녹 색	안식, 평화, 안전, 신선, 부활제의 녹색(크리스트의 부활), 올리브가지(평화), 월계관(불멸), 엷은 녹색(세례)	여름, 초원	안전색, 해독	안전표시, 빙원, 식수, 용수, 대피소
청 록	이지, 냉지, 찬바람	심산유곡	심오함	
파 랑	내정, 심원, 영원, 정직, 침착	바다, 하늘	피로회복	경고표시, 조심, 위험 예방물질
남 색	숭고, 천사, 유구, 심원, 무한	정화, 살균, 출산		
보 라	창조, 신비, 우아, 장엄, 풍부, 회화, 인상적	다이아몬드	예술, 신앙감	귀중품, 귀금속
자 주	애정, 사랑, 우울, 장엄, 풍부, 회화, 인상적	포도, 가지	우울증, 노이로제, 월경불순	
흰 색	순수, 청결, 순결, 정직, 결백, 화려, 경쾌, 중국에서의 백색(상중과 결별), 서구에서의 백색(혼례복), 백색기(휴전, 항복)	눈, 은	고독감	통로, 정돈
회 색	허무, 절망, 우울, 겸손, 평범, 노년	시멘트	우유부단	
검 정	침묵, 억제, 압박, 엄숙	밤	예복, 상복	전기배선

제3장 마케팅 핵심 요소

빨강 · 주황 · 귤색 · 노랑 등 난색은 따뜻함, 자극적, 흥분된 느낌을 주므로 난방기구, 침구에 사용되며 파랑 · 청록과 같은 한색은 시원함과 차가운 느낌을 주기 때문에 안정, 침착하여 선풍기, 냉장고, 풀장 등의 색으로 활용된다.

명도가 높은 색은 가벼운 느낌을 주고 명도가 낮은 색은 무거운 느낌을 주며 같은 명도의 색이라면 채도가 높은 난색 계열의 색이 가벼워 보이고 무거운 색을 아래로 하면 안정감이 있으나 위로 할 경우 불안정한 느낌을 준다.

특히 빨강계통의 난색과 고채도의 색은 흥분시키는 색으로서 유흥업소나 판매촉진 공간에 사용되며 청록 · 파랑 계통의 한색과 채도가 낮은 색은 침착한 느낌이 들기 때문에 연구실, 강의실 등에 사용된다.

때문에 난색계의 색과 고명도 · 고채도의 색은 진출해보이고 한색계의 색과 저명도 · 저채도의 색은 후퇴해보이나 대개 배경색에 의해 좌우되는데 예를 들어 빨강 색지를 배경으로 같은 크기의 노랑색과 파랑색을 일정한 거리에 놓고 볼 때 노랑색이 파랑색보다 더 가까이 보이고 파랑색은 노랑색보다 멀리 보이게 된다.

더욱이 진출(팽창)색, 후퇴(수축)색이라고도 하는데 난색에서도 고명도 · 저채도의 색은 팽창해보이고 한색의 저명도 · 저채도의 색은 수축해보이므로 비만한 사람이 여위어 보이게 하려면 수축색이 좋고 여윈 사람이 팽창색의 옷을 입으면 효과적이다.

봄의 색채는 밝고 생동감이 있어야 하므로 노랑색, 연두색 등이 해당되고 여름의 색채는 강렬하며 시원한 느낌이 드는 초록색, 파랑색, 남색 등이 해당되며 가을의 색채는 풍성한 수확과 황금으로 무르익는 귤색, 주황색, 노랑색이 해당되는 동시에 겨울의 색은 차가우며 적막하고 쓸쓸한 느낌을 주는 흰색, 회색, 검정고동색 등이 해당된다고 볼 수 있다.

5. 포장과 색채는 말없는 세일즈맨

이와같이 색채조절은 색의 여러 가지 성질을 이용하여 제품이나 생활환경을 쾌적하게 할 뿐만 아니라 능률을 향상시키기 위해 색채를 계획하고 조정하며 관리하는 것이다.

이때 색채조절계획은 뚜렷한 목적아래 철저히 조사분석하여 계획하고 포지셔닝하여 방향설정을 한 후에 다양하고 과학적인 연구개발로 사용목적과 환경, 색의 배치나 면적, 재질이나 형태를 고려하여 시험테스트를 거친후 보완하며 적용하는 한편 주기적인 관리를 하는 것이 바람직하다.

그효과로는 눈의 긴장과 피로를 풀어주고 사고나 재해를 감소시켜 생산성이 향상되며 신속한 판단을 하게 하고 구매충동을 느끼게 하여 판매촉진을 일으키는 동시에 질서, 정돈, 청결을 유지함으로써 제품과 기업이미지 향상은 물론 유지관리가 매우 경제적이며 쉽다.

색상차가 적은 동조색끼리의 배색은 무난한 느낌을 주며 난색끼리의 배색은 따뜻하고 활동적이고 한색끼리의 배색은 시원하고 침착한 느낌을 주며 색상차가 큰 두 가지 색조의 배색은 화려하고 선명하며 자극적일뿐더러 보색끼리의 배색은 강한 자극과 화려하고 강한 느낌을 주나 난색과 한색의 배색은 변화 있고 쾌활한 반면 세련되지 못하다.

명도차가 큰 배색은 변화가 있고 뚜렷한 느낌을 주며 명도차가 작은 고명도끼리의 배색은 밝고 경쾌하며 저명도끼리의 배색은 어둡고 침울해보여 잘 활용하지 않으며 채도차가 작은 고채도의 배색은 강렬하고 화려한 느낌을 주고 저채도의 배색은 수수하고 안정감을 주어 효과적이다.

무채색끼리의 배색은 수수함과 안정감이 있으며 무채색과 유채색의 배색은 유채색의 명도나 채도가 높으면 뚜렷하고 화려한 반면 낮으면 소박하고 안정감이 있으며 큰 면적은 채도를 낮게, 작은 면적은 채도를 높게 하면 효과적이다.

이런 관계로 인해 무거운 색을 밑으로 하며 가벼운 색을 위로 하면 안정감이 있으며 명시도는 두 색을 서로 대비시켰을 때 멀리서도 확실히 보이는 것을 말한다.

도로 등 짙고 옅은 회색이 많은 환경에서 어린이들의 모자와 비옷 등을 노랑색으로 하는 것은 명시성과 주목성을 높여 교통사고를 방지하기 위한 것이며 녹색칠판에 흰색분필을 사용하는 것도 같은 원리로써 노랑바탕에 검정색이 명시도가 가장 높지만 피로감이 빨리 오기 때문에 사용하지 않는다.

② 구매심리학적인 색채마케팅 경쟁력강화 사례

똑같은 상품이라도 색채의 사용에 따라 고급스럽거나 천박스럽게 보이고 불안전하거나 안전한 느낌이 들기도 하므로 상품구매력에 지대한 영향을 끼친다.

색채전문가 케참(Howard Ketcham)은 〈상품의 구매력에 미치는 색채의 영향〉이라는 연구결과를 통해 커피의 판매력은 약한 저채도의 향색이나 오렌지색으로 포장되었을 때 더 판매촉진을 거둔다는 연구결과를 내놓았다.

그러나 색채는 언제나 유동적이고 유행에 민감하기 때문에 항시 철저한 조사분석으로 예측하고 모델화한 후 소비자 반응테스트를 거쳐 수정·보완하여 생산품질을 유지하는 한편 주기적인 관리를 잘해야 효과적이다.

- 일반맥주는 황토색계열이나 롯데칠성음료는 레몬, 포도, 매실즙 등 과즙을 섞어 과일맛에 노랑, 보라, 연두색이 나는 하이주를 출시하여 독특한 색깔 때문에 판매에 호조를 보였다.
- 해태음료도 참매실, 참모과, 참자두, 참다래 등 참시리즈에 옐로콤비 칼라 덕분에 매출이 상승곡선을 그리고 있고 오뚜기도 매운맛을 강조하기 위해 붉게 한 빨개면을 출시했으며 남양유업의 이유식스텝 그래

5. 포장과 색채는 말없는 세일즈맨

늘 생은 원료로 쓴 당근, 호박, 샐러리 등의 고유색깔이 그대로 남아 있어 분말가루가 총천연색이다.

• 롯데제과는 노랑, 분홍 등 여섯가지 색깔이 초콜릿이 들어 있는 펀식스를 출시했고 해태제과는 스틱과자에 다섯가지 색소를 뿌린 컬러스틱을 선보여 호감과 함께 좋은 반응을 이루었다.

• 태평양의 댄트롤 닥터샴푸광고는 파란배경화면속에 샴푸후의 깨끗한 이미지를 강조했고 코리아나의 초록색 엔시아 포 어텐션 케어광고도 화면전체를 파랑색으로 하였으며 도도화장품의 파우더제품통은 물론 광고까지 빨간색이다.

• 삼성전자도 양움여닫이 냉장고 지펠신제품을 파랑, 갈색, 녹색계통으로 하였고 LG전자도 인터넷 냉장고, 김치냉장고 신제품에 핑크빛, 녹색 등의 컬러를 사용하므로써 컬러마케팅을 적극적으로 활용하여 판촉경쟁을 벌이고 있는 것을 보면 색채마케팅의 중요성을 알 수 있다.

• 자동차의 경우 화려하고 신선한 컬러를 선호하지만 막상 구입할 경우에는 남의 시선을 의식해 검정과 흰색을 선호하는 경향이 짙은데 특히 흰색은 청결하고 투명하며 원기왕성한 태양의 빛을 나타내기 때문에 선호하며 임원과 고급공무원들은 권위를 상징해 검은색을 선호한다.

• 이탈리아인들은 다혈질이고 쉽게 흥분하기 때문에 레드를, 독일인들은 자연환경과의 조화와 성실함을 상징하는 실버를, 영국인들은 평화와 안전 그리고 객관성을 상징하는 녹색을, 프랑스인들은 자유와 안정에다가 지적인 이미지가 풍기는 블루를 좋아한다.

이런 점에서 색채는 민족문화의 사회심리학적이면서도 마케팅의 중요한 역할을 하고 있어 이에 대한 조사연구에 의한 파격적인 전략전술이 필요하다.

6. 21세기는 과학적인 유통혁명시대

유통을 인체에 비유하면 동맥과 같다.

혈액이 심장의 규칙적인 박동에 의해서 온몸을 원활하게 순환할 때 건강한 신체를 유지할 수 있듯이 기업과 고객을 연결해준다는 점에서 유통은 매우 중요한 위치를 차지한다.

기업체들도 주요기능이 적절하고 원활하게 운용되게 하기 위해서는 유통에 대한 올바른 이해와 체계적인 유통혁명의 집행 및 관리 등 현대화를 위한 노력을 해야 한다.

21세기를 유통혁명시대라고 부르는 것도 유통의 중요성을 강조한 말이 아닌가?

1) 유통경로의 유형과 소매형태

① 유통경로의 유형과 중간상

유통이란 상품이 막히는 데 없이 흘러 통하는 것을 의미하므로 유통경로란 제품의 소유권이 생산업체로부터 소비자에게 이전되는 과정의 흐름에 관련된 모든 활동을 담당하는 여러 가지 구조의 결합체이다.

그 목적은 특정상품을 적정가격으로 적시 적소에 적량으로 바르게 배달해줌으로써 서비스를 향상시킬 뿐만 아니라 물적활동으로부터 오는 재정적 손실을 줄이는 데 있다.

또한 그 흐름의 형태로는 제품의 물리적 흐름과 소유권흐름, 대금결제흐름, 시장정보흐름, 커뮤니케이션흐름, 촉진흐름이 있는데 제조업체와 유통업체 사이의 상호협력 등 긴밀한 관계가 있다.

유통경로의 흐름

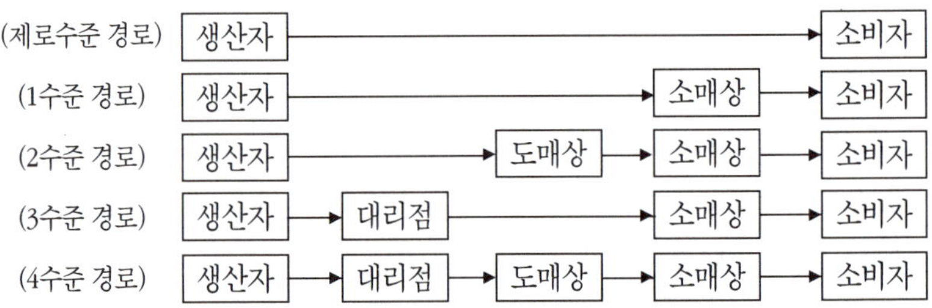

이에 중간상에게 매점매석과 가격조작 등의 횡포에 대한 불만을 가지고 있고 비판의 대상이 되고 있다.

이는 생산자가 직판하기 위해서는 점포운영에 따른 대규모 자금의 조달이 부족하며 자본이 있어도 생산활동에 투자하여 얻는 이익이 직판에서 얻는 이익보다 더 크고 경비가 전문적으로 판매하는 중간상의 경비보다 오히려 더 많이 발생하며 중간상이 존재함으로써 생산자와 소비자는 노력을 절약할 수 있기 때문에 존재한다.

이와 같이 중간상들의 역할이 매우 크기 때문에 "중간상은 배제할 수 있어도 그들의 수행기능은 배제할 수 없다."라는 마케팅명언이 생겨났으나 점차 유통혁명을 위한 직거래가 활성화 될 것이라 예상된다.

특히 고객들이 시장까지 가서 구매하였던 습관에서 벗어나 인터넷 등을 통해서 주문하고 배달하는 택배유통이 일반화 될 전망이어서 일대 유통혁명, 생활혁명이 일어나 결국 백화점은 물류창고로 변신해야 살아 남을 수 있을 것으로 예상되므로 이에 대비하여야 한다.

거시적인 국내 유통변화

재래시장 → 슈퍼마켓(1970년대 중반) → 작은 백화점(1980년대) → 대형백화점(1990년대 중순) → 초대형 할인점(1990년대 중반) → 네트워크 토탈백화점(2000년대초) → 탁배유통의 대중화(2005년 이후)

ⓒ Chae Soo Myung 55

이렇게 볼 때 불필요한 부분은 상호경쟁에서 벗어나 이업종간, 중소기업간에 협력하고 네트워크화해서 유통, 생산, 판촉, 서비스하는 것은 불가피한 조치가 될 것이다.

② 소매형태의 특징과 선정요인

생산자와 소비자를 연결해주는 소매점의 유형은 여러 가지가 있는데 점차 다단계유통에서 벗어나 직거래형태로 변하고 있다.

서비스수준은 셀프서비스(편의점), 한정서비스(가전제품, 컴퓨터 판매),

완전서비스(전문점, 고급백화점) 등이 있고 판매제품 계열은 최근의 특정품목만 전문적으로 소매하는 업태로서 업종마다 상호 협력한 중형전문점이 유행하고 있는 추세이다.

◉ 백화점은 판매촉진만을 위한 공간에서 벗어나 정보, 문화, 휴식, 판매촉진 공간에서 종합문화공간으로서의 기능 전환이 시급한 과제이다.

◉ 슈퍼마켓은 미국의 식료품계에 발달한 연쇄시장으로 판매원이 없고 물건값만 계산대에서 지불하는 방식으로 등장하였는데 이는 대규모, 저원가, 저마진, 셀프서비스로 판매하는 소매업태로서 지나친 범람과 편의점, 할인 식품점, 슈퍼스토어 등 혁신적인 경쟁업체들이 등장함으로써 이제는 완전 침체에 놓여 있다.

따라서 슈퍼마켓을 활성화하기 위해서는 규모를 확장하고 전문화 및 대형유통업체의 허점을 강화하여 더 전략적인 품질서비스 마케팅전략기법을 펼치는 한편 상호 연계한 경영합리화를 꾀해야 할 것이다.

소비자들에게 편의를 제공하기 위한 소매업태인 편의점은 365일 연중무휴로 24시간 계속하여 심야에도 영업을 하다보니 상품값이 약간 비싼 편인데도 불구하고 초기에는 젊은층으로부터 큰 호응을 얻었으나 지나친 난립과 함께 성장의 한계로 인해 최근에는 오히려 경영악화를 초래하는 등 많은 어려움을 겪고 있다.

◉ 슈퍼스토어는 종래의 슈퍼마켓에 비해 규모가 배 이상되며 식료품뿐만 아니라 비식료품까지 취급하고 있어 콤비네이션 스토어는 식품점과 잡화점, 약국 등의 결합으로 이루어진 소매업태다.

◉ 하이퍼마켓은 슈퍼마켓과 할인판매점, 창고 소매업 등을 결합시킨 소매업태로 모든 생필품뿐만 아니라 가구, 중기기, 의류, 기타 다른 제품까지도 다양하게 취급하며 가격할인판매도 실시하는 등 창고와 같이 운영되고 있어 인기가 상승하고 있다.

제3장 마케팅 핵심 요소

이 밖에도 카탈로그를 이용한 우편판매와 텔레마케팅은 전화를 이용한 무점포판매방식이며 TV마케팅 그리고 전자쇼핑, 방문판매, 자동판매, 다단계판매 등이 있다.

이때 소비자가 가장 편리하게 제품을 구매할 수 있는 장소와 판촉활동에 협력할 수 있는 판매자를 선정하는 한편 모든 판매비용과 제품의 판매원가 및 판매가격에 영향을 미치는 유통경로의 단축 등에도 관심을 기울여야 효과적이다.

일반적 요인으로는 잠재매출액의 검토와 판매비의 비교가 있으며 특수요인으로는 시장의 특성화 범위, 제품의 성질, 제품계열의 다양화 여부, 중간판매자의 조직형태와 관리능력, 시장개척의 정도, 제조회사의 특성 등 까지도 충분히 고려되어야 한다.

2) 유통경로정책과 현대화방안

① 유통경로정책의 다양성

기업과 상품이 취하고 있는 유통경로의 정책은 다양하나 대체로 다음과 같은 방법을 기초로 활용된다.

● 개방적 유통경로정책 : 구매하고자 하는 모든 신용의 판매점에 대해 제한 없이 무차별적인 정책이기 때문에 판매가 계열화되지 않아서 소액의 판매가 되기 쉽고 생산자는 도·소매상에 대해 자사제품을 우선적으로 판매할 것을 요구할 가능성이 크다는 취약점이 있다.

● 선택적 유통경로정책 : 특정 판매지역에 대해 일정한도와 계획 아래 판매점을 선정하고 자사제품을 우선적으로 판매시키는 정책이므로 판매자는 판매노력을 집중시킬 수 있고 생산자는 자사제품을 지도·지원함으

로써 취급률을 높이는 등 우선적 판매요구가 가능하다.

● **배타적 유통경로정책** : 특정 판매지역에 대해 판매점을 선정하여 판매시키는 정책인데 자사제품에 큰 관심과 판매능력을 갖도록 하여 매출을 증가시키는데 목적이 있으므로 한 지역에 한 개의 대리점을 설치하는 것은 강한 책임감과 독점이라는 장점이 있지만 실적이 부진할 경우에는 생산자에게 악영향을 끼치는 단점도 있다.

● **통합적 유통경로정책** : 유통경로가 판매점의 수행능력에 문제를 일으킬 경우에 대비해 판매회사, 지점, 영업소 등을 설립하여 강력한 판매망을 조직하려는 정책으로서 지금까지 거래해오던 판매점과 거래를 중단할 경우 분쟁의 소지가 있다.

이 가운데에서 수평적 통합은 제품취급, 구매, 판매, 재무계획 등을 통합하는 것으로서 가격통제나 시장을 지배하는 데 효과적이며 수직적 통합은 생산과 판매의 모든 단계 또는 일부 단계를 통합하기 위해서 지배범위를 확장하는 것으로 생산자와 도매업을 함께 한다든가 소매상이 먼저 수평적으로 통합한 후 도매 또는 생산까지도 담당하게 된다.

따라서 상품의 특성을 고려해서 개방적이고 선택적이며 통합적인 유통경로정책을 효과적으로 펼쳐 기업, 중간상, 소비자 모두에게 유리한 방법을 펼치는 방안을 모색하여야 한다.

② 유통관리의 현대화 방안

우리 나라의 유통관리는 선진국에 비하여 매우 뒤떨어져 있다.

유통관리현황

● 제조업체가 생산 및 유통을 동시에 수행하는 제조업 주도형 유통구조의 비중은 음식료품(70%), 자동차(100%), 의류(80%), 가전제품(90%),

1차 금속제품(75%) 등 대기업제품 또는 고가품일수록 매우 높은 것으로 나타났다.

◐ 물적 유통비를 보면 1994년 당시 미국이 7%로서 가장 작고 일본이 11%인 반면, 우리 나라는 17%로서 너무 많은 비중을 차지하고 있으므로 얼마나 주먹구구식으로 유통관리가 이루어져 소비자가격이 높아졌음을 단적으로 알 수 있다.

이런 점에서 유통의 현대화와 과학화를 위해서는 유통구조의 단축은 물론 신속화 등이 시급하게 혁신되어 원활하지 못하면 21세기에 살아남을 수 없어 유통혁명시대라고 부르는 이유도 여기에 있는 것이다.

그 해결방안으로는 최고경영진의 이해와 함께 대형화 · 조직화 · 협업화를 실현하는 한편, 입지 조건의 적정화, 전문가의 양성과 육성, 현재상황의 진단, 정부와 지방자치단체의 도로 · 항만 · 철도 등 사회간접자본의 투자는 물론 현재의 구조적인 모순을 개선하는 것이 시급하다.

더불어 지금까지 유통혁명이 일어난 것처럼 앞으로도 지속될 것으로 보아 전화주문으로 변화할 것이므로 물류창고로 변신하여 다양한 택배산업이 발달할 수밖에 없다.

그러나 이것도 품질보증, 친절한 전화 예절, 교통질서, 시간약속 등 철저한 교육을 통한 우호적인 이미지구축으로 상호 만족을 꾀하려는 적극적인 노력이 필요하다.

③ 국산과 수입품의 식별법

중국, 호주 등에서 저품질의 농축수산물을 들여와 국내산이라 속여 고가품으로 판매하는 부도덕한 상법은 신뢰상실로 더 많은 문제를 낳게 한다.

◑ 한우와 수입육의 식별방법을 보면 한우는 0~4°C의 냉장육으로 판매되기 때문에 보통 열흘 이내에 소비되는 반면에 수입육은 한 달 이상의 수송기간이 걸리기 때문에 모두 영하의 온도에서 얼린 냉동육이다. 때문에 수입육의 색깔은 한우보다 더 어두운 암적색을 띠며 손가락으로 눌러보았을 때 탄력성이 떨어지는 동시에 육즙이 많이 흘러나온다. 또 요리를 하면 퍽퍽하고 한우에 비해 맛이 떨어진다.

갈비의 경우 수입육의 뼈 간격이 한우보다 다소 넓고 육류가공기술이 다르기 때문에 수입육에는 갈비 부위의 횡경막에 딸린 안창살이 없으며, 한우는 빨간색 검인을, 국산젖소나 수입육은 파란색 검인을 각각 지육에 일렬로 찍어 구분하고 있다.

◑ 돼지고기 중 국산 삼겹살은 붉은색을 띠며 지방질의 폭이 넓고 두껍지만 수입산 삼겹살은 삼겹살형태가 나타나지 않고 지방두께도 얇고 오돌뼈를 제거한 것이 많다.

◑ 콩, 참깨, 굴비, 오징어, 고등어, 꽁치 등 농·수·축산물이 우리것과 구분이 안 되므로 소비자들에게 식별법을 알려 소비자를 보호하고 신뢰를 줄 수 있는 상도가 존재할 때 기대하는 효과를 얻을 수 있다.

식료품의 국산과 수입품의 식별방법

구분		생산지	내용
수산물	오징어	국산	짧은 여덟 개의 다리와 굵기가 대체로 같고 긴다리도 수입품에 비해 짧고 통통하며 붉은색을 띤다,
		수입산	흰색 또는 흑갈색으로 국산보다 다리가 길다.
	굴비	국산	외형상 정면에서 보면 머리 중앙에 다이아몬드처럼 생긴 돌기가 있으며, 배 위에는 황금색을, 입안은 붉은 색을 띤다. 눈 주위와 지느러미에는 노란색이 감돌며, 배부분의 황금색이 옅고, 입은 회색이며, 눈 주위도 붉은색이고,지

제3장 마케팅 핵심 요소

수산물	굴비	수입산	느러미는 거무스름하다. 중국산은 국산과 똑같은 어장에서 잡힌 조기로 만든 것이어서 겉만 봐서는 식별이 불가능하나, 인건비가 적게 들고 저장기술이 떨어져 국산보다 저렴하며, 최근 굴비를 만들 만큼 큰 조기가 잡히지 않아 국내에 수입되지 않고 있다. 조기의 사촌격인 부서로 만든 굴비가 판을 치고 있는데, 이는 머리에 다이아몬드형 돌기가 없고 배부분이 황금색을 띠나 조기보다 옅고 머리는 큰 반면에 몸통이 가늘고 길다.
농산물	인삼	국산	다리가 2~4개로 갈라져 있다.
		중국산	다리가 1~2개에다 덜 발달해 있으며, 국산에 비해 머리 부분이 길고 잘 부러지며 색깔도 연하다.
	도라지	국산	길이가 15cm 이내로 짧은 편이며 부드럽다.
		중국산	길이가 길고 수분함량이 적어 둥그렇게 휘어지는 성질이 강하며 씹어 보면 질긴 느낌을 준다.
	마늘	국산	겉껍질에 흙이 묻어 있고 모양이 퉁퉁하고 끝모양이 뾰족하다.
		중국산	깨끗하고 색깔이 밝으며 모양이 납작하고 끝부분이 미끈하게 빠지고 꼭지가 말라비틀어진 상태
	고추	국산	붉은색이 선명하거나 검붉어 광택이 나며, 끝부분이 미끈하게 빠지고 꼭지가 말라비틀어진 상태.
		중국산	광택이 없고 흙·곰팡이가 묻어 있으며, 납작하게 눌러 있거나 심하게 찌그러져 있다.

6. 21세기는 과학적인 유통혁명시대

7. 구매심리학의 가격조절관리 테크닉

가격은 제품의 질에 대한 소비자가 인정한 사회구매심리적인 성격이 매우 강하다.

즉 제품의 특성과 경쟁사의 비교분석, 소비자들의 구매의식에 영향을 끼치는데 과거에는 최저가격을 선호했으나 최근에는 적정가격을 선호하는 경향이 짙다.

또한 유통구조의 개선과 판매촉진경쟁 등 여러 요인으로 인해 가격파괴, 창고가격, 노마진이라는 신용어가 남발되고 있는데 가격에 중점을 두기보다는 품질과 가격을 동시에 고려하는 자세가 바람직하다.

1) 가격결정의 구성요소와 방법

① 가격의 목적과 결정요인

구매심리에 지대한 영향을 주는 마케팅요소가 가격이다.

따라서 적절한 가격은 상품판매를 신장시켜주고 상품과 기업의 우호적인 이미지를 심어주기 때문에 시장에서 경쟁력 강화는 물론 정부의 개입이나 규제를 배제할 수 있는 등 그 효과가 크다.

구매심리가격의 목적은 시장침투와 대응, 초기 현금회수와 투자만족, 제품계열을 촉진하는 데 있으며 가격결정의 기본원칙으로는 경쟁과 대 고객서비스, 가격유지와 기업의 유지 · 발전 등에 있다.

또 결정요인으로는 원가, 기업목표, 조직, 제품의 성격, 마케팅 프로그램, 수요의 탄력성, 경쟁과 경제상황, 기업의 전통, 시장의 성격과 경쟁력, 기업과 제품 이미지, 노사관계 등이 있으나 시장경쟁력 가격으로 결정하는 것이 효과적이다.

소매가격의 구성요소

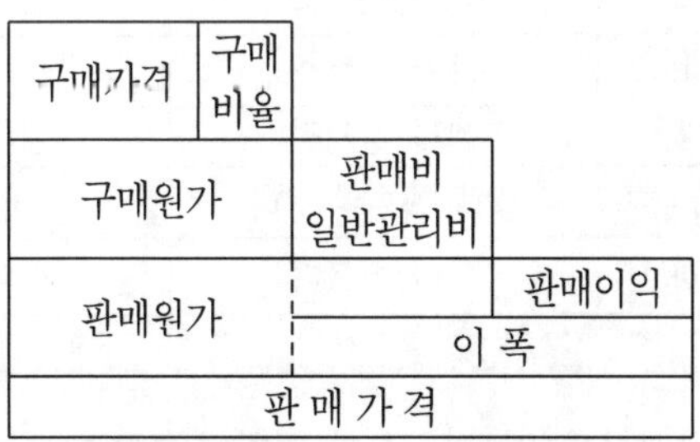

판매가격은 소비자 구매심리가격으로서 예상 매출액과 그에 필요한 매출비용 및 최적기대이윤을 예측해서 계산해야 하는데 이때 앞으로 있을

에누리 또는 할인판매 계획 및 재고손실까지도 참고하는 것이 효과적이다.

도·소매상의 판매가격결정도 상품의 속성과 수급상황, 경쟁관계, 시장상황, 소비자 구매행동을 고려한 가장 합리적인 결정을 내리기 위해서는 단기이익을 극대화시키기 위한 최저가격을 설정하고 다른 목적을 만족시키기 위한 가격은 조금씩 수정해나가는 것이 바람직하다.

가격결정에 영향을 미치는 제약요인으로는 소비자, 유통업체, 경쟁업체, 공급업체, 정부, 법률, 기업체의 임원진과 일반직원 및 노동조합이 있다. 제품, 유통, 판매촉진을 결정하고 변경할 때도 이와 같은 요소들을 고려해야 한다.

가격결정의 기준 비교표

결정기준	저가	고가
판매촉진/제품형태	적게 함/필수품	많이 함/비필수품
제조형태/생산방법	대량생산/자본집약적	주문생산/노동집약적
시장범위/상품의 진부화	집중적/장기	선택적/단기
기술혁신/상품용도	원만/단일용도	급속/다용도
시장점유율/시장수용단계	높다/성숙단계	낮다/초기단계
유통경로/이윤전망	짧다/장기적	길다/단기적
판촉기여/보조적 서비스	많다/적거나 없다	적다/많다
제품의 내구성/상품의 회전율	짧다/빠르다	길다/느리다

그 기본원칙은 경쟁사를 의식한 경쟁 원칙과 소비자들이 제품을 많이 구매하고 많이 사용하게 하여 기업체의 이익을 창출하면서 고객의 만족을 극대화시키는 대고객 서비스원칙, 고객들의 신뢰성과 유통·가격질서를 유지해야 효과적이다.

이 밖에도 기업체의 사회적 이미지를 좋게 유지하기 위한 가격유대의 원칙, 기업의 생존을 전제로 장기적인 성장과 발전을 위한 기업유지·발전의 원칙을 고수하는 것이 좋으므로 시대상황에 따라 변화의 물결을 타게 되어 적정가격과 함께 점차 감성, 감동으로 변화하고 있다는 사실에 유의한다.

• 가격인식(가격은 중대한 요소, 1970년대) → 이성인식(가격에 품질혼합, 1980년대) → 혼합인식(품질과 디자인 중시, 1990년대) → 감성인식(브랜드 중시, 2000년대 초) → 감동인식(가치인식, 2005년 이후)

ⓒ Chae Soo Myung 56

② 가격결정의 방법

● **원가지향적 가격결정방법** : 생산원가 또는 구입원가에 일정률의 마진을 곱하거나 더하여 결정하는 가장 기본적인 방법으로 마케팅 활동이 소극적이거나 산업재를 생산하는 제조업체, 정부에 재화나 용역을 공급하는 기업체 등에서 가장 많이 활용한다.

무엇보다도 결정방법이 쉽고 단기간에 이윤의 극대화에 기여하는 장점이 있으나 현재와 미래의 수요요소를 무시하고 시장과 환경요소 등 경쟁업체를 고려하지 않는 단점이 있는 등 기업체 중심의 전근대적인 방법이다.

● **수요지향적 가격결정방법** : 고객중심의 방법으로서 잠재적인 고객들의 지불능력과 지불의사에 따라서 결정하기 때문에 수요가격결정 또는 차별화 가격결정이라고도 한다.

이 가운데에서 융통성이 있는 마크업 가격결정방법은 시장조건의 변화

경향을 수시로 조사하여 수립한 자료를 바탕으로 마크업 폭을 융통성 있게 결정하여 풀 코스트에 부가시켜 결정하는 방법이다.

실험가격결정방법은 판매하려는 제품의 전체시장을 대표할 만한 세분시장 한 곳을 선정하여 여러 가지 가격실험을 통한 결과를 기초로 하여 최저가격을 결정하는 경우이다.

조사가격결정방법은 제품의 가격에 대한 판매자와 소비자의 의견은 물론 경쟁사의 가격까지도 철저히 조사하는 가장 과학적이고 효과적인 방법이며 직관적 가격결정방법은 과거의 자료로 미래의 동향을 예측하는 것으로 이것은 경험을 바탕으로 한 학습의 직관에 따른 것이다.

선도기업체 추종가격 결정방법은 선도적인 경쟁업체들의 가격을 모방하거나 약간 높게 또는 낮게 책정한 것이다.

● **경쟁지향적 가격결정방법** : 시장수요나 원가가 변하더라도 경쟁업체들이 가격을 변경하지 않는 한 자사도 현재의 가격을 그대로 유지하는 방법으로 이 방법이 지나치면 상품, 브랜드, 기업이미지 구축에 큰 도움이 되지 않는다.

이 가운데 모방적 가격결정방법은 경쟁업체들의 평균가격 정도에 가격을 맞추어 결정하는 방법이며, 경쟁입찰 가격결정방법은 정부나 기업 등에서 발주하는 건설공사 등에서 낮은 가격으로 입찰하는 것이다.

● **심리적 가격결정방법** : 구매자들이 갖고 있는 심리를 면밀하게 파악하여 그에 일치되도록 판매가격을 결정하는 방법이므로 소비자 갈등을 조장하는 원인이 된다.

세이빙 가격결정방법은 표시가격이 1만 원인 제품을 9,950원에 판매하듯이 세이빙을 하여 소비자들에게 심리적으로 저렴하다는 인식을 심어주는 방법이다.

계층적 가격결정방법은 소득과 직업, 연령, 성별 등에 따라 상·중·하

등 몇 개의 세분시장으로 구분하여 가격을 결정하는 방법으로 브랜드와 포장 등의 차별화가 필요하다.

관습적 가격결정방법은 껌, 초콜릿과 같이 사회관습적으로 용인되고 있는 전통적인 가격을 말하는데 가격을 올리기보다는 제품의 크기와 함량을 줄이거나 원가절감으로 생산성을 향상시키는 것이 효과적이다.

위신 가격결정방법은 제품과 가격 사이에 아무런 상관 관계가 없는 경우에도 가격을 바탕으로 품질을 평가하려는 경향이 커서 정상가보다도 높은 가격을 의도적으로 책정하는 방법이기 때문에 기술혁신, 브랜드, 광고, 디자인 등으로 위신을 높여야 한다.

◉ **촉진적 가격결정방법** : 기업들이 가격결정을 하는 목적은 제품의 판매를 촉진시키는 데 있다는 생각을 바탕으로 하여 채택하는 방법이기 때문에 지극히 심리경쟁적이다.

복수제품단위 가격결정방법은 단위포장으로 판매하는 가격을 결정하는 것이며 손님 끌어들이기 가격결정방법은 잘 알려진 비교적 고가의 상품을 선정하여 제한된 물량을 시중가격보다 저렴하게 판매하는 방법이다.

하지만 판매하자마자 바로 매진되어 늦게 도착한 소비자들이 다른 제품을 충동구매하는 단점이 있어 백화점 등에서 계획적으로 실시함으로써 때로는 비난받기도 한다.

또한 수요기준 가격결정방법에는 소규모의 다수 판매자가 동질의 제품을 같은 조건에서 판매할 때의 상황인 완전경쟁, 완전과 독점상태가 결합된 독점적 경쟁, 차별화된 상품을 생산해서 공급하는 판매자가 있는 과점, 밀접한 대체품과 받아들일 만한 대체품이 없는 어떤 상품의 판매자가 하나인 독점이 있다.

이와 같이 가격결정은 원가, 수요, 경쟁, 심리, 촉진적 가격결정방법을 혼합한 가장 합리적인 가격결정으로 판매자, 고객, 생산자 모두가 만족하는 것이 바람직하다.

2) 적시의 가격정책과 전략

① 가격인상과 인하정책 및 유의점

가격을 인상하거나 인하할 때에는 시대상황별 또는 고객들이 납득할 수 있는 이유가 있어야 한다.

그렇지 않을 경우에는 소비자들의 불만을 사게 되며 판매에 악영향을 초래하게 되므로 가격의 인상이나 인하시는 신중해야 하고 올바른 판매가격정책을 펴야 한다.

판매가격정책이란 제조업자 및 판매업자가 판매가격을 결정하거나 이미 결정한 가격을 인상, 인하하는데 따른 영업상의 방침을 말하는 것으로서 적정이윤과 목표이윤을 획득하고 목표시장 점유율의 확보뿐만 아니라 가격, 이폭의 안정화, 시장침투, 시장상승흡수, 초기현금회수, 경쟁대항을 억제하기 위한 것이다.

경쟁자가 가격을 인상하거나 인하할 경우, 수요의 증가가 공급 부족을 유발하는 경우, 시장가격의 변동폭이 심할 경우, 가격을 판촉수단으로 활용할 경우, 경기후퇴나 수요감퇴현상이 나타날 경우, 경쟁기업이나 자사기업이 신제품을 개발하여 출시할 경우 판매가격정책을 펼치게 된다.

가격할인은 제품의 판매를 증대시키고 단골고객과 거래선을 확보하기 위해 일정한 비율로 할인해주는 것으로 선일부, 특별기간, 구매당월기간, 수취일기준, 지불기일별 현금할인 이외에 정부에서 소비를 권장하기 위해서 실시하는 특소세인하 등이 있다.

반면에 수량할인에는 비누적 · 누적 · 품목별 · 통합적 · 판매금액 · 판매

수량별 할인과 거래선 할인이 있는데 이는 판매량, 지불조건과 능력 및 신용도, 경쟁 등을 참고하여 판매가격을 차등화하는 것이 일반적이다.

경쟁업체의 가격변경에 따른 대응전략으로 동질적 제품시장상황에서는 어쩔 수 없이 가격인하를 하는 경우가 많고, 비동질적 제품시장상황에서는 현행 가격유지와 비가격적 공격으로 제품의 품질개선, 서비스 강화, 보증의 확대, 판촉활동강화 등을 실시하는 한편 가격인하 및 가격인상과 함께 신제품으로 반격하는 것이 효과적이다.

고도의 인플레이션 아래에서의 가격결정전략으로는 제품의 생산원가와 마케팅·관리비용 등 모든 비용이 증대되기 때문에 단기적으로 증대된 모든 비용을 스스로 흡수하는 방법이 있겠으나 장기적으로 생존, 성장하기 위해서는 가격을 인상해야 한다.

특히 불경기일 때에는 가격할인, 리베이트 제공, 서비스 제공 촉진과 같은 확대전략 등으로 시장수요를 자극하고 고객을 유지할 수 있도록 하기 위해 적극적이고 다양한 공격전략을 펴야 효과적이다.

자원이 부족할 때에는 단일제품일 경우 현금·수량 등의 가격할인을 중단하고 가격인상은 물론 공급량을 조절하며, 제품계열인 경우는 자원이 제품단위당 생산에 얼마만큼 소요되는가를 파악하여 자원의 소요량이 많은 품목들의 가격을 인상하는 방법도 있다.

가격의 인하와 인상은 생산자와 판매자보다도 소비자들로부터 공감대가 형성되어야 하므로 심사숙고하여 결정하는 것이 바람직하다.

한편 가격파괴는 원래 제조원가를 절감하거나 근본적인 유통혁신을 통해 파격적인 싼값으로 상품을 시장에 출시하여 고객만족을 일으키는 방법이다.

따라서 단순히 판매가격을 낮추기보다는 적정이윤을 확보하고 그 이윤을 통해 제품을 혁신하고 고품질 다기능의 상품을 개발하여 진정한 고객

7. 구매심리학의 가격조절관리 테크닉

만족은 물론 서비스로 이윤을 고객에게 되돌려주는 것이 합리적이다.

경쟁력 강화와 사업다각화, 서비스 실현의 일환으로서 가격파괴는 필요하지만 근본적인 유통혁신과 서비스 차원보다는 재고상품 또는 불량상품으로 소비자를 기만하는 경우도 있으며 대형점포들의 과당경쟁으로 인해 중소점포들이 도산위기에 처해 있어 많은 문제점이 발생되고 있다는 점에 주의하여야 한다.

권장소비자가격이라는 희귀한 표기를 사용함으로써 점포마다 가격이 다른 결과, 많은 문제점이 발생하고 있으므로 건전한 정가개념이 확립되기 위해서는 모든 상품에 가격과 제조일, 생산자명 등을 표기해 혼란을 막는 것이 바람직하다.

제조물책임법(PL법)이 도입되고 소비자들의 영향력이 강해져 소비자를 우롱하는 사례는 줄어들겠지만 생산자와 판매자는 스스로 신뢰성 있는 상품을 생산·유통시켜야 한다는 윤리의식과 책임의식을 갖고 가격관리를 해야 한다.

② 기획전략적인 가격관리

판매촉진활동을 적극적으로 실시하려면 전략적인 가격관리에 의한 시장침투속도가 가속화 된다.

● 저속이윤회수전략 : 제품의 가격을 높게 하는 대신에 촉진비용은 적게 책정하는 전략으로 시장규모가 비교적 제한되어 있어 상류층을 대상으로 하거나 전문품이어서 고객이 제품에 대해 알고 있으며 고가로 구매할 의사가 있을 뿐만 아니라 경쟁자가 출현할 가능성이 거의 없는 경우에 활용하면 효과적이다.

● 고속침투전략 : 낮은 가격과 집중적인 판매촉진활동으로 시장에 빠르게 침투하는 전략이므로 시장의 규모가 크고 소비자들이 제품을 잘 모

르며 가격변동에 민감하여 경쟁 가능성이 높고 생산규모가 확대되며 생산 경험이 쌓아짐에 따라 단위당 제조비용이 하락하는 경우에 활용하면 매우 효과적이다.

● **저속침투전략** : 낮은 가격과 저수준의 판매촉진활동으로 제품을 판매하려는 것인데 시장의 규모가 작고 소비자들이 제품에 대해 모르며 가격변동에 민감하므로 어느 정도의 경쟁 가능성이 있을 때 활용하면 효과적이다.

이를 바탕으로 한 가격과 촉진 및 품질과의 관계에 따른 마케팅믹스전략을 살펴 효율적인 접근방법을 펼쳐야 한다.

가격과 촉진을 고려한 마케팅전략

	다 ← (촉진) → 소	
고 ↑ (가격) ↓ 저	고속이윤회수전략 (고가격, 다촉진)	저속이윤회수전략 (고가격, 소촉진)
	고속침투전략 (저가격, 다촉진)	저속침투전략 (저가격, 소촉진)

가격과 품질을 고려한 마케팅전략

7. 구매심리학의 가격조절관리 테크닉

8. 재미있는 광고마케팅을 위한 긴급제언

자본주의 꽃이라하는 광고는 창의성, 진실성, 과학적이어야 한다.

좋은 광고란 소비자가 "이 광고 참 좋다!"라는 크리에이티브에서 벗어나 "이 광고 상품을 어디가면 살 수 있지?"라는 행동을 하게 하는 등 광고보다는 상품에 관심을 갖도록 해야 하는 것이 가장 큰 과제이다.

이렇듯 광고는 단기적으로는 판매촉진을 일으키고 장기적으로는 상품 및 기업이미지 제고로 잠재고객을 확보하기 위한 노력이라는 점에서 지극히 사회학적인 구매심리학인 것이다.

1) 광고의 본질과 계획수립

① 광고의 본질과 이념의 변화

"광고 없이 기업 없다."라는 말이 있듯이 광고는 자본주의의 꽃으로 빼놓을 수 없는 산업이다.

일찍이 영국의 경제학자인 알프레드 마샬은 "광고는 생산자와 소비자를 유리한 경제적 지름길로 연결시키고 생산과정의 특수화를 촉진시키며 대량생산을 가능케 하여 생산과정을 능률적으로 만든다. 또한 광고는 소비자의 잠재구매 의욕을 유발하여 시장을 확대하고 상품의 회전속도를 빠르게 하여 가격을 저하시키고 문화를 촉진하는 수요공급 조직의 건설적 · 전위적 존재다."라고 했다.

이처럼 갈수록 상품의 차별화가 어려워지므로 광고의 차별화를 꾀하고 있어 구매심리와 행동을 일으키는 종합적인 심리학으로서 광고가 자리를 잡아가고 있기 때문에 "광고 없이 판매 없다."라는 말이 있듯이 기업과 제품과 광고는 불가분의 관계로서 광고전략 표현 및 관리에 따라 기업의 운명이 좌우된다는 사실이다.

광고란 기업이 광고주가 되어 광고대금을 지불하고 그들이 가지고 있는 아이디어나 제품 및 서비스를 사람이 아닌 다른 수단을 통해 일시에 다수의 잠재고객에게 대량으로 소통시킴으로써 장 · 단기적인 수요를 자극하여 판매촉진을 일으키는 활동을 의미한다.

따라서 광고는 판매시장을 확보하고 개척하는 동시에 생산자와 소비자 사이의 인간관계를 매개하고 소비자의 구매행동을 유도함으로써 궁극적으로는 매출증대와 이익증대를 꾀하여 기업의 생존과 성장을 촉진시키는 등 기업과 제품이미지를 구축하는 데 있다.

때문에 신제품의 시장도입, 제품차별화, 시장확대, 고객확보, 판촉의 조성과 지원, 상품제시, 수요창조, 정보고지, 설득과 인상, 소비자교육 등의 기능을 하게 된다.

이렇게 볼 때 광고는 고도의 지식산업으로서 경영학, 사회학, 법학, 심리학, 문학, 음악, 미술, 커뮤니케이션 등 인접 학문이 총체적으로 융합된 사회심리학이기 때문에 진실을 바탕으로 한 창의적이고 과학적인 작업이어야 한다.

광고의 기본인식

광고	진실	삼품특성, 품질	효율성
	창의	신선, 독창	판매촉진 극대화, 잠재고객 확보
	과학	논리, 합리	

© Chae Soo Myung 57

이런 점에서 광고이념도 시대환경과 소비자의 의식변화에 따라 변화하는데 과거에는 기업 중심적인 판매촉진을 위한 허위광고, 기만광고, 과장광고가 일반적이었으나 그 한계성이 드러나 이제는 점차 공익을 바탕으로 한 제품이미지나 기업이미지 또는 공익·공공광고로 변신해야 더욱 효과적이다.

또한 신세대와 여성들의 구매영향력이 확대되고 있으므로 그들의 감각과 분위기에 맞는 이미지를 조성하고 구축하는 데 노력하고 있지만 아직까지도 허위광고, 과대광고와 지나치게 판매촉진을 강조하여 불필요한 소비를 조장하는 경우도 많은 실정이다.

광고이념의 변화

구 분		과거·현재 광고	현재·미래 광고
광고이념		고압적 판매정책에 의한 강압적 입체적인 광고	지원적 판매정책에 의한 지원 광고
광고와 소비자		소비자의 입장을 고려하지 않는 광고자 본위의 독선적 광고	소비자의 주권을 인정하고 소비자의 이익을 고려한 소비자 보호 광고
광고와 PR		PR 및 PR요소를 고려하지 않는 광고	PR 및 PR적인 광고
광고원리		설득적 광고	지식·정보·유익 광고
광고소구력		암시·설득적 요소로 구성	관심도를 높이는 광고요소를 고려함과 동시에 통보를 많이 함
광고구성요소	지표성	삼품, 용역의 구매기준이 되는 통보는 적다	삼품과 용역의 선택기준, 구매기준이 되는 통보를 준다
	진실성	허위적, 기만적, 과대, 과장	진실, 사실, 뉴스성
	교육성	비교육적	소비자 교육적 요소
	이해성	독선적인 광고가 많아 소비자들은 광고 이해와 파악 및 이용에 비교적 무관심	광고내용의 이해적 요소
	해설성	불충분 또는 무관심	설명적, 해설적, 기술적
	품질표지성	무관심 요소가 많다	품질 표시요소에 특히 주의함
광고평가		전무	절대적 필요, 실시
광고내용		주입식, 일방적인 광고	친근감, 기억, 건전광고
표적		순간적인 상품구매촉진	장기적인 브랜드와 기업 이미지 광고
창의성		외국의 광고와 유사 모방	독창적인 광고
광고대행사		제작대행	기획, 제작, 평가, 사후관리

출전) 유붕노 : 「신광고론」. 일조각, 1991. p.20 보완

② 광고계획시 고려사항

어디까지나 광고의 목적은 효율성에 있으므로 광고의 효율성을 위해서

8. 재미있는 광고마케팅을 위한 긴급제언

는 '누구에게(시장), 무엇을(메시지), 왜(구매동기), 언제(구매시기), 어디서(구매장소), 얼마나(구매량)'와 같은 내용을 충분히 검토하고 계획해야 한다.

① 제품을 완전히 이해하고 있는 사람이 광고를 계획하고 제작하는 것인가?

② 시장과 대상 고객을 충분히 이해하고 계획하는가?

③ 광고마케팅은 꼭 필요한가?

④ 과거에 판매된 유사상품의 광고보다 질적으로 훨씬 향상되었는가?

⑤ 우리의 생활수준 향상에 크게 이바지할 것인가?

⑥ 더 나은 고품질의 상품기획생산을 유도할 것인가?

⑦ 제품을 허위가 아니라 진실하게 제시하고 있는가?

⑧ 소비자의 지혜를 욕되게 하고 있지 않은가?

⑨ 구매할 필요가 없는 상품을 구매하도록 유인하지는 않는가?

⑩ 제품가격을 저렴하게 할 수 있는가?

광고에 대한 기초지식과 연구(시장과 제품 분석), 광고목표의 명확화(지명도와 판매촉진의 향상, 잠재적 구매 유도), 광고비 예산편성(총액할당법, 과업기준법, 경쟁자 대항법, 지불능력법), 광고일정의 결정(지속형, 계절형, 불규칙형, 일시형), 매체 선정(신문, 잡지, 라디오, TV, DM · 차량 · 광고탑) 등의 과정을 거친다.

이와 같이 과학적인 광고계획은 전략, 표현, 효과에 좋은 영향을 끼쳐 기대하는 목적을 달성할 수 있지만 그렇지 않으면 효과가 적을 뿐만 아니라 오히려 역반응을 일으키는 경우도 있어 계획이 중요하다는 점에서 철저히 과학적이어야 한다.

2) 광고의 소구표현전략 및 측정

① 광고의 소구와 표현기법

광고는 예상고객의 욕망에 호소하여 메시지를 전달한 후 제품을 구매하도록 하는 잠재적인 만족의 약속이며 제품에 대한 강한 주장이기 때문에 광고소구를 잘해야 한다.

광고소구의 종류로는 특정상품소구, 구매자 혜택소구, 기초욕구소구와 취득욕구소구, 정서적 소구, 이성적 소구, 긍정적 소구, 부정적 소구가 있으므로 적시 적소에 맞는 기법을 활용해야 된다.

이에 따른 광고내용으로는 특정적 내용, 고지적 내용(화제, 입증, 중립성), 환경적 내용, 유도적 내용, 계몽적 내용이 있는데 제품의 소구와 내용을 제품의 소비자 구매활동에 부합되도록 검토해야 한다.

광고의 구성은 헤드라인, 바디카피, 일러스트(사진), 브랜드명(기업명), 브랜드마크(심벌마크), 음악 등으로 되어 있는데 각 매체에 따라 약간씩 다르며 그 구성형태로는 표준형, 일러스트레이션형, 연속형, 헤드라인형, 만화형, 카피형, 포스터형, 혼성형 등이 있으므로 광고내용과 대상 및 시대 상황에 따라 적절한 구성형태를 선택하는 것이 좋다.

광고일러스트레이션은 사실적, 해학적, 비유적, 동화적, 환상적, 충격적 표현 중에서 선택하여 표현한다.

② 광고전략과 효과측정

판매촉진을 위한 광고전략은 마케팅전략의 일환이다.

때문에 인간의 감성(情)을 다루면서 인간의 이성(理)에 호소함으로써 판매를 촉진시키고 잠재고객을 확보하는 중요한 역할을 해야 한다.

8. 재미있는 광고마케팅을 위한 긴급제언

이는 광고의 목표를 달성하고 그 효율성을 최대한 올리기 위한 조건의 설정이며 제품과 소비자를 올바르게 연결시킬 수 있는 방향을 찾아내는 일로서 경쟁적인 힘에 대항하여 목적을 달성시킬 수 있는 유용한 대부자원의 적합한 능력에 따라 그 결과는 매우 다르게 나타난다.

따라서 명확한 광고목표를 가지고 스토리와 행동계획, 연속성이 있는 전략이 뒤따라야 하며 통일된 사상과 창조성 및 집중성이 있어야 하는 동시에 소비자와 공감대를 형성하고 생활 속에 살아 있는 실체로서 존재해야 하는 등 인간미가 넘치는 간결함 속에서 인간의 원초적인 정감을 느낄 수 있도록 계획하고 표현되어야 효과를 발휘하게 된다.

흔히 광고담당자들은 높은 인지율과 침투력을 중요시하는 크리에이티브에 치중하고 있는 실정이나 광고주는 판매와 이익에 직결되는 소비자 구매심리를 강력하게 자극하고 행동을 유발하는 광고의 효율성을 강조한다는 점에서 사회적인 측면에서의 구매심리학으로서 아무리 아이디어가 독창적이더라도 판매와 연결되어야 한다.

소비자들은 다양한 매체를 통해서 날마다 수많은 광고를 직·간접적으로 접하게 되는데 소비자가 받아들이는 것은 그 제품을 사용함으로써 얻게 될 편익이나 사용 후의 개선된 결과인 것이다.

따라서 광고주는 광고라는 형식을 통해 제품을 보여주는 것이 아니라 제품의 만족도를 소비자들에게 제시해주어야 하므로 광고담당자는 단순히 광고전략을 수리하고 제작하는 사람이 아니라 소비자인 동시에 기업의 경영자라는 인식을 가지고 업무를 추진하는 것이 좋다.

한 예로 치약을 광고할 경우 소비자들에게 필요한 것은 단순히 치약이 아니라 '상쾌하고 청결하며 건강한 치아를 유지하고 관리하기 위한 도구(수단)로서의 치약'이라는 것을 깊이 인식하였으면 한다.

광고제품에 따라 목표로 하는 소비자층이 다르겠으나 일반제품의 경우 남녀노소 누구나 이해하기 쉽고 흥미로우며 친근감과 신뢰감을 가질 수 있도록 하기 위해서는 초등학교 5학년 정도의 수준에서 아이디어를 짜고 표현하는 것이 가장 바람직하고 효과적이다.

단순히 반짝이는 아이디어 광고와 판매목적만을 강조한 광고는 오히려 소비자들로부터 외면 당하게 되므로 신선하고 건전하며 누구나 공감대를 형성할 수 있는 감성적이고 이성적인 광고전략과 표현이 중요하다.

한편 광고효과 측정은 광고활동에 따른 경비와 기획·제작 등을 체계적이고 과학적으로 조사·분석하여 판매증대와 지명도 향상에 어느 정도의 영향을 끼쳤는가를 측정하는 한편 다음 광고에 반영하기 위해서 필수적으로 해야 할 일이다.

특히 심리적 효과로는 광고 자체가 가지는 문안자료와 인지·기억면에서 조사하며, 행동효과로는 기업의 채산을 고려한 경영적·경제적 관점에서 조사하며, 광고능률의 효과는 사회적·경제적인 관점에서 조사하는 것이므로 매우 중요하다.

우리나라의 경우 광고효과에 대한 측정을 거의 안 하는 가장 큰 이유는 전문인력이 부족하고, 기업에서는 광고만 하면 효과가 있을 것이라고 막연한 기대감을 갖고 있어 광고효과 측정을 도외시하고 있으며 막대한 제작경비에 비해 광고효과 측정경비는 아예 책정하지 않고 있기 때문이다.

광고전략과 제작은 광고효과를 위한 과정이므로 광고계획시 측정효과를 명문화시켜 경비와 인력 등의 요소까지도 고려해야만 한다.

8. 재미있는 광고마케팅을 위한 긴급제언

9. 프로세일즈맨의 자질과 테크닉

세일즈란 직접 고객과 대면하여 자사상품이나 서비스를 구입하도록 권유하고 설득하는 고도의 전문적인 커뮤니케이션의 인간관계를 요구한다.

따라서 세일즈는 '판매를 위한 마지막 단계의 열쇠'로 현대적인 전쟁에 비유한다면 광고가 공중폭격이나 포격이라면 판매는 적의 진지를 최종적으로 점령하는 보병이라고 표현하는 것이 바람직하다는 점에서 천부적인 자질과 노력이 요구된다.

1) 세일즈맨의 임무와 자세

① 진정한 프로세일즈맨의 임무

일반적인 세일즈맨보다는 프로세일즈맨이 되는 것은 쉬운 일이 아니다.
전문지식과 교양, 정신적·육체적인 건강과 용기 및 끈기를 갖고 자기
만의 노하우가 있을 때 목적을 달성할 수 있으므로 냉정한 프로의 세계에
서 살아 남을 수 있는 프로세일즈맨의 자격을 갖추기 위해 끊임없이 노력
하고 보완하며 발전시켜야 할 것이다.

세일즈맨의 성장변화

• 판매원(단순 판촉사원, 오직 매출액) →세일즈맨(비즈니스맨, 직·간접 영업매출)

→ 프로세일즈맨(프로비즈니스 사업가, 거시적 사업가)

ⓒ Chae Soo Myung 59

과거의 세일즈맨은 단순히 단기적인 제품을 판매하는 역할에 그쳤으나
오늘날의 세일즈맨은 장기적인 관점에서 자신과 회사의 이미지관리 및 판
매에 따른 정보·교육기능으로 그 영역이 발전되어가고 있다.

즉 판매량 증대에 따른 이윤추구에서 벗어나 고객의 입장에서 그들의
필요와 욕구를 인식하여 제품과 관련된 각종 서비스를 제공함으로써 기업
과 고객의 목표를 일치시키는 것이 주요 임무다.

이렇게 볼 때 세일즈맨은 어떤 자격기준과 기법이 정해져 있는 것이 아
니라 선천적으로 타고난 기질과 남보다 많이 뛰고 노력하며 연구하는 자
세로 항시 고객의 입장에 서서 고객이 무엇을 구매하려고 하는지를 생각
해야 한다.

9. 프로세일즈맨의 자질과 테크닉

또한 프로의식을 갖고 자사제품의 효능을 권고하는 한편 신용과 서비스 그리고 상품의 효용성을 판매하는 것이다.

판매원의 역할은 예상구매자를 탐색하고 방문하여 조언하고 특정 구매자에게 적합한 소구를 선정하며 개별적인 질문에 응답하고 구매가 용이하도록 조언하고 도움을 주는 동시에 견본을 제시하고 현품실습 및 설명을 하는 것이다.

또한 망설이고 있는 구매자가 구매를 결심하도록 유도하고 면담을 끝낸 후 주문을 받고 판매가 끝나면 구매자의 만족을 위해 서비스와 정보를 제공하며 문제점이 발생했을 때는 처리를 하는 한편 시장상황을 분석하여 보고하는 것이 바람직하다.

이렇게 볼 때 판매원은 자기 자신과 회사, 상품, 창의력, 아이디어를 판매할 뿐만 아니라 마케팅과 경영지도력을 서비스하는 것이다.

영업노하우 변화

구분	과거	근·현대	현재·미래
시대	1980년대	1990년대	2000년대
칭호	인족(人足)판매	인두(人頭)판매	인감(人感)판매
방법/	발(노력)	머리(계획)	가슴(만족)
포인트	경험(양)	이성(질)	감동
판촉방법	학·지·혈연 구걸적	강압적, 다발적	인터넷, 이미지 신뢰

ⓒ Chae Soo Myung 60

② 프로세일즈맨의 기본지식과 자세

세일즈맨 중에서도 자질과 능력 등을 갖춘 훌륭한 세일즈맨이 되기란 쉬운 일이 아니다.

　따라서 판매량을 늘려 실적을 많이 쌓겠다는 과욕보다는 사명감을 가지고 세일즈를 즐기려는 언행이 필수적인데 장단기적인 계획을 가지고 신지식과 창의적인 응용력 및 이를 효과적으로 접근할 수 있는 역량을 길러야한다.

세일즈맨의 사고

구 분	내　　　　용	구 분	내　　　　용
승용차	도로는 넓고 팔 승용차는 많다.	보 험	보험은 미래재산이다.
제 약	제약은 곧 생명이다.	학습지	교육은 자식의 미래보장이다.
화장품	화장품은 이미지 메이킹이다.	패 션	패션은 날개이고 이미지이다.
아파트	아파트는 삶의 품격이다.	가 구	가구는 인체공학이다.
신 발	발은 인체의 축소판이다.	안 경	안경은 거울이고 인격이다.
신 문	신문은 정보이고 교양지식이다.	정수기	물은 곧 생명수
학 원	교육은 인생성공의 열쇠	도 서	책 속에 길이 있다.

ⓒ Chae Soo Myung 61

　기업과 상품지식, 폭넓고 원만한 인간관계 및 심오한 지식과 교양, 쾌활한 성격과 바른 예절, 편안한 분위기와 정보제공 및 합리적인 설득력, 긍정적인 사고와 문제해결능력, 성실성과 근면성, 결단력과 추진력, 정직과 봉사정신, 건강과 자기관리 등을 갖추어야 하고 이를 위해 노력해야 한다.

세일즈맨이 기본적으로 갖추어야 할 지식

구 분	내　　　　용
기업지식	역사, 경영방침, 사업내용과 규모, 경영자 지침
상품지식	특징, 장점, 가격, 사용방법, 디자인, 포장, 재질, 이윤, 브랜드

시장지식	예상, 동기, 습관, 문제, 태도
판매기술	접근방법, 판매계획, 접객기술
실무지식	계획, 예정, 경로, 기록, 보고, 관리
교양, 상담	사업, 정치, 경제, 사회, 문화, 교육, 건강, 기타

© Chae Soo Myung 62

세일즈맨의 8대 기능과 3대 기술

구분	내용	비 고
8대 기능	전달기능	정보제공, 정책, 신제품, 캠페인, 서비스
	조사기능	시장정보조사수집, 구매력, 판매, 재고, 경쟁사
	지도기능	제반활동, 디스플레이, 고객관리기법, 표준회계
	지원기능	판촉, 인력, 판촉
	개척기능	시장규모, 경쟁사 거점 공략
	서비스기능	A/S, B/S, 친절, 정확, 신속
	수주기능	주문납품, 전화, FAX, 상품배달
	회수기능	자금
3대 기술	고객창조	잠재적고객확대, PR, 판촉, 봉사활동
	전술전개	기획력, 설득력, 이미지메이킹
	환경정리	디스플레이, 조명, 배치, 색채

출전) 이학갑 : 「비즈니스맨이여 머리를 굴려라」, 자동차 산업 문화사 1994. p.42, 43도
표화하여 보관

소비자들은 세일즈맨의 용모, 언어와 태도 및 복장 등 전체적인 첫인상
을 제품구매에 앞서 매우 중요하게 여긴다는 점에서 세일즈맨에게 호감을
느끼면 상품에 대해서도 호감을 갖게 되므로 간소하면서도 청결하고 자연
스런 복장과 침착한 자세가 좋다.

또한 고객의 관심사는 세일즈맨의 이익으로 연결되기 때문에 성실하고
친절한 말투와 태도로 시각에 호소하여 신뢰를 쌓아 고객에게 좋은 인상

을 심어주어야 효과적이다.

세일즈맨이 갖추어야 할 기본 예절

구 분	내　　　용
복장점검	헤어스타일과 청결(눈, 입, 귀, 면도), 넥타이, 와이셔츠, 단추, 손과 손톱, 양복바지 주름, 양말, 구두, 복장전술 T(time : 시간), P(place : 장소), O(occasion : 경우)
고객응대	인사방법, 명함을 주고받는 법, 고객과의 대화거리, 앉는 자세와 위치, 가방을 놓는 위치
상담 예절	시선 처리, 헤어질 때의 예절. 전화상담 예절
대화방법	솔직한 대화, 상대방의 대화내용 고려, 평이한 언어구사, 조리 있는 대화, 듣는 태도

ⓒ Chae Soo Myung 63

판매활동의 궁극적인 목표는 상품을 필요로 하는 고객에게 자사상품을 제공하여 만족감을 주며, 그 대가로 적절한 이윤을 추구하는 데 있는 것으로서 이윤추구가 먼저 고려되어야 할 사항은 아니라는 사실을 깊이 인식하여야 한다.

즉 판매는 인간을 상대로 하는 기술이기 때문에 사람과 상황, 상품에 따라 매우 가변적이므로 판매가 될 것 같으면서도 안 되고 안 될 것 같으면서도 되는 것이 곧 판매이다.

판매에서 '대화술'이란 하나의 무기로서 매우 중요한 수단이지만, 능숙한 화술보다는 고객을 사로잡는 신뢰감이 무엇보다도 필요하며 전문용어는 쉽게 설명하는 것이 좋다.

"논쟁에 이겨서 장사에 이긴 예가 없다."라는 말이 있듯이 판매활동에서 논쟁을 하는 것은 고객에게 오히려 불쾌감을 주게 되므로 고객과의 이상

적인 대화는 지나치게 세련되고 능숙한 말솜씨보다는 따뜻한 마음과 성의
가 담긴 진실한 대화로서 공감대를 형성하는 것이다. 판매에 왕도란 없으
며, 성실성을 기초로 자신만의 노하우를 쌓는 것이다.

　언어는 의사전달을 하는 중요한 매개체이므로 존경어(~그렇습니다), 겸
손어(~입니다), 정중어, 조어와 추상적인 용어는 피한다. 간단명료하고 정
확한 취지가 고객에게 전달되도록 하고 고객을 깔보거나 업신여기는 투의

세일즈맨의 기본자세

구 분	내　　　용		
기본정신	환영하는 마음, 명랑한 마음, 봉사하는 마음, 겸허한 마음, 상냥한 마음, 신뢰성있는 마음, 정확한 마음, 기약하는 마음		
기본자세	반갑습니다	라는	인화적	인 자세로
	할 수 있습니다		긍정적	
	무엇이든 도와 드리겠습니다		적극적	
	제가 하겠습니다		수용적	
	잘못된 것은 바로 고치겠습니다		겸허한	
	기꺼이 해 드리겠습니다		헌신적	
	참 좋은 말씀입니다		수용적	
	대단히 고맙습니다		감사적	
	이렇게 하면 어떨까요		협조적	
	다시 들려 주십시오		신뢰적	
점두판매시 금기사항	준비가 불충분하다	행동이 너무 느리다	
	고객을 빤히 처다본다	상품지식이 없다	
	고객이 산 물건을 함부로 다룬다	바가지를 씌운다	
	접객태도가 불성실하다	큰소리로 떠든다	
	지나치게 과장된 칭찬을 한다	화장을 하고 있다	
	지나치게 아는척 한다	푸념을 늘어 놓는다	
	고객에게 불친절하다	지나치게 자기를 과시한다	
	고객에게 구매를 강요한다	지나치게 설명한다	
	고객의 불만에 반박한다	판매하자마자 태도가 돌변한다	
	고객을 차별한다	고객을 무시한다	

제3장 마케팅 핵심 요소

표현을 하지 않도록 유의해야 한다.

특히 항상 웃는 얼굴로 고객의 눈에 시선을 두고 정중하게 듣는 태도도 중요하므로 판매원들끼리 모여서 잡담을 하거나 고객을 힐끗힐끗 쳐다보거나 고객 앞에서 청소를 하는 행위 등 이미지를 손상시키는 일은 삼가는 세심한 배려가 요구된다.

또한 폐점 후 늦게 찾아오는 손님에게도 여유 있게 대함으로써 부담을 주지 않도록 하는 동시에 고객 앞에서 다른 기업의 제품이나 다른 경쟁점포를 홍보하는 것은 오히려 역효과를 낳는다.

지나칠 정도로 자기중심적인 판매에만 집착하다보면 오히려 고객에게 거부반응을 일으키는 경우가 많은 경험을 한 사실에 깊이 명심하기 바란다.

판매화법

구분	내　　　　　　용	
대화요령	긍정적화법웃는 얼굴, 분명한 말씨, 알아듣기 쉽게, 바른 자세, 호기심과 자존심 자극, 열의와 성의	
대화기법	정답고, 부드러운 얼굴, 상대방의 입장 고려, 진솔하게, 구체적	
접근화법	소개형, 질문형, 조사형, 제안형, 증정형, 단도직입형	
체결화법	추정승낙법, 긍정암시법, 결과지적법, 양자택일법, 최종어 제출법, 약속획득법	
칭찬화법	대담칭찬, 단순칭찬, 감탄칭찬, 반문칭찬, 간접칭찬, 소유물 칭찬	
긍정적화법	추정적 승낙법, 명령법, 연출법,결과지적법, 양자택일법, 긍정적 반응법, 진의타진법, 첫대화제시법(최종 마무리의 첫대화), 역수법, 입증법, 가정법, 유도법, 시용법, 관계자법, 행동법	
채결시 유의점	고객의 불만족 제거 : 훌륭한 결정을 하셨습니다. 사모님께서도 만족 하실 것입니다. 고마운 마음 이를 데가 없습니다. 최선을 다해서 앞으로도 보살펴 드리겠습니다. 어느 때라도 기다리고 있겠습니다. A/S에 대해서는 걱정하지 마십시오.	

구 분		내 용
대화 요령	듣는 태도	경청, 흥미
	대화방법	대상 정확히 파악, 언어지식, 솔직한 대화
	알기쉬운 대화	상대방에 알맞은 대화, 평이한 언어구사, 논리적, 서론 짧게, 정확한 발음, 감정, 스피드, 즐겁게
단계별 화법	초기방문시	고객의 관점, 목표, 구체적인 표현, 정(情)과 이(理)의 극적인 효과, 고객과 보조, 간략요령, 질문성의, 사실
	판매설득시	시각에 호소, 고객참여 유도, 호기심 유도, 신용, 구체적 가치 표현, 순서있게

2) 고객의 심리유형 분석과 디스플레이

① 고객의 심리와 유형적 접근기법

인간은 이성적인 마음(20%)과 감성적인 마음(80%)을 갖고 있다.

더구나 "인간은 감성의 동물이다."라는 말대로 자신은 이성적인 판단을 가지고 구매했다고 생각하는 경우에도 의외로 분위기에 휩싸여 감성적으로 구매한 경우가 대부분이다.

따라서 "손님의 머리를 노리지 말고 마음을 노려라."라는 말은 판매에서 심리학의 원칙과 활용을 적절히 나타낸 것이다.

욕구의 유형

구 분	내 용
자부적인 본능	타인으로부터 위대하다고 평가받고 싶다든가 뛰어난 사람이라고 불리고 싶은 본능으로서, 특히 여성의 경우는 자존심을 만족시키려는 본능이 강하다.
타산적인 본능	이해관계를 따지며 손해를 보고 싶지 않다는 강한 욕구로서 사람이 자기 중심적인 것은 이러한 심리에서 기인된다.
모방의 본능	선망이 되는 사람의 행동을 모방하여 자신을 동격화하려는 마음이 강해 대부분의 사람들은 모방을 하면서도 다른 사람의 흉내를 내고 있다고는 생각하지 않지만 유행은 자부적 본능에서 시작하여 모방적 본능에 의해 광범위하게 퍼져나가는 것이다.

한편 고객의 유형은 크게 성격과 외모를 기초로 분류될 수 있는데 고객마다 개인차에 따라 달리 나타나므로 적절히 활용하도록 한다.

● **성격상 고객의 유형** : 에누리형은 한 번 가격을 깎지 않으면 직성이 풀리지 않는 사람이며, 마음이 느긋한 형은 쉽사리 상품을 결정하지 않고 질질 끌고 가는 형이며, 성급한 형은 성미가 급하여 판매원이 재빨리 대응하지 않으면 기분이 상하게 된다.

변덕스런 형은 마음이 잘 변하며, 의심이 많은 형은 판매원의 말을 믿으려 하지 않고, 너무 잘 아는 척하는 형은 정말로 잘 알거나 알지 못하면서도 아는 체하는 사람이고, 잔소리형은 무엇이든지 한마디 거들어야만 속이 시원한 사람이고, 과단형은 자기 자신이 서슴없이 결정하거나 판매원에게 즉각 자기의견을 표현하는 사람이다.

무언의 형은 필요 이상으로 말을 하지 않는 무뚝뚝한 사람이고, 학구형은 열심히 보고 떠드는 사람으로서 품질, 검사, 증명, 제조 등에 대해 만족하도록 과학적으로 설명해주어야 한다.

고객의 행동유형에 따른 대응방법

유 형	특 징	대 응 방 법
직접 행동형	행동이 신속과단하며 활동적이고 충동적이다	우선 화 내지 않고 토론하지 말고 듣는 쪽이 되며, 자세한 설명보다는 요점만 설명
침착 냉정형	주의가 깊고 사고가 치밀하며, 이야기에 귀를 기울여 준다	이론적으로 설득하고 오랜 교제가 필요하며, 상대방의 취미에 대해 관심을 갖고 대화한다
우유 부단형	시선이 자주 움직이고 태도가 불확실하며, 자세한 상품설명은 오히려 혼란을 준다	가입한 고객의 사례를 설명해주고 주변의 흐름을 정리해주며, 리드해나간다
과단형	행동이 적극적이고 자신감이 있으며 확인을 잘 하고 결론내리기를 좋아한다. 자신이 직접 결정하며, 자존심이 강하다	스피디한 상담, 자존심을 촉구하며 말을 들어주는 것이 좋고 상대방의 움직임에 주목한다
사교형	미소, 쾌활, 유머가 있고 이야기를 좋아하며 판매단계에서 잘 빠져나가는 경향이 있다.	상대방의 페이스에 말려들지 않고 상대방 이상의 사교성을 발휘하며 성실하고 상세하게 설명하며, 자주 찾아가는 것이 좋다. 스피디한 상담, 유머를 잊지 않도록 한다.
비사교형	입이 무거우며 자신의 의견을 표시하지 않고 듣기만 하며, 반응을 나타내지 않는다.	부지런히 교제하며 감정을 건드리지 않고 답답한 내색을 하지 않으며 귀를 기울여 준다.

고객성격별 대처방안

구 분	특 성	내 용
호인형	쾌활, 유머감각 풍부	유머를 통한 직설적 유도
잘난체형	지나친 자기 과시	칭찬 후 기분 좋을 때 결정적인 유도
거만형	지나치게 배려 요구	재치활용, 의도적인 긴 대화 유도
수다형	자기 중심적 대화	맞장구 친 후 흥이 났을 때 유도
연기형	결정시간 과다	이이과 지연의 불이익 설명
숙고형	과다한 저울질	사전 준비 제시 유도
고집쟁이형	자기 고집 과다	제품의 확신 설명 유도
침묵형	관망, 사색, 두려움	대화유도, 신뢰성 분위기 조성
지사형	투사의식	고객 스스로 선택 권유
이론형	상품지식 요구	철저한 사전 준비 설명 후 유도
분석형	타사제품 비교 분석	장점을 강조 유도
부정형	의심이 많음	의구심 해소 유도
부족형	판단 부족으로 혼란	논리적 판단 입증 유도
신뢰형	약속, 정성 중시	언행 · 신뢰 후 유도
집착형	끈질긴 집착	끈질긴 성실성 유도
아집형	자만심, 신념 과다	장기적 유도
충동형	즉흥적, 기분파	분위기 조성 유도
투자형	장기적 인간관계	장기적 인간관계 후 유도
변덕형	구매약속불이행, 변덕	기대심리 배제, 고객 스스로 구매선택 유도
온후형	아리송	고객 요구 · 효과 입증 유도

출전) 임동학 : 「실전영업현장 매뉴얼」. 현대미디어, 1988. 보완

변덕형은 질문공세를 펴거나 판매원의 설명에 정면도전하는 사람이고 흥분형은 조그마한 일에도 안색이 달라지고 감정을 쉽게 드러내는 사람이며, 이 밖에 존경형 및 호인형 등 백인백색, 천차만별이므로 언행에 각별히 조심하고 올바른 대화가 몸에 익숙해지도록 노력해야 한다.

◉ **외모로 본 고객의 유형** : 뚱뚱한 사람은 말에 중심이 없고 어느 것이 진짜인지 알 수 없으며 형식보다는 내용에 중점을 두는 성격의 소유자이

며, 체격이 크고 건강한 사람은 의지가 강하고 예리한 점이 있고 말의 중심과 결론이 급할 뿐 아니라 옳고 그름을 확실히 한다.

마른 사람은 정직하고 솔직하지만 형식이나 순서를 따지며 계통적으로 사물을 생각하기 때문에 처음에는 경제적인 유형의 사람처럼 여겨지는데 한 번 신뢰하고 친해지면 편하다.

◉ **다루기 힘든 고객의 유형** : 침묵형은 말과 반응이 없으며, 신중형은 생각하고 또 생각한 것을 말하는 사람이고, 자만형은 멋대로 자기를 과시하는 경향이 짙으며 투덜거리는 형은 까다롭고 대답을 잘 안 한다.

필요 이상으로 멋을 부리는 형은 섬세하며 자기가 가지고 있는 것이나 특기를 자만하지만 자기에게 부족한 것을 보완할 줄 아는 사람이며 이 밖에도 의논형·냉담형 등이 있다.

영업을 잘하는 세일즈맨은 선천적인 경영감각과 체질 및 끈기 있는 성실성 그리고 고객의 마음을 사로잡는 기발한 창의력 등 항시 능력계발을 위해 끈임 없이 노력하나 그렇지 못한 사람은 과욕만 있을 뿐 이를 위한 실천방법이 없고 모든 실패의 원인을 사회와 고객의 탓으로 돌린다.

무엇보다도 영업현장에서 때로는 인간적인 모멸감을 느낄 때 이를 극복하기 위해 오히려 위기를 기회로 삼을 수 있도록 지혜롭게 극복할 수만 있다면 세일즈맨으로서 성공할 수 있게 된다.

오늘날의 영업은 머리와 가슴으로 하기 때문에 상품을 판매하지 말고 구매 후의 효용성을 설명하고 입증해주는 상품의 정보교육자로서의 세일즈맨이 되어야 한다.

상품을 판매하기 전에는 그렇게도 친절하다가 판매가 끝나거나 거절하면 냉정히 돌아서는 우리의 세일즈 풍토는 일종의 인간적인 배신감과 환멸을 느끼게 하여 평생 동안 원수로 여기는 경우가 많으므로 주의해야 하고 항시 변함없이 꾸준해야 한다.

제3장 마케팅 핵심 요소

구 분		성격	남성	여성
얼굴형	둥근형	원만하고 쾌활	초면의 노력 필요	의타심이 강함
	계란형	기와 의지력이 약함	남성미 부족	자유분방
	역삼각형	감성적	비가정적	감각적
	사각형	성실·노력형	애정표현 미숙	남성불신
	팔각형	노력형·스태미너 풍부	고집, 질투심 강	남비판 선호
	직사각형	주관과 개성 부족	직관력, 색채감각우수	사치, 허영심
	사다리형	사교성·스태미너 금전운	여색 조심	인색
	마름모형	인내력·실천력	명예욕강, 포용력부족	열성적
입	큰사람	성기의 크기 비례(?)	대범, 배짱 추진력, 체력 우수	자궁이 크며 마음이 온순하여 남자의 유혹에 넘어감
	작은사람		주의	남성을 리드 수다, 신경질
입술	벌린입	몸이 허약		이는 과학적인 사실은 아님
	올라간 입	식욕왕성		
	윗입술이 튀어오른 사람	공상선호		
	아랫입술이 튀어오른 사람	이기적		
인중	짧다	참을성이 없고 단명		
	길다	참을성이 많고 장수하며 덕이 많음		
	윗입술이 말려올라감	시기심, 허풍		
	큰사람	사업, 권력가		
귀	귀폭이 넓음	고민 선호	귀가 크다	야망척
	귀폭이 좁음	소극적	귀가 작다	소극적

기존 자료 정리하여 도표화

세일즈맨의 비교분석

사고	올바르지 못함(아마추어)	올바름(프로)
중심적 사 고	감정적, 경험적, 비합리적	이성적, 논리적, 합리적
	경험, 노력중시, 자만, 과거집착	이론중시, 경험참고, 연구노력
	획일적, 추상적, 탁상공론적	창의적, 구체적, 실천적
	판매, 판매자 중심적	마케팅, 고객중심적
회사관계	종업원 개념	회사 대표자 개념
상품지식	빈약, 불필요	풍부, 필요
중시점	자기 중심적 판매만 중시	제품 · 기업이미지 중시, 정보제공(회사, 소비자. 시장)
팀워크	개인플레이	팀워크 속의 개인, 개인 속의 팀워크
판매계획	불필요, 무관심, 즉흥적	필요, 계획적, 과학적
인간관계	이용, 활용관계(단기적)	신뢰속의 우호적 관계(장기적)
	필요조건	필요, 충분조건
정보	소극적, 보관	적극적, 활용, 공유
매너	세일즈맨(아마추어), 비신뢰	프로비즈니스맨, 신뢰
실수	타인, 전임자, 경영자, 경제침체, 팀장, 소극적 해결(도피)	내탓, 적극적 해결(성장기회) 위기돌파, 위기는 오히려 기회
도전	포기, 단념, 일일 때우기	도전, 연구노력, 비전수립
자기관리	소극적(불평불만, 방황)	적극적(지식, 인간성, 건강, 시간, 재테크, 이미지)
결과	근무의욕상실(불만), 시간 · 노력 낭비, 타인의지, 퇴보, 정체	신사고신바람, 시간, 노력 활용 극대화, 발전적

출전) 임동학 :「전게서」. 보완

프로와 아마의 차이점을 한마디로 말한다면 생각이 전혀 다르고 행동도 달라 결과적으로 운명이 다를 수밖에 없는 등 상호간 접근방법이 매우 다르다.

이런 점에서 자신을 위한 판매실적만을 고려하기보다는 기본적인 자질과 능력을 갖추고 항시 편안하고 무엇인가 도움을 주는 한편 신뢰를 바탕으로 항상 조사 연구하는 장기적인 안목과 투자를 할 때 일정기간이 흐르

제3장 마케팅 핵심 요소

면 기대 이상의 효과를 거둘 수 있다.

② 상품 디스플레이기술

소비자는 품질기능에 대해 대가를 지불하고 판매자나 기업은 그것에 의한 이익을 재투자하고 배분하게 되므로 상품에서 절대조건은 가격보다 품질과 기능의 보증이 더 중요하다.

품질과 기능의 보증은 판매계약의 조건으로 소매업은 그것을 충실히 이행함으로써 소비자의 기대에 부응해가는 기능을 기업 내에 시스템화해야 하며 소매업에 종사하는 모든 사람들은 소비자에 대한 책임의식을 갖고 판매에 대한 책임완수라는 품질보증 의식을 갖는 것이 가장 중요하다.

"소매업은 연출산업이다."라는 말이 있는데 점포는 상점의 얼굴인 진열효과를 높여 개성을 살리고 다양성을 추구하여 고객의 욕망은 물론 신뢰감을 얻을 수 있도록 항상 연구해야 한다.

최근에는 같은 업종 간의 경합된 점포가 나타나고 업종전환과 신규 참여점포의 과당경쟁에서 비롯된 저가판매뿐만 아니라 장식적인 쇼윈도까지 설치하는 추세이다.

앞으로 측면판매시대에 부합된 진열로서 개성적이고 계획적이면서도 다양화된 생활의식에 맞는 판매를 전개하기 위해서는 보기 쉽고 찾기 쉬우며 고르기 쉽도록 매장을 꾸미는 한편, 무엇을 판매하고 있는 점포인지 확실히 표현해야 한다.

광고의 힘으로 소비자들을 점포 앞까지는 올 수 있게 해도 진열의 기술이나 상품의 혼합방식, 진열기구, 서비스 상황 등 여러 가지 효과적인 상품의 연출은 새로운 고객을 흡수하고 구매를 유도하여 판매증대를 가져오게 된다.

9. 프로세일즈맨의 자질과 테크닉

즉 진열계획은 기획력, 배치력, 상품력, 연출력, 설득력이 우수해야 하며 코너진열, 집중진열, 관련 진열, 감각진열 등 적절한 진열기법을 상황에 맞게 구사하기 위해서는 색채조절과 조명의 효과를 극대화시키고 POP 및 디스플레이를 점포이미지에 부합할 수 있는 테크닉이 요구된다.

기획력(기획, 시기, 장소)＋배치력(적재 적소 적량)＋상품력(신뢰성)＋연출력(디스플레이력)＋설득력(이미지 전달성)

© Chae Soo Myung 64

매력적인 상품진열의 조건

구　　분	내　　용
보기 쉬운 진열	고객의 입장 고려, 대형상품(스테이지), 소형상품(진열 선반, 일반 배치), 소형상품(유리케이스), 고급(점포)
손에 닿는 진열	욕망환기, 확신, 결정과 연결
풍부감이 있는 진열	상품의 양감(대량, 변화양감, 결합 양감), 보조기구 풍부한 표현(계절장식, 천장장식, 색채)
연관성이 있는 진열	용도적 관계, 부수적 관계, 가격적 관계, 연령적 관계, 색채적 관계, 계절적 관계
시선을 모으는 진열	양판점(대량 진열 - 볼륨 주체), 전문점(감각 진열 - 무드 주체)

상품진열의 분류

구분	내　　용	구　　매	진　　열
주력상품	감각 · 계절상품	선매, 상품(선택구매)	주통로(관련진열)
보조상품	좋은 가격선, 상비상품	편의품(목적구매)	부통로(분류진열)
부속상품	관련국가구매, 안전상품	일용품(지명구매)	대면출구(적량진열)
자극상품	자극, 개발상품	특가품(충동구매)	코너(대량진열)

3) 영업마케팅유형의 이해

① 다이렉트 · 다단계 · 네거티브 마케팅방문 판매

◉ 다이렉트마케팅이란 소비자들의 다양한 욕구를 충족시키고 측정 가능한 반응이나 거래를 유발시키기 위해 데이터베이스를 기초로 한 가지 또는 그 이상의 매체를 이용하는 쌍방적 반응체제이다.

때문에 이를 통해 소비자 한 사람 한 사람의 속성이나 구매행동을 파악하여 개인적인 관리가 가능하여 효율적으로 상품판매 목적을 달성할 수 있는 방법이기도 하다.

또한 특정의 구매력 계층과 유망고객에게 개별적인 촉진활동을 통해 상품을 판매하는 마케팅영역으로서 불특정 다수의 소비자에게 상품이미지를 전달하는 기존의 마케팅과는 다른 성격을 갖고 있다.

사용되는 매체로는 직접 반응광고(전화, 우편, 전자매체), 인적 판매, 대중매체(라디오, TV, 신문, 잡지) 등이 있는데 그 중에서도 케이블 TV에 의한 통신판매의 영역과 역할이 커질 것이다.

정보를 매개로 한 상권의 확대와 기존의 점포개념을 변혁시켜 무점포가 등장했는데 우편과 전화 등 새로운 매체를 이용한 각종 무점포판매가 급속도로 확산될 것으로 전망되지만 이에 따른 품질서비스의 부작용도 예상된다.

편의성과 즉시성을 바탕으로 정확한 소비자의 니즈를 포착하고 상품공급의 시스템정비가 용이한 상품, 즉 구매빈도가 높고 가격이 저렴하여 소비자 측에서 비교구매를 하지 않아도 되는 가공식품이나 생활 일용잡화와 같은 생활편의성 상품이 우선 그 대상이 되고 있다.

영업형태의 조직 비교표

항 목	피라미드 시스템	피라미드 기업	정상적 다단계 기업
존재 목적	가입자를 모집하여 금전의 유통을 목적으로 하는 사행적 금전배당 조직	상품을 합리화 수단으로 하여 사실상의 금전유통을 목적으로 하거나, 금전배당을 상품판매에 이용하는 기업	제품의 판매사업을 영위하여 건전한 제품 유통을 목적으로 하는 기업
시스템	이익시스템	이익+유통 시스템	유통 시스템
가입자의 참가형태	가입자가 2배 이상의 배율로 무한대로 증가하는 것을 전제조건으로 하지만, 가입자의 증가에는 한계가 있어 결국에는 말단 가입자가 반드시 손해를 보게 된다	많은 돈을 벌 수 있다는 사실을 내세워 상품을 판매하고, 구매자의 일정한 배율 증가를 강요하지만, 이의 증가에 한계가 있고, 말단 구매자는 부당한 가격으로 상품을 구매하게 되어 손해를 입는다.	판매 희망자가 자의에 의해서 판매원으로 가입하며, 일정 비율 이상의 판매원 증가가 필연적인 것은 아니다. 조직 확장 정체시에도 말단의 구매자에게 재정적 피해가 없으며, 조직 내의 지속적인 구매활동으로 조직도 붕괴되지 않는다.
가입자의 부담	입회금, 출자금, 유지비 등 명목으로 고액의 일정 부담금을 납부하게 하며, 이는 반환 되지 않는다.	판매원이 되기 위한 조건으로 고가의 제품을 강제 구입케 하거나 매월 제품 소비를 강요한다.	가입시의 부담이 거의 없으며 제품의 구매나 판매도 전적으로 자유 의사에 달려 있어 강제적인 부담이 전혀 없다
투자금의 회수	하부에 일정 수의 인원을 끌어들이지 못하면 투자금조차 회수하지 못한다.	하부에 일정 수의 판매원을 확보하지 못하면 상품에 부가된 금전회수가 불가능하다.	스스로의 의사로 사업 진행을 위해 투자된 자금 외에 투여되는 돈이 없어 인원확보와 관계 없이 손해가 없다
존재 형태	반사회적 영향으로 비밀스런 사조직 형태	기업 형태를 갖추고 있으나 비밀스런 배타적 운영	공개된 기업의 형태로 누구에게나 개방되어 운영

출전) 김준녕 : 「다단계 판매와 암웨이 마케팅」.스몰비즈니스, 1994. p.178

제3장 마케팅 핵심 요소

이 밖에도 채소와 생선 같은 신선도 관리상품도 품질이나 신선도가 보증되고 유통구조를 체계화시켜 등락을 억제할 수 있다면 무점포 판매대상이 될 수 있으며 영화나 연극, 우표, 각종 예술품 등의 취미 기호형 상품도 무점포 판매가 가능하여 활성화가 될 것이다.

◉ 다단계마케팅은 상품을 사용해본 소비자가 그 상품의 우수성을 인정하여 스스로의 의사로 판매원으로 단계적으로 전환하는 판매방법이다.

이를 통해 주위 사람들에게 상품을 나누어주고 사용하게 하여 권장함으로써 다시 소비자가 판매원으로 전환되는 과정이 반복되어 상품의 판매범위가 무한대로 넓어지는 직접판매형태이기 때문에 부담감이 들면서도 매력적이다.

과거에 재정적·정신적인 피해와 인간적인 관계까지도 파괴하여 불신풍조의 조성, 사회적인 폐인의 산출, 일확천금의 사행심과 투기 및 도박심리의 조장, 과소비와 사치·향락 풍토의 조성, 유통질서의 대혼란, 산업인력의 유출, 거품경제의 유발, 직업에 대한 그릇된 인식의 확산 등 사회적으로 물의를 일으켰던 피라미드식 판매형태와는 다른 판매형태다.

주로 생활필수품을 중심으로 몇 단계의 방문판매, 통신판매, 회원제 판매방식 등이 있으며 톱다운(top-down) 판매방식으로 진행되는 것이 효과적이다.

건전한 판매와 구매방식으로 정착되기 위한 과제로서 '방문판매 등에 관한 법률'을 어떻게 이해하고 대응해야 하는가, 방문판매를 다단계판매로 어떻게 전환할 것인가, 다단계판매기법을 어떻게 도입, 채택할 것인가, 판매력 강화를 위해 마케팅, 유통, 판매전략을 어떻게 수립해야 하는가를 해결해야 한다.

그 효과는 단시일 내에 전국적인 판매망의 구축이 쉽고 판매망 확보시

9. 프로세일즈맨의 자질과 테크닉

사무실임대료 등 고정비용의 부담이 없으며 광고비와 판촉비용 없이 제품의 우수성에 대한 홍보를 극대화할 수 있으므로 잘하면 주부들과 직장인들의 개인부업이 쏠쏠하다는 점이다.

더구나 중간 유통과정이 배제되어 저렴한 가격으로 제품을 공급할 수 있으며 전국 지역판매망이 구축되면 종합유통회사로의 발전이 용이한 동시에 판매 경쟁력 선점을 위한 효율적인 판매시스템구축이 용이하다.

이때 계속하여 다단계를 함으로써 상위자만 이득을 취하고 중위자 특히 하위자는 막대한 피해를 입히는 경우가 없도록 한다면 다단계마케팅의 효율성은 매우 높아 일반화될 것이나 이들의 이익을 위해 가격을 높게 책정한다면 이 또한 문제점이 많아 그 한계성을 드러내게 된다.

신방문판매와 다단계 마케팅의 비교 분석

구　분		신방문판매	다단계 마케팅
판　매　원　측　면	판매원 수입	일정 한계 제한 (생계 유지 개념)	노력에 따라 무한상승 (부의 축척 개념)
	제도 특성	구속적(출근, 전업, 업무 할당)	자유로움(재택 근무, 판매에만 전념)
	마진율	낮음(본사 관리 비용분)	높음(유통 마진 전액 판매원 할당)
	주수입 원천	소매마진에 의존, 낮은 가격경쟁력	후원마진에 의존(사실상 소매마진 할인), 강한 가격경쟁력
	안전성	방문판매에 비해 안전성 면에서는 보완되었으나 수입 면에 큰 한계	일단 어느 정도 궤도에 오르면 윤택한 생활이 보장
	취급상품	최사 취급 상품 위주의 소수 상품	자사 제조상품 및 위탁상품을 복합한 다양한 상품 구색
	판매원 자격	엄격히 제한 (동일 성별, 연령 등)	무제한 (남녀노소, 직업 제한 없음)
	판매원 비전	조직에 소속된 영업사원	무한한 성장 가능성 지닌 자영사업가

	활동 목적	· 조직에의 소속(직업의 소유) · 생계해결의 수단	· 좋은 상품을 싼값에 사용(회원 메리트) · 크고 안정적인 부의 축적 · 이념의 공유
	활동영역	국내형, 기업 영역형 비즈니스	인터네셔널 비즈니스 지향
	후원 수당 의미	조직의 확장수단 및 안정적 수입기반	끝없이 증가되는 수입에의 도전
회사 측면	후원마진 재원마련	판매관리비 절감 문제와 갈등 지속	유통비용의 절감분으로 자동 충당 (사무실, 물류, 판매관리 비용 등)
	기업비전	중견기업 규모 자사상품의 유통 개념 국내 시장점유율 부심	대기업 지향 종합유통 지향 인터네셔널 비즈니스 지향
	소요자금	많음(본사, 지국 개발비용 등)	적음(본사, 물류센터, 교육센터에 제한)
	판매관리	관리조직 비대 매출액 향상에 따라 지속적 비용 증가	관리조직의 감량, 컴펙화 매출액 향상에 따른 추가비용 증가 없음
	판매원 교육	회사 전체 관장 루스한 판매망 형성 방지	자료의 표준화, 판매원 위탁교육 성격

출전) 김준녕 :「다단계 시장개방과 국내 방판업계 대응전략」. 계간 방문판매, 1994. 12. p.10, 12

◉ 방문판매는 방문자가 소비자를 방문하여 정보를 제공하고 직접 실험하여 설득한 후에 판매하는 방법이다.

소비자가 현관문을 여는 순간 바로 상대방에게 자신의 성명과 회사의 이름 및 직위, 판매상품의 종류 또는 제공하고자 하는 용역의 내용을 밝혀야 하는데 방문판매의 지나친 난립으로 인해 거절 당하는 경우가 많으므로 이를 극복할 수 있는 노하우가 필요하다.

판매실적을 올리기 위해 끈질긴 권유에 못 이겨 억지로 제품을 구입했거나 제조자 · 판매자 · 수금자가 달라서 피해보상을 받기 어렵고 간혹 소비자들이 견본이 아닌 팜플렛을 보고 구입할 경우 선전용 제품과 배달된 제품이 다른 경우가 있어 피해사례가 있다.

이 경우 상품구매 계약을 철회할 때는 10일 이내에 서면으로 신청하면 되나 이전에 확인하여 빨리 해결하는 것이 바람직하다.

네거티브 마케팅은 소비자의 주문 여부에 관계 없이 상품과 대금청구서를 우편으로 보낸 후 소비자가 일정기간(약 15일) 동안 거부의사를 명확하게 하지 않으면 일방적으로 상품을 구입하는 것으로 간주하는 '떠넘기기 판매방식' 으로서 아직 명문규정이 없지만 이 또한 고객을 보호하여야 이미지가 좋다.

그러나 일본의 경우 상품이 도착한 날로부터 14일까지 소비자가 상품구입 의사를 표시하지 않고 판매자도 그 상품을 인수하지 않으면 판매자는 그 상품의 반환을 소비자에게 요구할 수 없다고 '방문판매 등에 관한 법률' 제18조 제1항에 명시되어 있다.

② 목소리가 감미로운 텔레마케팅

이는 텔레커뮤니케이션의 개념으로서 효율적이며 효과적으로 조직화되어 운영되고 있는 마케팅시스템 가운데 하나이다.

즉 고도의 텔레커뮤니케이션 기술을 이용하며 높은 수준의 경영정보 시스템(MIS)을 구사하고 개인적인 판매기술의 이용을 강조하는 것으로서 원가절감과 고객과의 긴밀한 접촉을 유지하며 매출을 올려 비즈니스 전체의 생산성을 높이는 데 기여하는 것이다.

주로 시장조사, 신상품 확대, 고객의 니즈 파악, 전화판매, 주문접수, 고객의 정보서비스, 기업이미지 상승, 클레임 처리, 고객관리, 영업사원 지원, 중점지역 집중적 금융상품, DM광고, 지원판촉, 수급관리 등에 사용된다.

텔레마케팅의 장점으로는 즉시성, 충격효과, 개인적 접촉, 쌍방향 매체,

탄력성, 정확성과 통제 가능성, 접촉의 최적화를 들 수 있으며 단점으로는 호당 높은 단위비용, 불확실한 참여욕구, 남용으로 인해 반발이 크며 1회 용이라는 점이다.

그럼에도 불구하고 시장의 세분화, 광고와 판매비용의 증가, 전화보급률 향상, 컴퓨터와 통신산업의 기술발달로 성장하고 있으나 소비자의 태도로서는 사용의 편리성, 무료, 일괄서비스, 충동구매, 빠른 반응이다.

실천과정을 보면 마케팅 전략의 일환으로 채택하고 내·외부 서비스의 결정과 오퍼레이트 채용에 따른 교육 후 체계적인 스크립트(script)의 작성을 바탕으로 활용이 필요하다.

따라서 21세기형 상기법이라 불리는 텔레마케팅은 각 호가 측정되고 그 결과가 평가된다는 면에서 단순히 전화를 이용해 판매실적을 올리는 전화판매와는 달리 여러 활동들에 대한 분석이 세밀하게 이루어진다.

회사명과 전화의 목적 및 전화를 받고 있는 상대방의 상황과 이익을 분명히 말해주며 만약 상대방이 거부하는 원인을 파악한다면 더욱 좋고 통화를 끝낼 때는 다음 기회를 기약하는 화법을 이용해서 마무리를 잘해야 한다.

뚜렷한 목적의식과 상냥한 음성, 친절이 텔레마케팅의 생명이다. 너무 오래 통화하는 것은 상대방에 대한 예의가 아니며 간단한 질문 등을 통해 전화목적을 충분히 달성할 수 있는 테크닉이 필요하다.

그러나 텔레마케팅 또한 지나치게 남발하고 있어 극심한 정신적 피해를 일으키는 등 많은 문제를 발생시켜 오히려 역효과를 낳고 있으므로 앞으로 이에 대한 연구 개선이 시급하다.

10. 톱프로세일즈맨 매니저가 되는 길

"중견 간부가 회사의 성장을 좌우한다"라는 말이 있다.

기업의 허리라 할 수 있는 간부는 창조성과 엄격한 자기관리 아래 민주적이고 강력한 리더십으로 상사의 지침에 따르고 의사결정이 올바르게 진행되도록 자료제공과 제언을 하며 부하가 의욕을 갖고 일을 추진하게끔 지도편달과 평가 및 관리를 하여 목적을 달성할 수 있도록 한다.

더구나 프로세일즈맨의 세계에서 매니저가 되는 길은 매우 험난한 고지를 점령하는 것처럼 힘겨운 일이나 도전해 볼 만하다.

1) 프로영업관리자의 관리기법

① 프로영업관리의 역할과 과제

조직의 목적은 일사분란한 명령계통을 유지하는 그 자체에 있는 것이 아니라 경쟁에서 살아 남고 창조적으로 성장, 발전시키기 위해 경영자원을 효율적으로 결합하는 데 있다.

따라서 영업관리는 팀을 적절하게 관리하고 지도함으로써 관련부문과 밀접한 연대관계를 맺으면서 판매목표와 이익목표를 동시에 달성하는데 전력을 다해야만 한다.

즉 지도와 육성은 물론 동기를 부여하고 평가하며 리드하는 역할을 하게 되므로 무능한 부하직원이라도 훌륭한 팀장을 만나 적절한 조율과 지도를 받는다면 훌륭한 세일즈맨이 될 수 있도록 지도육성을 해야 한다.

영업관리자는 주요 임무인 조직, 이익, 신용, 판매목표, 단골 확보, 매장, 지도, 행동, 정보 등을 가장 능률적이고 효율적으로 수행할 수 있도록 업무와 그에 따른 변수를 검토하고 책임을 다해야 한다.

영업관리자의 업무내용

구 분	내　　　용
계획화	목표설정, 실천전략 수립, 일정표 작성, 업무량 조절
진행	권한이양, 교육훈련, 리더십, 동기부여, 영업기법지도, 갈등관리
검토, 대책	성과측정, 실적과 목표원인분석, 대책 강구

ⓒ Chae Soo Myung 65

영업활동상 지원사항으로는 내근 활동의 활성화(회의, 사무, 전화), 설득

기법의 효율화(언어, 태도, 복장, 교양), 시간활용의 효율화(짧고 간단 명료)를 집중적으로 지도·육성하는 것이 효과적이다.

특히 조직은 인원배증, 예산배증, 기구배증이 불가피하나 그렇다고 이를 수용하기보다는 어떻게 하면 효율적으로 운용할 수 있는가를 고민하여 근본적인 문제를 해결해야 한다.

기업 병폐의 원천은 창의성과 도전정신이 사라지고 현실타협적인 무사안일주의에 빠져 스스로 무덤을 파는 격이므로 관리지향조직에서 창조형조직으로, 톱다운조직의 전략주도형조직에서 보텀업의 전략창조형 조직으로 지향하여야 한다.

지위가 높아질수록 전략적인 사고와 능력을 향상시켜야 하고 창조성이 없는 전문가는 로봇형에 불과하며 그 개선과 함께 현대전은 총력전이므로 항시 연구하고 분석하여 문제점을 조기에 발견하여 예방하기 위해 핵심역량을 기르는 노하우가 필요하다.

이를 위한 관리기법으로는 구체적인 사실에 초점을 맞추고 편안한 분위기를 조성하여 시기 적절한 동기를 부여해주고 능동적으로 경청하며 팀원의 자존심을 존중하며 칭찬과 질책을 적절히 구사하는 등 전체와 개인 성격에 따라 효과적으로 지도·관리하는 것이 바람직하다.

영업관리과정

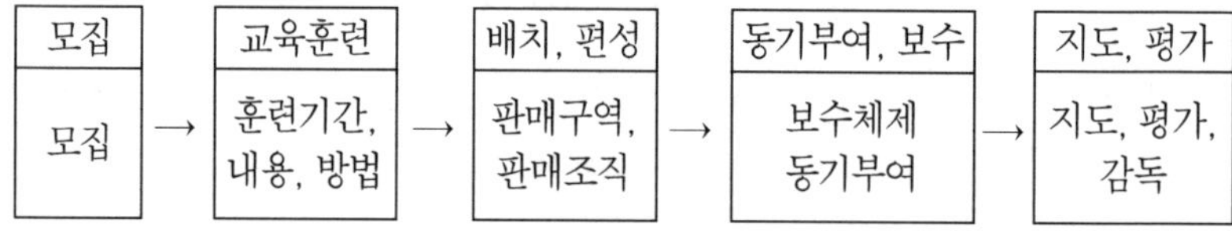

따라서 관리자는 개인이 아닌 팀장으로서 강력한 리더십을 가지고 부하들로부터 존경받을 수 있는 능력을 키우기 위해서는 항상 현상에 대한 의문을 갖고 고정관념에서 벗어나 각각의 목적에 맞는 최선의 방법을 발견

영업관리의 강조점 변화

구분	생산지향	판매지향	마케팅지향	인간지향
연대	1970년대	1980년대	1990년대	2000년대
특성	개인적 기술	과학적 세일즈맨십	전문가 기질	자기 달성
판매관리 강조점	엄격한 감독과 통제	확충된 책임	전략과 이익	종합적 인재개발
판매목표	이윤추구	이윤극대화	고객만족	문화창달

하는 동시에 적극적인 자세로 목표를 추진함으로써 판매활동의 강화를 꾀해야 하는 것이다.

② 프로영업관리자의 능력향상기법

오늘날 시대상황으로 볼 때 간부는 팀의 경영자이자 책임자로서 스스로 기획을 수립하고 이를 수행하는 전략가이자 실천가가 되어야 한다.

또한 어떤 문제라도 해결할 수 있는 자질과 능력을 키우고 긍정적이고 적극적인 사고와 행동으로 무에서 유를 창조할 수 있는 개척자인 동시에 만능가로서의 영업사단장이 되어야 한다.

이를 위해서는 창조성과 엄격한 자기관리 및 민주적이고 강력한 리더십을 갖고 성실과 노력, 진취성, 결단력 때로는 관용의 소유자로써 항시 조사 분석 등 연구하는 습관을 가져야 하는 것은 당연하다.

아무리 유능한 관리자라도 팀원이 따라주지 않거나 팀워크가 제대로 이루어지지 않는다면 업무를 추진해나갈 수 없으며 그렇다고 해서 개성과 능력을 무시하거나 무조건적인 평등을 강요한다면 의욕상실은 물론 조직 전체가 침체되기 때문에 적절한 능력개발과 팀의 조화를 이룩해야 할 것이다.

설득은 분위기에 맞는 테크닉이므로 상대방의 이야기를 듣고 설득 포인트를 발견하여 비슷한 체험담을 들려주고 가정법을 사용하며 상대가 좋아하는 사항을 활용하고 격언이나 속담, 명구 등을 섞어 말하며 상대방의 결함을 들추지 않고 기분을 북돋우어주고 흥분하지 않아야 한다.

인과관계에서 상대방이나 분위기를 리드한다는 것은 전체와 개인의 심리적·물리적·환경적인 면이 극히 다양하기 때문에 매우 어려운 일이다.

사람을 리드하는 10훈

① 상대방의 호감을 살 것(명랑, 겸손, 진지, 청렴)

② 일하기보다는 일을 맡기고 능력을 발휘하도록 할 것

③ 인재를 육성할 것(칭찬, 지도, 격려)

④ 부하의 의견을 수렴할 것(자발적 협력 유도)

⑤ 반대의견도 경청할 것(잘못된 것은 설득을 통해 지도)

⑥ 상대방에게 성과를 줄 것

⑦ 실패나 과실·원인을 규명하거나 비호하지 말 것

⑧ 언제나 공평할 것

⑨ 적절한 융통성이 있을 것

⑩ 부하의 기대감에 충족되도록 노력할 것

ⓒ Chae Soo Myung 66

업무를 수행하거나 팀 간의 관계에서는 즐거운 일보다 힘들고 어려운 일이 많으며 곤경에 빠지는 경우가 대체로 많다.

이때의 극복방법은 최후까지 불가능하다고 생각하지 말고, 문제를 단순화하여 파악할 것, 육감과 숫자를 활용할 것, 주위의 능력을 집중시킬 것, 사고와 행동을 긴밀하게 융합시킬 것, 후속대책을 강구하고 이를 승화시킬 것, 수습책에 최선을 다하는 것뿐이다.

사람이 사람을 리드하는 것만큼 어려운 일도 없을 것이나 감정보다는 일정한 원칙을 가지고 융통성을 발휘하여 적시적소적량으로 리더십과 동기 부여를 이룬다면 기대 이상의 효과를 얻을 수 있다.

뉴리더는 혁신적이고 합리적인 사고방식을 보유한 온건개혁의 주도자로서 경영자원의 운영자로서 일과 사람을 다루는 능력이 탁월하기 위해서는 무엇보다도 창조적인 인재를 개발육성하는 등 끊임없이 자기혁신의 관리경영이 필요하다.

더구나 20세기 말 대량 생산체제가 붕괴되면서 대기업에 우수한 인재가 모였던 시대가 지나가고 있어 성장의 한계성이 드러나고 있다는 사실은 새로운 시대변화의 틀을 주목하여야 한다.

이런 점에서 오케스트라의 지휘자와 같이 개개인의 특성을 살펴 육성해 주는 조련사로서의 프로근성이 필요하다.

2) 강력한 리더십과 동기부여 및 보상체계

① 민주 · 카리스마적인 리더십과 신바람 동기 부여

리더십은 어떤 조직 속에서 영향을 미치는 지도자와 영향을 받는 구성원들 사이에 형성되는 동태적인 십난기능 관계를 말한다.

이는 사회가 변화함에 따라 세대간의 사고와 행동은 더욱 구별되고 개인차도 커져 리드하기가 점점 어려워질 수밖에 없는 상황으로 가고 있다.

그러나 팀원이 신뢰와 열정을 갖고 근무하게끔 하는 것은 경영관리자의 기능이며 부하가 공통의 목적을 향해서 자발적 또는 의욕적으로 협동하게끔 지도하는 한편 합리적인 평가를 통해 조직 전체의 효율성을 제고시킬 수만 있다면 어려운 일은 아니다.

이를 위해서는 권한이나 책임체제가 명확한 건전조직을 형성해야 하며 인재의 적정 배치, 능력개발, 전사적으로 신속하고 효과적인 커뮤니케이션의 체제가 확보되어야 하는 동시에 기업의 목표나 방침의 합리성은 물론 효과적으로 기업을 통제하는 제도가 확립되어야 한다.

전제형과 민주형 리더십의 비교

구분	전제형(전통적)	민주형(현대적)
감독	부하직원 쫓아다니며 감독	원격관리와 부하행동의욕 가미
지도 태도	『내가하는 대로 해라』	『우리와 함께 일하자』
	소극적, 지시적	적극적, 협조적
	위협적(지시)	지도(후원, 참여)
중심	개인 중심(이기주의)	우리 중심(공동의식)
책임	부하직원	리더
기타	권위주의적(수직적)	평등주의적(수평＋수직)
	독재적	협조적
	리더 중심적(정보제한)	집단 중심적(정보공유 · 개방)
	생산 중심적(기능단위)	조직원 중심적(업무 프로세스 단위)
	구속적(통제 · 제한)	자유적(자율적 부여로 책임)

지도자가 리더십을 발휘하기 위한 조치로는 팀원의 모티베이션 수준과 관리상 결정의 질적 수준 및 협동의 팀워크, 근무의욕 수준의 제고 및 개인적인 개발의 촉진 등이 있다.

동기부여는 목표달성을 위한 조직원의 지속적 노력을 통하여 높은 성과를 달성하기 위한 것이므로 조직원들이 그 직무를 하고자 원해야 하고(동기 부여), 할 수 있어야 하며(능력), 직무를 수행할 수 있도록 장비와 재료(환경) 등이 갖추어져야 한다.

리더십의 유형

	직업에 관한 관심 (저)	직업에 관한 관심 (고)
조직원에 대한 관심 (고)	예) 성공적인 판매 집단의 팀장 작업(저) 조직원(고)	예) 대기업의 경영자 작업(고) 조직원(고)
조직원에 대한 관심 (저)	예) 연구·개발실의 팀장 작업(저) 조직원(저)	예) 조립생산 라인의 팀장 작업(고) 조직원(서)

즉 원만한 노사관계, 의사결정의 합리화와 리더십 제안제도, 근무환경 개선, 인재육성, 경영참가제도, 성과급제도, 효율적인 인사관리, 적정임금, 권한과 임무 및 책임완수, 경영혁신과 생산성 향상 등 인간관계와 후생복지 등이 융합되어야 한다.

참여, 성취, 대가인 '보람의 일터운동' 이야말로 가장 이상적인 조직인 것이다. 개인의 발전과 조직의 발전을 이루기 위해서는 주기적인 직무만족도를 조사한 후 그에 따른 적절한 동기부여가 필요하다.

기업경영의 생산성 향상은 기업성과의 향상을 의미하는 것인데 이는 인적 요소와 물적 요소의 결합으로 이루어지므로 그 중에서도 인적 성과는 매우 중요한 핵인 것이다.

직무 성과 공식

$$P = f(M. A. E)$$

· P(performance : 직무 성과) · A(ability : 능력)
· M(motivation : 동기 부여) · E(environment : 환경)

· 지식×기술=능력 · 환경×태도=동기 부여

· 능력×동기 부여=인간 성과 · 인간 성과×물적 요소=기업 성과

② **판매원의 보상체제와 평가**

특히 보상체제는 가장 민감한 요소가 될 수 있으므로 체계적이고 과학적인 규정과 합당한 지급으로 불만을 제거하며 동기 부여를 해주는 일이 필요하다.

판매원은 일반부서와는 달리 자유스러우면서도 이직률이 높고 고객과의 만남 속에 제품판매를 위해서 다각적인 노력을 해야 된다.

판매원들의 자극방법

구 분	내 용
생활의 안정화	생계안정(급여의 보증, 퇴직금제도의 확립, 부당한 퇴직이나 해고를 하지 않는다는 보장)
양호한 기업분위기	의무와 권한 및 책임소재 명확, 인적 판매분위기 조성, 다양한 동기 부여
다른 사람으로 부터의 인정	제안제도의 포상확립, 판매원들의 건전한 클럽조직, 경력 인정
적당한 경쟁유도	판매경진대회 개최, 책임판매액의 구체적인 방법지도 모색
승진	긍정적인 승진제도 마련, 적재적소주의, 신상필벌주의
자신의 능력계발	체계적인 판매원 훈련실시, 신판매방법의 연구와 도입, 자기개발노력의 지원, 스트레스해소법, 갈등관리, 건강지도, 개인고민상담 해결방안책 마련, 기타
사회적 공헌	상품과 서비스의 사회적 공헌도, 고객만족기법 증진

판매원들의 보상체제 중에서 월급제는 관리와 인건비의 예측이 쉽고 판매원의 사기가 평균화된다는 장점과 자극 결여, 감독·부담의 증대라는 단점이 있으며, 커미션제는 금전적 자극과 판매시간이 조절 가능하다는

장점과 관리비의 과대 소요, 판매부진시 사기가 저하되는 단점이 있다.

반면에 월급과 인센티브를 혼합한 혼합제는 판매원의 노력에 달려 있으므로 관리자가 판매원의 비판매업무까지도 다소 통제할 필요를 느낄 때 매우 효과적이다.

사람이 사람을 평가한다는 것은 매우 어려운 일이므로 주관적인 감정이 아닌 객관적인 데이터로 평소의 평가를 통해 발전을 위해 조언해주며 공정하고 투명한 인사고과가 이루어져야 효과를 거둘 수 있다.

영업의 평가요소

구　분	내　　　　　용
기본자질	기본성, 능력향상, 성실성, 근면성, 창의성, 건강, 근무만족도, 이미지 메이킹, 신뢰성, 자기계발 혁신
판매결과	판매량(전체제품, 거래점포별), 할당 달성률(양과 금액, 전체, 제품별, 거래점별, 판매수익성, 신규, 고객), 판매비, 판매 수익성
판매관련 활동	신규고객 개척, 방문횟수(전체, 고객종류별), 방문 중의 상담과 처리상담, 불평 불만의 조사, 판매서비스와 엔지니어링, 판촉과 상품화, 도매점 제고의 검토, 가격검토, 시행, 보고서 작성, 업무처리시간 대 낭비시간, 상담시간 대 다른 업무시간
조직관계	회사이해, 경영방침, 팀워크, 이해자 집단과의 인간관계

ⓒ Chae Soo Myung 68

평가방법에는 시간별 판매량의 확정과 다른 판매원 및 자신의 과거 실적과 비교 또는 기간별 할당 달성률과 다른 판매원의 달성률을 비교하는 판매분석과 판매비 분석, 수익성 분석이 있다.

판매 및 유사분석으로는 기간 내에 수행한 일정한 활동횟수, 소요시간, 비용의 결정과 표준, 다른 판매원 또는 과거 실적과의 비교가 있으나 평가

257

를 위한 평가보다는 긍정적인 발전을 위한 평가가 필요하다.

3) 흥겨운 이벤트 장터 한마당

① 이벤트의 본질과 분류

이벤트 축제의 한마당은 입체적인 광고와 적극적인 자발성을 유도함으로써 쉽게 공감대를 형성하며 정보의 전달과 수용이 쉽게 이루어지므로 세일프로모션이나 PR활동에 크게 기여한다.

이벤트란 특정 목적을 갖고 특정 기간 안에 특정 장소에서 이루어지는 그 대상이 되는 사람들에게 개별적이고 직접적으로 자극과 참여를 통한 체험의 미디어활동이다.

이벤트의 효과

구 분	내 용
직접적 효과 (영리목적)	이벤트 제작으로부터 경비를 받는다.
간접적 효과 (지명도 향상)	기업의 이미지 구축과 지명도 향상으로 사회적 존재를 소구하여 상품의 판매를 촉진시킨다.
부차적 효과 (활성화)	조직원들의 참여의식을 고취시킨다. 또 지역사회의 활성화를 통해 기업이윤의 사회환원이라는 효과를 얻는다.

때문에 일상적인 의식변화를 가져오는 모든 행위와 상황에 대한 발견의 장이므로 흥겨운 이벤트 장터 한마당을 마련하여 제품의 직·간접적인 판촉활동과 사회봉사 그리고 공익이벤트 개최로 기업이미지를 구축하기 위한 단기적인 노력이다.

이를 위해서는 기업에 부합되는 독특한 이벤트를 기획하여 소비자들이 함께 참여하고 호흡하면서 단기적인 제품 판매촉진은 물론 장기적인 기업 이미지를 제고시키기 위해서 이벤트가 활성화 될 것이다.

이벤트의 분류

- **주제자별** : 공공이벤트로는 정부, 공공기관, 지방자치단체 등에서 실시하는 공익을 위한 각종 박람회, 체육행사, 문화예술행사 등이 있고 기업이벤트로는 판매촉진을 위한 흥미유발과 구매 및 기업홍보를 위한 각종 행사가 있으며 사회이벤트로는 각종 사회단체나 개인의 문화행사가 있는데 친교활동으로서 문화수준 향상과 만남의 장이 되게 한다.
- **형태(장르)별** : 박람회(국제, 지방), 전시회(미술, 공예, 수예, 서예, 꽃꽂이), 문화행사(축제, 음악제, 영화제, 연극제, 스포츠), 회의·세미나(세미나, 워크숍, 심포지엄, 회의), 세레머니 리셉션(기념식전, 파티), 콘테스트(미인, 논문, 기능), 전통행사 등이 있다.
- **생활자** : 보는 즐거움과 오락·교양의 감상형, 행동하고 창조하는 체험형, 참여의 기쁨을 주는 귀속형(회의, 파티), 참가의 기쁨인 현시형(스포츠, 콘테스트), 정보를 입수함으로써 기쁨을 주는 이득형(회의, 전시회)이 있다.
- **시간성** : 1회로 끝나는 일과성, 일정한 주기로 실시하는 주기성, 연중 개최하는 상설이 있다.

② 이벤트의 진행절차

◉ 기획단계 : 목적설정, 테마와 컨셉의 설정

◉ 기본기획 : 행사시기와 일정, 접객의 대상, 형식, 개요, 행사장소, 예산, 조직

◉ 실시계획 : 실시개요, 행사장(현수막, 애드벌룬, 기념탑 등), 전시, 행사 개최, 예산, 운영, 기획 최종 체크(목표이해, PR방법, DM, 배포와 대상

259

선정, 책임자, 일정, 보도관계)

● 실시 : 운영매뉴얼, 진행표, 설치운영, PD회의, 리허설, 행사실시, 철거

● 사후관리 : 데이터 정리, 보고서 작성, 품평회 실시

이벤트 체크리스트

구　　분	내　　용
누구에게 (세대와 속성)	연령, 여성, 아동, 직장여성, 가족, 노인, 유아, 학생, 남성, 주부, 주민, 취미
무엇 때문에 (세일즈, PR이벤트)	내적, 외적, 지역, 직영
무엇을 (주제별, 계절별, 대상별)	스포츠, 미술, 심포지엄, 토론회, 패션쇼, 축제, 강습회, 페스티벌, 운동회, 기중, 콘테스트, 콩쿠르, 콘서트, 전시
언제, 어디서	일시, 장소
어떻게 (사후)	사람들이 얼마나 모였으며 참가자들의 반응과 목표의 달성 여부 파악 및 금후의 전개상황 예측

　이벤트 장소선정은 가능한 한 접객대상이 되는 사람들이 평소에 많이 찾는 권위 있는 장소(농구장, 야구장, 대학로, 명동, 롯데월드, 서울대공원, 유원지, 백화점, 한강고수부지, 학교)가 좋고 타깃층과 친밀성이 있어야 하며, 지명도가 높아야 한다.

　또한 이벤트 실현 가능성과 기대감이 있어야 하며 교통이 편리하고 프로그램 진행과 연출이 가능하고 대상인원과 계절 및 날씨를 고려해야 하며 장소 섭외 비용, 설치물, 인·허가조건과 안정성을 고려하여 보다 편안하고 고급스러우며 자유스런 분위기가 좋다.

11. 기업이미지는 구매행동의 열쇠

사람도 첫인상이 중요하듯이 그 동안 직·간접으로 누적된 총체적인 이미지가 결정적인 시기에 행동으로 나타나 효력을 발휘하기 때문에 기업이미지는 매우 중요한 것이다.

우호적인 기업이미지는 내적으로 사기앙양과 동기부여, 단결심을 고취시키는 등 기업문화의 일환으로서 생산성을 향상시키고 외적으로는 관계기관으로부터의 신뢰도 향상과 소비자들의 판매촉진을 가져와 이윤증대를 꾀하여 원활한 기업활동을 가능하게 한다.

일류만이 살아 남는 국제화시대에 적응하려면 우호적이고 강렬한 이미지 구축을 위해 체계적인 연구와 다각적인 노력을 기울여야 한다.

1) 기업이미지의 개념과 효과

① 기업이미지 개념과 구성요소

최근에는 기술개발과 정보가 발전하면서 기업간의 기술격차가 감소하고 상품이 균일화되어 타사의 상품 및 서비스와 차별화가 곤란해짐에 따라 소비자들은 가격과 성능보다는 기업이미지가 좋은 상품과 서비스를 선호하게 되어 결국은 구매행동으로 옮겨가는 추세에 있다.

즉 신제품으로서 잘 알려지지 않은 제품이나 사용계층 등을 나타낼 경우에는 브랜드이미지가, 경쟁이 심한 제품이나 성숙기의 제품에는 제품이미지가, 제품이 평균화되어 차별적 특성이 없는 경우에는 기업이미지가 중심이 되어 판매촉진을 일으킨다.

기업이미지

제품이미지(제품기술과 품질, 디자인)＋브랜드 이미지(브랜드인식)＝기업이미지 (총체적인 기업인식)

ⓒ Chae Soo Myung 69

기업이미지를 구성하는 요소는 기업의 모든 활동에서 나타나기 때문에 매우 포괄적인데 이에는 실제적이고 고정적인 이미지, 고정적이고 유동적인 이미지, 이념적이고 유동적인 이미지, 관념적이고 유동적인 이미지가 있다.

그 구성요소로는 제품(품질, 성능, 디자인, 포장, 색채, 브랜드, 가격), 기술(기술력, 연구개발력, 기술과 시설투자 정도), 마케팅(서비스, 광고, 홍보, 유통, 판매촉진 방법), 사풍(기업의 청렴성, 인재육성, 근무분위기와 조건, 노사문제, 후생복지, 동기 부여, 구성원의 행동), 경영(경영전략,

전문성, 시설투자, 진취성, 경영혁신 정도, 장래성, 성장발전성, 신뢰성, 안정성, 역사와 전통, 기업의 규모와 내실화, 재무구조)이 있다.

이밖에 사회관계 기여도(공헌도, 사회봉사, 환경보호, 수출 기여, 국가 발전 기여, 지역사회관계와 봉사, 사회적 책임), 소비자관계(소비자 보호, 애프터서비스, 서비스와 친절 정도), 환경적응(자유화와 개방화 대책, 국제경쟁력), 경영자(자질, 능력, 도덕성, 사회공헌도), 기타(기업명, 슬로건, CI, 여론 형성) 등은 영향을 끼친다.

우호적인 기업이미지는 기술수준의 향상으로 제품구별이 어려운 시장구조 상황에서 제품의 차별화를 꾀하여 소비자의 상품 구매의사결정에 큰 영향을 준다.

그리고 기업의 신뢰, 발전, 안정, 후생복지 등의 긍정적 기업이미지는 사회적으로 자금조달과 리쿠르팅(입사) 효과를 불러일으키며 사내의 조직원과 협력업체 및 거래점들의 사기앙양은 물론 자부심, 긍지심을 주어 업무의 능률향상을 꾀할 뿐만 아니라 이직률과 노사분규를 줄이는 등 여러 가지 효과를 일으킨다.

국가 이미지 비교

• 1993년 6월 「국가 이미지의 중요성」을 TV의 수출에 비유해서 분석·평가한 결과, 국제사회에 처한 나라의 경쟁력은 국력이라는 실체적인 힘 외에는 그 나라의 총체적인 대외이미지에 의해 좌우된다는 결론을 얻어냈다.
미국시장에서 한국산 TV의 실제 품질가격은 358달러인데도 300달러에 판매되어 58달러의 손실을 보는데 비해 일본산 TV는 실제 품질가격이 413달러인데 500달러에 판매되어 87달러의 이익을 보고 있다.
한국산 TV가 일본산 TV보다 훨씬 싼값에 팔리는 이유 중의 가장 큰 원인은 바로 외국인들에게 비친 한국이라는 총체적인 국가이미지가 낙후되어 있기 때문인 것으로 분석된다.

11. 기업이미지는 구매행동의 열쇠

② 기업실체와 기업이미지의 관계

기업실체란 기업 자체가 존재한다고 하는 관념상의 가정을 말하는 것으로 내부적인 현상을 의미한다는 점에서 기업이미지와 일치하는 것이 바람직하다.

기업실체의 유형

구 분	내 용
관념적 실체(mind identity)	기업명, 기업이념과 경영철학 및 방침, 슬로건, 기업심
행동적 실체(behavioral identity)	경영자와 조직원의 행동, 기업문화
시각적 실체(visual identity)	심벌마크, 로고타이프, 차량류, 유니폼, 서식류 등 디자인

기업실체와 기업이미지의 관계

- **정체** : 기업실체와 기업이미지 모두 문제가 있는 것으로 경영의 부진을 초래한다.
- **허위** : 기업실체는 문제가 있지만 기업이미지는 이상적인 것으로서 좋은 기업이미지가 선행되어 일시적으로는 좋은 경영결과를 낳을 수도 있으나 경영노력이 따르지 않으면 위기에 빠질 위험이 있다.
- **정보화 부족** : 기업실체는 이상적인데, 기업이미지에 문제가 있는 것으로 경영노력이라는 우수한 실체가 있음에도 불구하고 그것이 정보화되어 있지 않았기 때문에 좋은 경영결과가 지속되지 않고 있다.
- **양호** : 기업실체와 기업이미지가 모두 이상적인 것으로서 좋은 경영결과를 초래한다.

제3장 마케팅 핵심 요소

2) CI본질과 효율적인 방법론

① CI본질과 도입방법

CI(corporate identity)는 기업이미지의 일부분인데 여기에서 Corporate란 '법인, 조직의, 단체의' 라는 뜻이며 Identity는 '아주 똑같은, 일치, 주체의식, 주체성' 을 의미한다.

Identity의 개념

구 분	내 용	구 분	내 용	구 분	내 용	구 분	내 용
철 학	주체성	심리학	동질성	사회학	존재증명	법 학	법적보호
경영학	기업전략	마케팅	기업활동	디자인	조형성	미 학	심미성

© Chae Soo Myung 70

올바른 CI란 기업의 모든 활동과 그 활동방법의 총체이며 기업에 대한 대중인제의 총체로써 좋은 경영결과를 가져오기 위한 경영이념 및 경영행동의 자기이식회로를 창조해나가는 것이다.

더구나 영업부진을 타개하기 위해 내적으로는 조직원의 정신자세를 일신하고, 외적으로는 소비자에 대한 이미지를 쇄신하기 위한 마케팅전략이므로 단순한 미용술이 아니라 건강한 기업이미지를 창출해내는 모든 활동으로서 기업이 대중에게 식별되기 위해 선택하는 모든 방법의 총체다.

경영목적에 부합되는 이상적인 이미지 목표를 설정하고 이것을 현실화하기 이한 마케팅노력을 수반하는 적극적인 정신계발의 행위이며 경영환경을 유리하게 하기 위한 커뮤니케이션을 창조하는 테크놀로지의 체계로 급변하는 기업환경에 적응하기 위해 기업이미지를 확립시키는 종합마케팅 전략기법이다.

11. 기업이미지는 구매행동의 열쇠

따라서 CI는 디자인통합을 통해 기업이미지를 창출하고 개선하는 자기 표현 중심형에서 과감히 벗어나 마케팅전략 측면에서 관계지향형 자기혁신운동으로 이해하는 동시에 미래전략 지향형으로 변신해야 한다.

CI의 미시적인 시스템

구 분	내 용
기본편	기업명, 심벌마크, 로고타이프, 코퍼레이트 컬러, 슬로건, 마스코트
응용편	시그니처(심벌마크와 로고타이프의 조합), 서식류(명함, 봉투, 서류양식), 전용서체(한글, 한문, 영문, 아라비아숫자, 부호), 깃발(옥내, 옥외), 유니폼(사원, 운동복, 선수용, 기타 의복), 차량류, 사인류, 기타
환경편	건물, 디스플레이, 슈퍼그래픽, 간판, 기타

ⓒ Chae Soo Myung 71

CI도입의 형태로는 추종적 도입과 개량적 도입 및 혁신적 도입이 있다. 이 중에서 우리 기업은 지나치게 추종적 도입과 혁신적 도입 방법을 채택함으로써 CI의 무분별한 추종적인 도입은 충분한 사전준비와 뚜렷한 목표의식의 부재뿐만 아니라 그 동안의 장점을 포기함으로써 결국 혼란을 가져오는 경우가 많았다.

따라서 올바른 CI의 도입을 위해서는 철저한 사전준비를 통해 필요성, 범위, 시기 등에 대한 경영진과 전 조직원의 합의가 이루어져야 한다.

아울러 정신운동과 기업문화운동으로 승화될 수 있도록 하기 위해서는 추종적 도입보다 장점을 최대한 살리고 단점을 보완하면서 기업 내외부의 호응을 받을 수 있는 개량적 도입에 혁신적 도입을 첨가하는 것이 가장 바람직하다.

오랫동안 직간접으로 구축해놓은 기업이미지를 새롭게 바꾼다는 것은 매우 중요한 의미를 가지므로 장점을 최대한 살려 혁신하되 문제점이 많을 경우에는 과감한 혁신을 이룰 때 효과적이다.

CI를 도입하는 시기는 자사가 처한 여러 가지 경영환경과 목표에 따라 다르겠으나 일반적으로 회사의 설립과 합병 및 그룹의 결성이 이루어질 때, 국제화시대의 대응책과 시장 경쟁력의 강화책, 사업내용의 확대와 다각화 전개책, 경영진의 교체와 신노선 강조, 브랜드명의 사명 승격과 사명의 변경시에 추진한다.

이 밖에 부정적인 이미지를 해결하고 기업이미지를 탈바꿈할 때, 경쟁사가 CI를 도입하여 호응을 얻은 경우, 사업부진의 타개책, 기업문화혁신의 일환책 등이기 때문에 이를 바탕으로 가장 합리적이고 효율적인 접근이 요구된다.

② CI의 문제점과 발전방안

• 조사에 의하면 미국의 지적소유권협회에서는 국내의 100여 개 기업체를 대상으로 심벌마크 유사성에 대한 제소를 준비중이다.
만약 여기에서 패소 당하면 막대한 경비와 기업이미지의 실추가 예상되므로 철저히 점검하고 문제가 있다고 진단되면 빠른 시일 내에 바꾸는 것이 바람직하다(채수명, 〈국내기업 CI문제점과 개선방안〉, 서울대학교 경영연구소, 서울대학교 한희영박사 정년기념논문집, 1993. pp. 281~296)

CI는 기업목표와 방침 및 미래상에 부합되는지의 여부, 마케팅 활동상 유리하며 풍부한 연상성, 현대성과 첨단성을 가지며 유행에 좌우되지 않을 것, 업계에서의 시각적 차별성이 있어야 한다.

또한 기업문화와 PI(personal identity)의 충실한 반영 및 사내 호응도, 시스템 측면에서의 전개력과 조화력, 국내외적으로 유사 여부 확인과 특허 문제, 소비자들로부터의 친근감과 기억성 등을 체크하여야 한다.

　CI만 도입하면 자동적으로 기업이 성장한다는 사고는 매우 위험하다. CI는 영속적인 작업이므로 전사적인 과제로 설정하고 변화하는 기업환경에 능동적으로 대처하는 슬기와 창의적 정신을 기름으로써 CI가 진가를 발휘하도록 해야 할 것이다.

　이런 점에서 앞으로는 디자인측면에서 이루어졌던 CI가 대부분 실패를 함에 따라 근본적이고 총체적인 마케팅측면에서 다시 개발될 것이며, 디자인 성형술보다는 마케팅측면에서 기업철학과 비전을 중시할 것으로 전망된다.

　특히 기업의 얼굴이자 상징인 심벌마크는 구상, 추상형에서 국제화시대를 맞이하여 기업명을 이용한 워드마크로 변신하고 있는 추세이며 디자인보다는 마케팅경영철학을 담아야 더욱 효율적이다.

CI발전 예상도

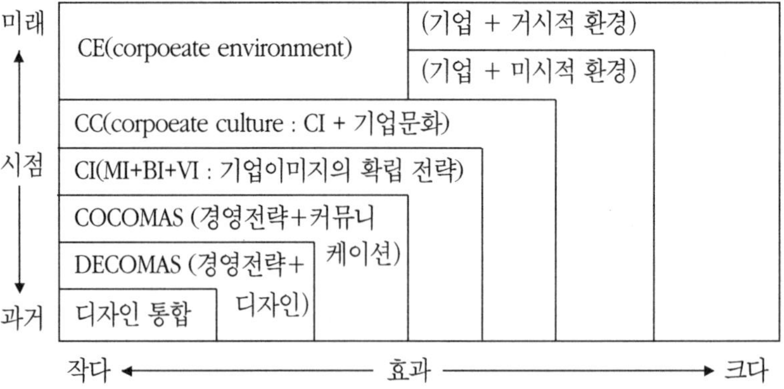

ⓒ Chae Soo Myung 72

CI(주체성, 경영전략) → CI이미지, 마케팅전략) → CI(혁신, 경영마케팅전략 시나리오) → CI(감동시키다)

© Chae Soo Myung 73

　기업이미지는 소비자 구매행동의 열쇠가 되므로 제품경쟁에서 기업이미지경쟁으로 변신하기 위한 종합적인 계획이 절실하다.

11. 기업이미지는 구매행동의 열쇠

12. 고객만족은 재구매의 지름길

마케팅(고객) 중심적인 오늘날 점점 만족과 감동에 대한 욕구가 강해져가고 있는 것은 그만큼 고객의 수준이 향상되었으며 욕구가 다양해졌다는 증거이다.

소비자가 일반적으로 만족을 느꼈을 경우에는 고정 고객화하고 새로운 고객을 창출해내는 등 매출신장과 기업이미지에 큰 기여를 하지만 그렇지 않을 경우에는 정반대의 결과가 초래된다.

이제는 고객만족 실천의 시대이므로 경쟁우위와 새로운 경영구심력을 창조하고 고객만족경영이라는 영속적인 성장의 원천이 될 것이다.

1) 고객만족의 변화와 구성요소

① 고객만족의 시대변화

고객만족(customer satisfaction : CS)은 자사가 제공한 제품과 서비스에 대한 고객의 불만족을 신속하게 개선하여 고객으로 하여금 만족의 극대화를 누리도록 하는 기업활동이다.

따라서 고객만족은 경영의 수단과 기법이 아니라 기업의 의무이자 경영의 핵심이므로 '기업의 최종상품은 고객만족' 이라는 점에서 이를 조직적으로 계속 조성하는 경영실천을 위해서는 고객만족에 대한 정기적·정량적인 측정을 통해 경영시스템을 확고히 구축하는 것이 바람직하다.

또한 그 결과를 경영자가 앞장서서 쇄신하고 고객만족운동이 낡은 애사심이나 귀속의식, 주인의식을 대신하는 새로운 시대에 맞는 경영구심력이 될 수 있도록 유도하는 동시에, 전사적인 마케팅활동으로 연결시킬 때 그 효력이 발생할 것이다.

고객만족의 시대비교

구 분	시장미성숙시대	시장성숙시대
수요·공급 관계	수요 〉공급	수요 〈 공급
경영기본자세	기업만족 우선	고객만족 우선
경영실천	기업이윤 우선	고객만족 우선
시장주도권	기업	소비자
힘의 관계	기업이 고객 선택	고객이 기업 선택
시기	과거·현재	현재·미래
기업 중시점	경영전략	마케팅 전략
시대	산업·판매경쟁	마케팅·정보화
영업활동	기업시점	고객시점
중점사항	어떻게 하면 판매할 수 있을까?	어떻게 하면 기쁨을 줄 수 있을까?

12. 고객만족은 재구매의 지름길

가치기준시점	내부	외부
표준관리	감점주의	가점주의
이익목표	단기	장기
기타	제품 소유만족(1970년대) → 제품 가치만족(품질 대 가격, 1980년대) → 제품 사용만족(1990년대) → 제품 브랜드충성만족(2000년대)	

ⓒ Chae Soo Myung 74

고객만족의 계산변화도

(물건 주도)　상품　+　서비스　+　기업이미지　=　고객만족도
↓
(마음 주도)　상품　×　서비스　×　기업이미지　=　고객만족도

미국의 어떤 유통업체 현관에 붙어 있는 '10-10-10' 이라는 이색적인 표어는 "고객에의 서비스에 10달러가 소요된다면 고객을 잃는 것은 10초가 소요되고 이 고객이 되돌아오는 데는 10년이 걸린다"라는 뜻으로 기업의 언행 하나하나가 중요하다.

이런 점에서 과거에는 '100−1=99' 였으나 감성과 성숙의 시대인 오늘날에는 '100−1=0' 으로 100사람이 100가지 일을 아무리 잘하더라도 한 사람이 한 가지를 잘못하면 소비자들이 외면하고 잠재고객까지도 잃어버리게 되는 것은 당연한 일이니 고객만족서비스를 중시해야 한다.

② **고객만족의 요소와 사례**

과거의 고객만족도는 상품, 서비스, 기업이미지 등 각 요소의 합계에 의해서 결정되었지만 오늘날에는 현실적으로 더하기가 아닌 곱하기의 의미로 변화했다.

이와 같이 고객만족은 과거에 제품의 품질과 가격을 중시하던 제품소유 개념 중시시대에서 벗어나 제품의 품질과 가격을 바탕으로 한 서비스와 기업이미지를 더욱 중요시하는 시대가 되었다.

때문에 수많은 고객만족 요소를 조사하고 분석하여 반영시켜야 할 것이다.

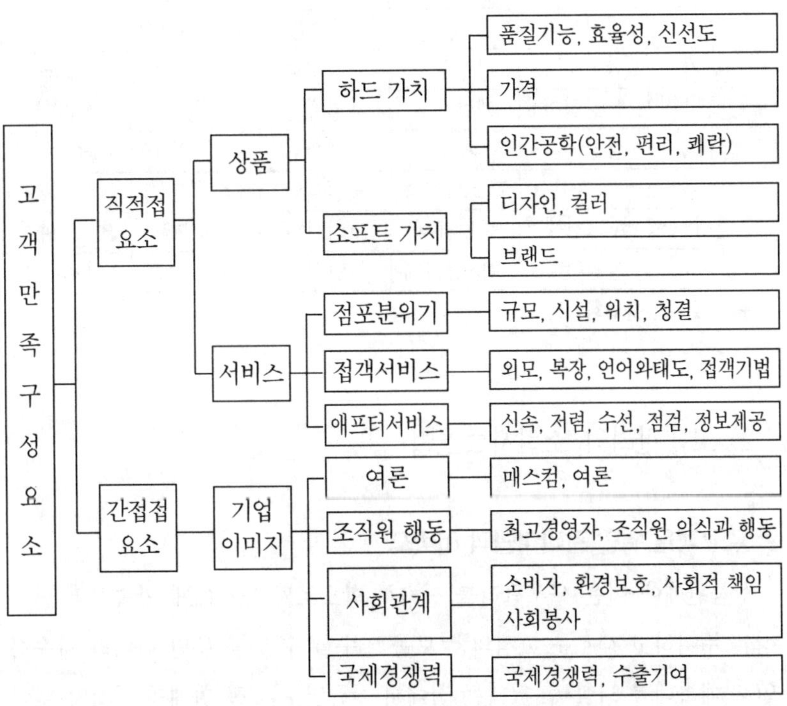

고객만족의 구성요소

한편 산업별로 본 국내의 고객만족도는 지나치게 국내의 대기업 위주로 되어 있으나 앞으로는 개방화로 인해 외국기업들과 경쟁하게 되므로 더욱 더 폭넓은 시야로 고객만족을 시킬 수 있는 연구가 절실하다.

12. 고객만족은 재구매의 지름길

산업별 고객만족 1위

내구재		소비재		서비스	
승용차	현대자동차	라면	농심	주유소	SK
냉장고	LG전자	우유	파스퇴르유업	백/할인/편의점	롯데/E마트/LG25
세탁기	LG전자	유산균발효유	한국야쿠르트	대형서점	교보문고
가스오븐레인지	LG전자	조미료	대상	학습지	구몬
가정용보일러	린나이코리아	맥주	하이트	지하철	대구광역시 지하철공사
에어컨	만도기계	주스	해태음료	고속버스	중앙고속
정수기	청호나이스	남성정장	LG패션	항공사	아시아나항공
PC	삼성전자	내의	좋은 사람들	시외·국제전화	한국통신
전화기	삼성전자	정장구두	금강제화	이동전화서비스	SK텔레콤
이동전화단말기	삼성전자	세탁세제	제일제당	PC통신	천리안
컬러TV	삼성전자	치약	애경산업	무선호출서비스	서울이동통신
타이어	한국타이어	기초화장품	제일제당	자동차/생명보험	삼성화재/교보생명
침대	ACE침대	주방세제	코리아나	종합병원	서울중앙병원
청소기	삼성전자	자양강장제	일양약품	레저시설	삼성에버랜드

출전) 한국능률협회

2) 고객관리와 소비자보호법

① 고객을 위한 관리기법과 서비스

상품판매에 이은 사후관리를 철저히 함으로써 고객에게 만족감과 신뢰성을 부여하고 새로운 고객의 정보를 입수할 수 있을 뿐만 아니라 지속적인 판매확대를 꾀할 수 있다는 점에서 상품인도는 곧 판매의 시작일 뿐이다.

따라서 사후관리는 제품을 구입한 고객에게 지속적인 관심을 갖고 상품에 대한 고객의 만족 여부와 그 효용가치가 계속 발휘되고 있는 지를 추적·관리해야 하며 판매에 실패한 고객에 대해서도 언젠가는 자기 고객으로 유치할 수 있는 기회가 올 것이라는 확신을 갖고 지속적으로 관리해야 한다.

'만족하고 있는 고객은 가장 신뢰할 수 있는 세일즈맨'이라는 인식을 가지는 것도 중요한 이유는 고객이 고객을 창출하기 때문이므로 '판매는 필수, 사후관리는 선택'이라는 과거지향적인 인식보다는 '판매는 선택, 사후관리는 필수'라는 인식의 전환이 요구된다.

고객은 제품구매 후 만족하게 되면 계속 구매하게 되며 우호적인 구전으로 새로운 고객을 창조함으로써 매출증대와 기업활동에 기여하게 되나 불만족스러우면 사용정지로 고객을 잃게 되고 비우호적인 구전으로 잠재고객을 상실하며 심지어는 소비자 고발로 매출감소와 기업활동에 막대한 손실을 초래하게 된다는 점에서 그 격차는 매우 심하다..

특히 판매하기 전에는 열심히 연락하고 찾아오다가 판매가 끝난 후 연락이 끊어지게 되면 고객측에서는 일종의 배신감을 느끼게 되고 상품에 대해서도 불안을 느끼게 마련이므로 판매 후에도 정기적인 연락과 우호적인 관계와 관심을 지속시켜야 하는 것은 당연한 일이다.

한편 클레임의 원인은 품질·내구성·가격·고장 등 근본적인 문제와 설명 부족, 인식 부족, 오해, 태만, 언어와 태도 등 접객기법상의 미숙 등에 있으므로 이에 유의해야 한다.

이때 규정에 의해 완전무료수리와 실비에 의한 부속품 유료수리를 실시함으로써 고객의 불만을 없애 지속적인 우호관계를 맺을 수 있도록 고도의 서비스정신과 테크닉이 필요하다.

어느 회사가 얼마나 성의를 갖고 신속·정확하게 서비스하고 사후 관리해주느냐가 고객만족을 좌우하는 요소이기 때문에 형식적인 고객관리부서 설치나 서비스행위를 지양하고 소비자의 마음을 움직이는 고객관리와

12. 고객만족은 재구매의 지름길

서비스를 개발하기 위한 노력을 기울여야 할 것이다.

② 소비자보호와 PL법

소비자보호주의는 거래관계에서 일어나는 소비자만족에 대한 개인과 조직의 대응적 활동을 말하는 것으로써 기업의 당연한 의무이자 책임이다.

과거 기업중심적 시대에는 매우 빈약했으나 마케팅시대인 오늘날에는 각 기업마다 소비자보호 관련 상담부서가 설치되어 있고 소비자를 보호하는 다양한 시민단체가 늘어나면서 그 역할도 점점 커지고 있는 실정이다.

소비자에게 제품이나 서비스를 생산하고 제공해주는 기업이 생존·성장하기 위해서는 소비자 주권의식의 본질을 충분히 이해하고 구체적으로 마케팅정책에 반영시키는 한편 사회적 가치를 실현하여야 한다.

소비자들의 7대 권리인 "안전, 정보입수, 선택, 의사표시, 손해보상, 소비자교육, 환경정화"에 대한 기업의 책임과 의무를 실천하기 위해서는 비판적 안목과 실천력, 사회적·생태학적 책임, 연대의식을 통해 선의의 경쟁 속에 발전하는 건전한 사회가 되도록 노력하는 것이 일시적으로는 마이너스이지만 장기적으로는 플러스이다.

한편 제조물책임법(Product Liability : PL법)이란 시장에서 유통되는 상품의 결함으로 인해 그 상품의 사용자나 제3자의 생명과 신체 및 재산에 손해를 입힐 경우 그 상품의 제조자나 판매자가 의무적으로 손해보상에 대해 책임을 지는 제도다.

제조물책임법이 2002년 7월 1일부터 시행되므로 '무과실책임 원칙'에 따라 상품의 결함이 확인될 때 제조회사의 고의나 과실이 없어도 소비자들은 피해를 보상받을 수 있게 된다.

지금까지는 상품의 결함으로 인해 피해를 본 경우 소송을 통해 제조회

사의 고의나 과실을 소비자가 직접 입증해야 보상을 받을 수 있었으므로
큰 변화가 예상된다.

과실책임주의와 무과실책임주의 비교

관련법규	과실책임주의	무과실책임주의
시대	근대 이후 생산자중심의 대량생산 시대	20세기 중반 이후 소비자보호 시대
사상	불법행위 책임의 원칙	결함책임의 원칙
책임요건	제조자의 고의 또는 과실로 인하여 손해가 발생	제품에 결함이 있었으며 그로 인해 손해가 발생했다는 객관적 사실
책임을 지는 자	과실이 있는 자	결함의 원인을 제공한 자
배상방법	손해를 입은 자에게 손해액을 당해금전 손해방법	결함으로 피해를 입은 자에게 환대금전 손해배상
관련법규	일반법(민법)	특별법(제조물책임법)

대체로 문제를 발생시키는 주원인은 설계 · 구조상 결함, 제조상 결함,
설명 부족, 과학기술수준의 부족 등이며 가전제품 · 자동차 · 완구 등 소비
재 공산품은 물론, 부실공사에 따른 피해에 대비하여 아파트도 포함될 것
으로 예상된다.

수입품에 대한 책임은 1차적으로 수입업체와 유통업체가 지게 되는데,
외국의 제조회사에 구상권을 개별적으로 행사할 수 있도록 명문화될 것이
다.

• 선진국의 경우 미국은 1960년대, 유럽국가들은 1980년대에 이미 PL
제도를 도입했으며 일본에서도 1995년 7월부터 시행하고 있다.

국내에서는 1994년부터 삼성전자 등 가전업계에서 자사제품을 사용하
다 피해를 본 소비자들에게 보상해주는 PL제도를 자율적으로 운영하고
있다.

277

미국, 일본 등 PL제도가 도입된 나라에 상품을 수출하는 국내 기업들은
이미 현지에서 보상책임에 대비해 PL보험에 가입하고 있는 실정인데
근복적인 대책은 끊임없는 품질향상으로 결함을 줄이는 적극적인 자세
로 고객만족을 통해 기업활동을 원활히 하는 지혜와 슬기가 필요하다.

13. 국제화시대의 해외진출방식

　삼면이 바다인 천혜의 해상무역조건을 갖춘 우리 나라는 바야흐로 세계 10대 무역국으로 성장하였으며 특히 개방화와 국제화시대를 맞이하여 중국과 러시아와는 더욱 밀접한 관계발전이 기대되고 있다.

　이런 상황에서 각 국가 간 경쟁이 치열해지고 인종과 문화차이를 극복하며 세계 무대로 진출한다는 것은 매우 어려운 일이지만 전문화, 차별화에 의한 치밀한 진출전략방법을 실행한다면 반드시 성공하게 될 것이다.

1) 국제마케팅의 특징과 시장조사

① 국제마케팅의 특징과 진출과정

이미 국제화시대를 맞이했으니 국내에서 상품을 판매하거나 국내에서 우위경쟁을 하는 시대가 지나갔다. 세계의 거대기업 아니 유명 브랜드 상품들과 품질, 가격, 서비스 경쟁을 통해 상품을 검증 받는 동시에 판매촉진을 이루어야 한다. 상품수출은 물론 해외기업에 특허권이나 상표, 기술적인 노하우 등의 사용을 규제하고 허가해주는 계약문제 나아가 현지공장이나 합작기업의 설립 등이 국제마케팅의 핵심으로 부각되고 있다.

따라서 각국이 상대적으로 자국에 가장 능률적인 상품을 전문화하여 생산·수출하고 있는 상황 아래에서 국제무역이 아닌 국제마케팅으로 그 중요성은 더욱 강조되고 있는 것이다.

국제(무역) 마케팅의 변화

국제무역(단순한 국제적 무역) → 국제마케팅(국제적인 마케팅 비즈니스) → 국제문화(국제적인 총체적 문화교류)

ⓒ Chae Soo Myung 75

과거 관세무역일반협정(GATT) 체제가 세계 시장을 선점하기 위한 전제적 경쟁시대였다면 최근 출범한 세계무역기구(WTO) 체제는 무한경쟁시대에 대비하는 탈이념 아래에서 경제적 이익을 최우선 과제로 삼고 전면적인 경제전쟁에 돌입했다는 의미를 지닌 것으로서 그 역할이 주목된다.

국제마케팅은 모든 여건이 국내와는 판이하게 다르므로 단기적인 이익보다는 그 지역과 국가에 협력하고 봉사하는 등 장기적인 안목에서 진출하는 것이 바람직하다.

① **국제마케팅 환경의 점검과 평가** : 국제무역제도와 정치, 경제, 사회, 문화를 점검하고 평가해야 한다.

② **해외시장의 진출 여부 결정** : 국제마케팅의 목적을 분명히 하고 진출 여부를 결정한 후 정책을 수립한다.

③ **표적시장의 선정** : 인구, 통계, 지리, 경제, 기술 등 사회적 · 문화적 요인에 따른 표적시장을 선정한다.

④ **진입방법의 결정** : 대개 간접수출 → 직접수출 → 라이선싱 → 합작투자 → 직접투자의 과정을 거치는데 어떤 방법이 좋은지를 결정한다.

⑤ **마케팅 프로그램의 개발** : 제품, 가격, 유통경로, 판매촉진방법을 구체적으로 개발하고 수립한다.

⑥ **마케팅 조직의 구성** : 수출과 수출사업부, 다국적 조직을 구성하고 업무를 수행하면서 체크 · 관리한다.

특정지역의 소비자에게 맞는 제품기술과 디자인, 색상, 브랜드, 가격, 홍보, 판촉, 이벤트, 서비스를 혁신적으로 관리할 때 효과적이므로 이를 위해서는 특정제품의 대만족을 위한 연구가 절실히 요청된다.

② 문화권이 다른 세계시장조사

국제마케팅 활동은 국내시장과 비교해볼 때 판이하게 다르기 때문에 우리의 관습에서 벗어나고 우리가 그들에게 갖는 얄팍한 고정관념에서 탈피하여 상대국의 정치, 경제, 문화, 관습, 법률, 소비자행동 등 시장환경을 철저히 조사하고 예측하여 적절하게 대비할 때 손실을 줄이고 기대하는 효과를 거둘 수 있다.

국제시장 조사내용

구 분	내 용
시장환경	정치(체제, 안정도, 형태), 경제(체제, 성장률, 조직, 물가, 국민소득, 금융, 세제), 무역(국제수지, 수출입액과 제도, 무역관습, 환시세), 상업(판매조직, 유통구조, 상표특허제도, 물품세), 사회일반(인구수, 인구증가율, 생활수준, 교육수준, 사회공공시설, 사회보장제도, 법체제)
소비자의식과 행동	지역별 소득분포, 계층별 구매능력과 구매동기, 소비자의 언어와 관습
상품	현재의 수요현황, 품종과 품질규격, 유행의 디자인과 그 변천과정, 경쟁품과 유사품의 품질과 가격 및 디자인, 특허 및 공업소유권 관계
판매경로	시장기구, 거래습관, 판매사정, 유통구조
판매와 서비스	경쟁상황, 판매촉진, 판매점 및 특약점, 제품판매 계획과 관리. 애프터서비스, 소비자 보호관계

특히 이 중에서도 소비자 의식과 행동 및 관습이 약간씩 다른 이유는 각 민족의 역사적 배경과 환경 차이 등에서 기인하는 것이다.

국가별 특성

구 분	내 용
한국	인구 (4천6백75만 명), 면적(9만 9천3백73㎢).
영국	대영제국의 자존심이 강하며 신사의 나라답게 신사적이고 의상과 비누의 선물은 지나친 친밀감을 주며 흰 백합꽃은 죽음을 상징한다. 인구 (4천9백9만 명), 면적 (13만 4백22㎢)
독일	독일 전차부대를 연상시키며 통일국가로서 차기 유럽연합국의 중심을 바라는 유서깊은 나라로 여인에게 붉은 장미를 선물하는 것은 사랑의 표현이며 부엌칼을 선물하는 경우에는 그에 대한 형식적인 대가로서 돈을 받아야 우정이 끊어지지 않게 된다. 인구(8천2백만 명), 면적(35만 6천8백85㎢)
이탈리아	로마제국의 명성과 카톨릭 중심국가로 축구를 좋아한다. 붉은 장미는 사랑하는 여인에게 주는 것이고 손수건을 선물하는 것은 금물이다. 빵조각에 넣어 먹는 초콜릿을 선호한다. 인구(5천7백72만 명), 면적(54만 3천9백65㎢)
프랑스	예술의 나라답게 패션의 메카이고 남성들이 여성들보다 화장을 많이 하며 노란꽃은 불신이나 부정을 상징한다. 부엌칼의 선물은 피하는 동시에 도매상은 소매상에 판촉활동을 하지 않고 원하는 주문량만 배달한다. 인구(5천9백8만 명), 면적(54만 3천9백65㎢)
러시아	구소련의 붕괴로 과거의 정치군사력은 약해져 자본주의에 대한 열풍에 대한 집착이 강하고 포크와 재크 나이프는 우정을 끊는 불길한의 상징이며 여성들의 90% 정도가 직장을 다니며 맞벌이를 한다. 인구(1억 4천6백39만 명), 면적(1천7백7만 5천4백㎢)
탄자니아	아이들에게 계란을 먹이면 대머리, 성기능 장애인이 될 것이라고 믿기 때문에 먹이지 않는다.
사우디 아라비아	우리 나라의 건설의 붐을 일으킨 중동의 대표국가로 이슬람교 국가답게 주류는 선물하지 않으며 남의 아내에게는 어떠한 선물도 해서는 된다. 인구(2천1백50만명), 면적(2백24만 8천㎢)
일본	경제대국, 기술대국을 꿈꾸던 명성보다는 경기침체의 늪에 빠져 있으나 여전히 자존심이 강하고 제2차 세계대전의 패망에 대한 아쉬움 속에 직설적인 표현을 좋아하지 않고 매우 신중하기 때문에

13. 국제화시대의 해외진출방식

	섣불리 결론을 내리는 것은 위험하다. 우월주의가 강하다. 인구 (1억2천6백(68만 명),면적 (37만 7천8백35㎢)
대만	과거의 명성을 뒤로 하고 재크 나이프는 우정을 금 가게 하는 물건이다. 휴대용 이외의 시계 선물은 금물인데 이는 '시계'의 발음에 '끝나다, 결말짓다'의 뜻이 담겨 있기 때문이다.
홍콩	영국의 식민지에서 벗어나 중국의 선진관문으로 중대한 역할을 하고 있으며 흰색 꽃은 장례식을 뜻한다.
중국	정치는 공산사회주의, 경제는 자본주의를 하는 이중적인 구조 아래 다민족으로 구성되어 있어 지역별로 문화적 이질감과 소득편차가 크며 언어소통이 원활하지 않다. 공산당원을 활용하면 효과적이며 13억의 인구 중 10%의 신문화인들에게 접근하는 노력이 필요하다. 인구(12억 6천5백83만 명), 면적(9백60만㎢)
베트남	1960년대 말 기나긴 미 · 소간의 전쟁으로 인한 피해가 많다. 중진 개도국으로의 진입을 위해 다양한 정책을 펴고 있다. 우기가 길며 자전거를 교통수단으로 하기 때문에 매우 혼잡할 뿐만 아니라 우리 나라에 대한 이미지가 우호적이다.
인도	10억의 인구를 가진 힌두교국가라는 특수성 때문에 발전이 아주 더디나 이 중 10%는 선진국에 못지 않을 정도여서 이에 적합한 연구 노력은 미래를 밝게 할 가능성이 풍부하다.
미국	청교도정신의 짧은 역사를 지닌 정치, 경제, 군사 등 명실공히 세계 강국으로 다민종의 자유 분망하면서도 질서가 있는 무궁무진한 국가이다. 인구(2억 7천3백13만명), 면적(9백51만 8천3백13㎢)
멕시코	과거 찬란한 역사와 문화를 꽃 피웠던 나라이다. 관광객이 많은 개발도상국으로 빈부의 격차가 크며 노란꽃은 죽음의 상징이다. 인구(9천7백36만 명), 면적(1백95만 8천2백㎢)
남아프리카 공화국	금광의 나라이자 흑백의 인종갈등을 순리적으로 해결한 국가로 앞으로 발전성이 많다. 상담을 할 때는 상대방과 코가 닿을 만큼 바짝 다가가서 이야기한다. 그 이유는 떨어져서 상담하면 감정을 상하게 하기 때문이다. 인구(4천3백42만 명), 면적(1백21만 9천90㎢)
브라질	남미의 거대한 잠재성이 있는 축구의 나라로 자줏빛은 죽음을 상

제3장 마케팅 핵심 요소

	징하며 술은 버번보다는 스카치를 선호한다. 인구(1억 6천3백94만 명), 면적(8백54만 7천4백3㎢)
페루	잉카문명의 후예로 역사를 자랑하며 우리 나라에서는 폐차되다시피한 중고승용차를 수입하여 수리한 포니가 전체 차량의 25%를 차지하고 있다.
기타	벨기에(1천24만 명, 3만 5백28㎢), 크로아티아(4백67만 명, 5만 6천5백38㎢), 포르투칼(9백98만 명, 9만 1천8백31㎢), 슬로베니아(1백92만 명, 2만 2백51㎢), 덴마크(5백35만 명, 4만 3천94㎢), 아일랜드(3백84만 명, 7만 2백80㎢), 스웨덴(8백85만 명, 44만 9천9백69㎢), 터키(6천6백49만 명, 79만 9천4백52㎢), 폴란드(3천8백69만 명, 31만 3천27㎢), 스페인(4천1만 명, 50만 5천9백90㎢), 코스타리카(3백59만 명, 5만 1천㎢), 에콰도르(1천2백41만 명, 28만 3천5백61㎢), 파라과이(5백35만 명, 40만 6천7백52㎢), 우루과이(3백42만 명, 17만 6천2백15㎢), 카메룬(1천5백45만 명, 47만 5천4백22㎢), 세네갈(1천5만 명, 19만 6천7백22㎢), 튀니지(9백51만 명, 16만4천1백50㎢)

특히 중국시장은 1992년 수교한 이래 1998년까지 중국에 진출해 살아남은 기업은 20% 정도밖에 되지 않으므로 지나친 환상은 금물이고 주의해야한다.

1990년 이후 무려 10년 만에 세계시장에서 에어컨(50%), TV(36%), 세탁기(24%)가 중국산이어서 일본을 제치고 미국에 이어 2위 자리를 굳히고 있어 소비시장의 팽창과 개혁, 개방으로 소비능력이 커져 중품질 저가격의 공급과잉현상으로 인해 지멘스, 삼성, LG 등이 고급브랜드전략을 펼치면서 중국시장에 침투하고(28%) 있다.

중국시장 공략 6계명

① 투자입지가 모든 것을 결정한다 : 중국은 거대국가이므로 상하이를 기준으로 북쪽은 외국인투자를 유치하기 위해 무조건 합작의향서부터 맺자고 서두

르지만 남쪽은 사업계획이 무척 까다로워 남과 북, 내륙과 연안의 사업환경이 천차만별하다.

② **파트너의 외형에 현혹되지 말라** : 외형만 따지지 말고 알찬 기업과 제휴하는 것이 실속이 있다.

③ **유력자나 기관을 너무 중시하지 말라** : 중국에서는 유력자나 기관이 중요하나 WTO에 가입한 만큼 점차 약해질 수밖에 없으니 주의하라.

④ **중요문서는 정부기관의 서명을 받아라** : 합작투자, 매매, 임대차계약서 등과 같이 중요한 서류는 환경보호국, 세관, 세무국, 전력국과 같은 정부기관의 서명을 반드시 받은 후에 추진하는 것이 나중에 문제가 없다.

⑤ **인건비가 저렴하다는 고정관념을 버려라** : 인건비가 우리의 10% 수준에 불과하지만 복리후생비, 주택, 물가보조금 등을 합치면 만만치 않으며 연해지방은 매년 10% 이상 오르고 있다.

⑥ **중국정부의 환대에 넘어가지 말라** : 극진한 대접과 투철한 서비스정신은 외자유치의 실적을 올리기 위한 것이므로 이성으로 판단하라.

2) 정보의 원천과 분쟁 및 경쟁력

① 정보의 원천과 분쟁원인 대비책

해외무역활동을 위한 정보원이 될 수 있는 기관은 산업자원부〔수출실적(연도, 상품, 국가별), 신용장내도액, 수출입 상품, 도매물가지수〕 외 건설교통부(통상실적), 관세청〔수출입통계(국가, 상품별), 무역지수, 교역조건〕이 있다.

또한 외환은행(수출가격), 산업은행(상품출하, 재고율, 수출비용), KOTRA〔시장조사(수출, 신탁), 정보센터, 잡지발행)〕, 국제기구(세계은행,

IMF, OECD, AFDB), 각 협회의 수출실적(상품, 국가별), 연구기관(대학과 무역관련 연구기관) 등이다.

무역경쟁에 따른 상사분쟁의 원인

구 분	내 용
클레임 내용	품질 불량, 선적 부족과 불이행, 가격, 포장, 서류 미비, 계약 취소
클레임 해결방법	화해(원인을 조사하여 책임소재를 밝히고 원만하게 해결하려고 노력), 조정(공정한 제3자 선임 후 조정인에 의해서 합의), 알선(상공회의소, 상사중재원, 대사관, 영사관), 중재(공정한 제3자 선임 후 판정에 무조건 복종), 소송(법원의 판결)
클레임 방지책	원칙준수(무역상담과 올바른 진행, 계약서를 완벽하게 갖춤, 신용장 검토), 신용조사(국제 상관습)

한편 무역사기는 그 규모가 대형화, 전문화, 지능화되어가고 있는 실정이다.

그 원인으로는 정부 공사대금의 불법유출을 가장하는 경우, 정부납품을 가장한 협력을 제의하는 경우, 외상거래를 통한 미지급과 샘플을 사취하는 경우, 합작부자 설립과 투자를 제의하는 경우가 많다.

또한 물품인수 후 대금결재지연을 통한 가격인하를 요구하는 경우, 고의적으로 클레임을 제기하고 대금을 사취하고 미지급하는 경우, 수출입견적을 높이거나 낮추는 거래를 제의하는 경우도 있기 때문에 첫 거래 때 반드시 신용조사기관인 KOTRA 등 해외무역기관을 통해 철저한 신용조사를 실시해야 무역사기를 방지할 수 있다.

거래제의의 금액이 크다든가 품질, 가격, 신용도의 구매결정을 무시한 채 거래진행 제의가 있을 경우 반드시 현지 주재 대사관이나 KOTRA 무역

13. 국제화시대의 해외진출방식

관에 문의하는 것이 좋다. 아무런 물량확보 없이 계약을 체결한 후 상품인도를 이행하지 않는 경우도 많은데 계약서를 근거로 자금확보를 하는 것이 거의 관례화되어 있다.

② 한국상품의 수출경쟁력과 자사브랜드

경제가 어려웠던 1960년 3천3백만 달러에 불과하던 수출이 1998년에는 1천3백2십3억 달러로 성장하였으니 약 40년 만에 연평균 23.7%씩 증가해 외형이 4천 배 이상 증가함으로써 일약 세계 10대 무역국가로 급성장하였다.

시대별로 분석해보면 1970년대는 주로 노동집약적인 경공업제품, 1980년대 초에는 중화학제품, 1980년대 중후반에는 반도체가 핵심산업으로 성장하고 1990년대에는 중화학 호조, 경공업 부진 속에 수출경기 양극화현상이 심화되었다.

1990년대 말에는 반도체, 휴대폰, PC, TFT-LCD 등 정보통신부분이 급부상한 반면에 석유화학, 철강, 선박 등 기존의 수출주도 품목들이 부진하였다.

10대 수출상품의 변화

1961년	1970년	1980년	1990년
철광석 5.3(13.0)	섬유류 341.1(40.8)	의류 2,788(15.9)	의류 7,600(11.7)
중석 5.1(12.6)	합판 91.9(11.)	철강판 717(4.1)	반도체 4,540(7.0)
생사 2.7(6.7)	가발 90.1(10.8)	선박 610(3.5)	혁화 3,021(4.6)
무연탄 2.4(5.8)	철광석 49.3(5.9)	인조장섬유직물654(3.2)	선박 2,799(4.3)
오징어 2.3(5.5)	전자제품 29.2(3.5)	음향기기 494(2.8)	영상기기2,636(4.1)

제3장 마케팅 핵심 요소

활선어 1.9(4.5)	과자제품 19.5(2.3)	타이어, 튜브 477(2.7)	철강판 2,446(3.8)
흑연 1.7(4.2)	신발 17.3(2.1)	목재류 477(2.7)	인조장섬유직 2,343(3.6)
합판 1.4(3.3)	연초 13.5(1.6)	반도체 434(2.5)	컴퓨터 2,178(3.3)
미곡 1.4(3.3)	철강제품 13.4(1.5)	영상기기 416(2.4)	음향기기 1,934(3.0)
돈모 1.2(3.0)	금속제품 12.2(1.5)	기호식품 379(2.2)	자동차 1,920(3.0)
10대상품 25.3(62.0)	677.5(81.1)	7,356(42.0)	31,417(48.3)
총 수출 40.9(100.0)	835.2(100.0)	17,505(100.0)	65.016(100.0)

한국산 상품 구매시 구성요인별 비중

구 분	가격	품질·성능	디자인	브랜드	신용.A/S
전체	32.5/35.4	30.3/31.6	13.1/14.8	7.7/7.8	16.4/10.4
섬유류	36.6/38.4	30.3/31.8	10.2/12.2	6.4/6.8	16.5/10.8
신발류	20.9/25.5	35.5/36.5	15.1/17.2	12.4/12.1	16.1/8.7
피혁·모피류	25.9/31.8	31.7/32.9	17.3/18	7.6/8.8	17.5/8.5
기계류	28.8/39	34.3/34.3	9/5.1	10.8/9.8	17.1/11.8
전자제품류	36.3/36.7	27.8/30.3	10.4/10.6	9.8/9.9	15.4/12.4
운동·레저용품류	30.8/32.4	32.3/33	13.2/13.6	8.1/8	15.6/12.9
잡화류	34.1/31.6	27.8/29.6	15/16.8	5.3/6.2	17.9/8.3
완구류	31.4/31.6	26/28.5	18.4/22.5	7/6.2	17.2/11.2
생활용품류	26.1/26.6	37/38.3	12.6/14.3	7.8/6.9	16.4/13.9
양식기류	25.6/28.8	36.6/32.3	12.4/17.5	7.7/7.5	17.9/14
식품류	45.7/45.7	27.5/27.5	8.9/	10.4/10.4	7.5/7.5
기타	43/44.8	29/29.4	10.4/5.2	8.7/5.2	9/5.6

출전) 산업디자인 개발원 :「우리나라 상품의 디자인·포장면 국제경쟁보고서」. 1992. pp.1~12 요약

13. 국제화시대의 해외진출방식

한국상품의 디자인 수준과 기술 진보성의 국제비교

구 분	한국		미국	대만	싱가포르	홍콩
디자인	100	257	235	143	128	121
기술 진보성	100	213	245	98	71	39

출전) 한국무역협회, 조선일보 . 1995.

• 1990년대 초만 하더라도 10% 이상의 수출마진율이 44%나 되었으나 1995년 들어 27.6%로 크게 떨어졌고 5% 미만의 낮은 수출마진율을 기록한 업체는 23.1%에서 33.8%로 크게 늘어나 이를 극복하기 위해 인건비가 저렴한 중국, 동남아시아 등 해외로 생산현장을 옮기고 있는 기업이 26%나 된다.

또한 선진국과의 경쟁에서 국내의 중소기업들이 가격경쟁력을 제외하고는 품질, 디자인, 포장, 브랜드, 지명도, 신제품 개발, 해외마케팅, 애프터서비스 등의 능력이 모두 뒤지고 있어 문제가 심각하다.

• 우리나라의 자사상표 수출비율은 1991년 45.0%에서 1992년에는 47.4%, 1993년 49.1%, 1994년 51.7%로 매년 증가추세에 있지만 50%에 그치고 있는 가운데 신발(20%), 완구(13.8%), 가전제품(28.6%)의 자사상표 수출비율이 매우 낮은 편이어서 아무리 수출을 많이 해도 주문국, 즉 판매기업만 지명도를 높여주고 있는 것이다.

이러한 원인은 국내 브랜드의 취약점 때문으로 언제까지 이를 방관할 수는 없는 일로서 이제는 OEM방식을 과감히 탈피하고 독창적인 상품 및 브랜드개발과 마케팅전략으로 세계 속에 우리 브랜드를 심어야 한다.

과거 손쉬운 OEM 수출방식에 안주하다가 쇠퇴하거나 어려움을 겪고 있는 기업체가 있는가 하면 이를 점진적으로 벗어나 자사브랜드를 개발하여

제3장 마케팅 핵심 요소

세계시장에 출시하여 명성을 떨치고 있는 기업도 있다.

그러나 점차 중국 등 중품질 중저가에 밀리고 있는 실정이어서 고품질, 고가격의 브랜드정책을 펼치는 등 근본적인 대응전략이 절실하다.

수출강화 사례

구 분	내 용
팬택	휴대전화를 미국 모토로라로부터 7억 달러 규모의 수출 물량을 수주하여 2000년보다 무려 1642% 증가하였다.
디케이아이앤디	미용도구를 일본에 수출한 매니큐어세트가 현지 시장 점유율 1위를 차지 했다.
은성사	낚시대의 세계시장 점유율 25%를 차지
영창피아노	40여 년 간 자기상표 고집, 80여 개국에 연간 14만 대 수출
카스	최근 중국의 중저가격에 고전, 고품질 고가격의 상품을 개발해야 한다.
도루코	한국 최고로서 세계가 사용하는 면도날로서 각광을 받고 있다.
정코아의 다이너스티	마스터 브랜드 하나로 세계를 개척하여 이조백자 연상, 영국의 파이렉스, 프랑스의 아코팔, 미국의 코닝과 당당히 경쟁을 하고 있다.
코메론	국내 시장보다 세계 시장에서 더 잘 알려진 설계와 측량용 줄자의 대명사가 되었다.
팬텀	골프공 메이커로 프로골퍼들과 골프공 사용계약을 하고 있다.
한샘퍼시스	오피스만 생각하고 오피스만 생산, 판매하여 수출국에 전쟁이 발생해도 납기일을 준수하기도 하였다.
트바스	세계 정상의 기술로 세계 제일의 품질을 자랑하며 1994년에 1,000만 달러 수출을 하였다.
모닝글로리	디자인 종주국에서 더 잘 통하는 우리 상표로 노트, 문

	구, 카드는 대표적이다.
마이크로코리아	문구, 공구류, 샤프 펜슬, 세라믹펜은 유명하다.
대광섬유	세계 밍크담요 시장 점유율 1위를 차지했다.

출전) 기존 자료 도표화

그저 손쉬운 OEM방식의 수출에만 연연해오다 보니 점점 인건비가 저렴한 동남아시아로 옮겨간 결과 주문감소로 인해 더욱더 내수불황과 함께 어려움을 겪고 있다는 점은 스스로의 자업자득일 수밖에 없다.

그러므로 이제는 자사상표가 없으면 상품을 알릴 기회가 적을 뿐만 아니라 실제 품질보다 낮게 인식되어 싼 값에 강요당하거나 나쁜 인식을 심어주기 때문에 자기브랜드 개발은 필수적인 것이다.

• 한국무역협회, 갤럽인터내셔널, 조선일보사가 공동으로 실시한 「한국 상품이미지 국제비교조사」(1995년)의 결과에 따르면 국제시장에서 한국상품은 선호도나 인지도가 모두 극히 저조한 반면에 중국상품이 오히려 약간 우세한 것으로 나타나 문제의 심각성을 일깨워 주었다.
세계시장에 진출하는 것도 좋으나 13억의 인구를 보유한 이웃나라 중국시장에 보다 과학적으로 시장세분화에 의한 방법으로 침투하려는 전략전술이 요구된다.
이런 점에서 미국과 일본국의 기업들보다 가격 품질, 서비스, 국가경쟁력을 강화해 최고급시장인 3~10%의 계층 하단부를 공략하는 것이 가장 효과적인 방법이다.

나아가 중국을 시장세분화하여 대상지역을 철저히 사전 준비하고 중국 공급업체의 생산성 향상을 위한 현지기업과의 파트너십 구축, 고급이미지 포지셔닝을 위한 네트워크 구축, 현지인을 채용하여 업무환경을 개선해주는 것이 바람직하다.

또한 선진기술과 경영방식을 전수해주면서 교육투자와 기부를 통한 유대강화로 기업의 시민의식 함양은 물론 스포츠 문화공연 등을 후원하는 스폰서링 마케팅을 적극 활용하는 것이 필요하다.

③ 세계 소비자가 뽑은 최고상품

세계적으로 인정받는 상품이 된다는 것은 기업 나아가 국가의 이미지이고 희망이자 비젼이다.

• 국제리서치협회(INRA)가 유럽연합(EU)의 의뢰를 받아 세계 각국 소비자들을 대상으로 13개 상품별로 가장 우수한 제품생산국을 꼽도록 한 「상품별 국가이미지 및 소비자형태조사」(1995년) 결과는 역시 경쟁력의 벽을 실감했다.

미국은 담배, 초콜릿, 청바지, TV프로, 영화부문에서 최고점수를 받았고 일본은 중급차, 가전제품, 컴퓨터, 카메라 등에서 수위를 차지했으며 독일은 고급승용차와 맥주, 프랑스는 포도주와 향수를 꼽았다.

또한 미국은 청바지(58%), 영화(49%), 담배(34%), TV프로(25%), 초콜릿(16%) 등 오락과 소비제품에서 크게 앞섰고 프랑스는 전통적인 향수(59%)와 포도주(32%)에서 강세를 보였으며 독일은 역시 맥주(25%)에서 최고의 자존심을 지켰으나 과거보다는 약간씩 떨어지고 있는 것으로 보인다.

일본은 가전제품(61%)과 카메라(54%)에서 독보적인 이미지를 구축했으며 컴퓨터는 일본(37%)과 미국(28%)을 제외하고는 모두 1% 이내로 국가별 상품이미지 편차가 심한 것으로 나타났다.

반면에 고급승용차는 전체 응답자의 29%가 독일이 최고라고 응답했고

13. 국제화시대의 해외진출방식

미국(23%), 일본(17%), 영국(6%), 이탈리아(3%) 순으로 나타났으며 중급차의 경우 일본(31%)이 2위인 독일(12%)을 압도적으로 따돌렸고 프랑스(4%), 브라질(3%), 인도(3%) 순으로 나타났다.

외국의 히트, 장수상품

구　　분	내　　용
디자인의 메카 이탈리아	굿지(굿디자인과 품질의 조화), 빨질레리(개성감각의 토탈패션), 비스카르디(고급 캐주얼라인), 모레스키(인체공학적인 품질), 트레벨(디자인과 품질)
멋과 예술의 극치 프랑스	겔랑(여인의 환상), 에르메스(유럽상류사회의 품위 표출), 루이까또즈(중후하고 화려한 디자인), 세계여성들의 희망 고급란제리(네레, 샹뗄르, 젬마, 실루엣드), 아빌란드(프랑스문화의 결정체), 듀퐁(세계적인 인기스타)
세계정상만을 추구하는 독일	다이믈러벤츠(세계정상급 승용차), 바이엘(최첨단 고부가가치), 벨레로이 보흐(2백년 전통의 소박미), 몽블랑(필기구의 우상)
고도의 정밀국가 스위스	피아제와 보레메르시에(완벽한 시계), 카란다슈(기술완벽한 우아미)
명문신사의 나라 영국	예거(여유와 품위), 가라드(정교한 은세공의 진수), 던힐(라이터, 남성토탈패션), 워터포드(격조 높은 유리예술품)
자유의 재벌국가 미국	모토롤라(품질관리와 인간경영), 파커펜(품질의 완벽성), 하사웨이(활동적 에리트)

출전) 채수명 : 「히트상품개발」. 창지사. 1999., pp.410~429 요약.

이와같은 상품, 기업, 국가이미지 구축은 장기간 총체적인 요소에 의해 축적된 일로 그만큼 인정해줌으로써 기업활동은 물론 국가이미지까지도 지대한 영향을 끼치게 된다.

우리도 고려인삼, 시멘트는 세계적인 상품으로 손색이 없었으나 이를 유지, 발전시키지 못해 매우 아쉬울 따름이나 이제부터라도 국책사업으로써 장기간에 걸쳐 세계적인 상징상품으로 발전시키기 위한 에너지 극대화가 절실하다.

제4장
마케팅 컨설팅 실무

1. 마케팅에도 컨설팅이 필요하다

마케팅에서도 문제가 발생했을 때 진단과 지도를 받는 것보다는 평상시에 적절한 관리를 하는 것이 더욱 중요하다.

이것은 마케팅 활동에서 나타난 과정과 결과를 다각도로 검토함으로써 계획에 따른 결과를 분석하고 재정비하여 발전의 돌파구를 찾을 수 있을 뿐만 아니라 차기 마케팅계획과 활동에 참고가 되는 것이라는 점에서 주기적이고 과학적인 컨설팅이 요구된다.

1) 마케팅컨설팅의 본질과 방법론

① 고난도 마케팅컨설팅의 본질과 프로세스

요즈음 컨설팅(Consulting)이란 용어가 무슨 의미인지도 모르면서 남발되고 있다.

때문에 강의를 전문적으로 하는 사람이 강사임에도 불구하고 경영컨설컨트라고 확대하여 해석하고 있는 것은 결국 경영컨설팅발전에 저해요인이 된다.

컨설팅(Consulting)이란 의도한 계획이 어느 정도 실효를 거두고 있으며 거두었는지에 대한 성패의 원인을 조사 분석하여 앞으로의 대처방안과 미래상황을 예견하는 등 치료를 위한 예방약 및 보약과 같은 구실을 하는 것이다.

즉 목표, 정책, 전략과 전술, 조직, 비용, 효과에 대한 체계적이고 종합적이며 주기적인 검토와 평가로 균형을 잃은 비체계적, 비능률적인 활동을 발견하여 개선의 권고와 지도를 행하는 고도의 테크닉이다.

때문에 조사분석, 진단지도, 연구개발, 연수교육 등을 섭렵할 줄 아는 사람이 진정한 컨설턴트이나 이 중에서 일부분만을 할 수 있다면 결국 조사분석전문가, 진단지도사, 연구개발전문가, 전문강사인 것이다.

경영활동을 원활하게 하기 위해서는 약간의 시간과 경비를 들이면 사전에 병폐를 차단할 수 있어 기대이상의 효율화를 얻을 수 있으므로 주기적이고 종합적인 컨설팅을 수용하는 것이 바람직하다.

이때 이들 컨설팅을 전담하는 컨설턴트는 체계적이고 탁월한 신지식이론을 바탕으로 실무적이고 창의적인 응용력 아래 논리적인 전문성, 추진력, 책임감 등 기본적인 자질과 신뢰, 건강 및 끈임없이 자기계발 혁신경영이 함축되어야 한다.

그러나 아쉽게도 이를 섭렵할 줄 아는 컨설턴트가 전무하다는 점에서 젊은 층에서 진정한 컨설턴트의 출현을 기대해 본다.

컨설팅의 영역

구분	내　　　　　　　　　　　　용
진단지도	진단(판정, 문제점 도출), 지도(개선 효율책 지도)
조사분석	시장조사(시장, 경쟁사, 자사), 분석, 마케팅전략전술
연구개발	프로젝트 수행(연구개발) → 로스 제거, 발전방안
연수교육	강의 모색
이벤트홍보	이벤트, 홍보, 판촉

ⓒ Chae Soo Myung 76

마케팅진단의 영역

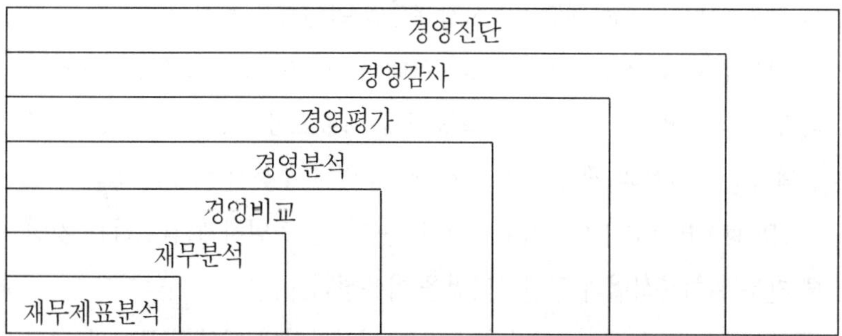

일정한 컨설팅의 원칙에 의해서 마케팅활동을 계수적 또는 비계수적으로 분석하고 통합적으로 평가하기 위해서는 주체자인 기업 전문팀과 외부 전문컨설팅팀이 잘 조화를 이루어야 한다.

마케팅진단의 평가과정

목적설정		성과측정		성과진단		시정조치
무엇을 성취 할것인가?	→	어떤 상황이 전개되고 있는가?	→	왜 그런 상황이 발생되었는가?	→	어떤 조치가 필요한가?

② 마케팅 실적분석과 감사

내부적인 마케팅감사는 마케팅의 효율화를 위한 것이므로 총체적이면서도 체계적이고 주기적으로 이루어져야만 효과적이다.

◉ **마케팅 총체 분석** : 시장환경변화 적응력, 마케팅전략전술, 마케팅 리더십과 의사결정, 제품기술과 디자인, 브랜드, 가격, 유통, 광고, 판촉서비스 등 총체적인 사항을 분석한다.

◉ **판매량 분석** : 손익계산서의 손익부분을 상세하게 검토하는 것으로서 총 판매량과 제품 계열별 · 시장세분별 판매량을 분석해야 한다.

◉ **시장점유율 분석** : 판매목표와 판매실적이 어느 정도 부합되는지를 다각적인 측면에서 분석하고 동종업계 매출고와 비교하는 것은 물론 전체시장 점유율과 제품계열 및 시장부문별로 분석하는 것이 좋다.

◉ **마케팅 비용분석** : 손익계산서의 운영비를 치밀하게 검토하는 것인데 전부 원가분석법과 공헌이익법을 이용한다.

◉ **고객의 태도 분석** : 불만처리 및 고객평가단에 대한 질문서와 고객의 회신제도 등으로 고객의 구매심리와 행동 및 고객만족도 분석을 실시하여 대안을 도출해야 한다.

◉ **결과의 이용** : 판매량과 마케팅 비용분석 결과를 이용하는 것으로써 판매지역과 제품고객층, 주문량 등에 대한 결정을 하는 것이 바람직하다.

이때 부분적인 문제는 효과가 매우 적으므로 전반적인 문제를 다루며 종합적이고 단계적이며 입체적 나아가 주기적이면서도 과학적으로 분석하여 문제점을 구체적으로 지적하여 발전방안을 제시하여야 한다.

마케팅감사 내용

구 분	내 용
마케팅 외부환경	거시적인 인구통계, 경제, 생태와 자연자원, 기술, 정치, 문화, 과업으로서의 시장, 고객, 경쟁사, 유통 및 원료공급자, 보조기관
마케팅 전략	기업의 사명, 마케팅 목적과 목표 및 전략
마케팅 기구	공식적 구조, 기능의 효율성, 각 부서와의 협조
마케팅 통제	정보, 계획수립, 신제품 개발, 통제체제
마케팅 생산성	수익성 분석, 비용분석
마케팅 기능	제품, 가격, 유통, 판매촉진

ⓒ Chae Soo Myung 77

2) 마케팅 자가진단과 자기계발혁신

① 마케팅 자가진단 체크리스트

자기가 자기기업과 자기팀은 물론 자기자신을 주기적으로 진단해 봄으로써 강점과 취약점을 발견하여 이를 체계적으로 강화시키는 자기계발혁신이 필요하다.

그러나 우리는 여러 가지 이유를 들어 자기진단이 전무하다 보니 성장의 한계를 스스로 만드는 주범이 된다.

1. 마케팅에도 컨설팅이 필요하다

기업 자가진단 체크리스트

구 분	내 용	수(4)	우(3)	미(2)	양(1)	가(0)	비 고
기업경영	1. 전문경영자의 마케팅마인드는?						
	2. 전사적 마케터화력, 관계 정도는?						
	3. 경영혁신, 팀워크, 사기 정도는?						
	4. 업종의 전문화, 차별화 정도는 ?						
시장정보	5. 기업환경변화 적응력 정도는?						
	6. 고객에 대한 예우력 정도는?						
	7. 시장조사분석, 활용력 정도는?						
	8. 시장포지셔닝 대응력 정도는?						
연구개발	9. 기술혁신, 인간공학접근 정도는?						
	10. 디자인의 시장경쟁력 정도는?						
	11. 포장,색채,신소재 경쟁력 정도는?						
	12. 제품의 생산, 품질력 정도는?						
유통가격	13. 유통혁신 및 현대화 정도는?						
	14. 유통의 적시적소적량 정도는?						
	15. 제품의 가격경쟁력 정도는?						
	16. 가격정책 및 관리조절 정도는?						
홍보판촉	17. 광고, 홍보의 적시성 정도는?						
	18. 광고홍보의 효과력 정도는?						
	19. 인적판매기법의 효율성 정도는?						
	20. 서비스, 이벤트의 CS 정도는?						
경쟁강화력	21. 토탈 마케팅전략전술력 정도는?						
	22. 브랜드차별화 경쟁력 정도는?						
	23 시장에서 상품, 기업 위치정도는?						
	24. 매출, 순이익의 향상력 정도는?						
	25. 토탈 기업경쟁력 정도는?						
총 계				(		)	

* 평가 : 90~100(매우 우수), 80~89(우수), 60~79(보통), 30~59(불량), 0~29(매우 불량)

ⓒ Chae Soo Myung 78

개인 자가진단 체크리스트

구분	내　　　용	수(5)	우(4)	미(3)	양(2)	가(1)	비 고
경영능력	1. 신지식 경영마인드 정도는?						
	2. 팀운영 능력발휘 정도는?						
	3. 리더십과 동기부여 정도는?						
	4. 재무회계, 부기상식 정도는?						
마케팅력	5. 뉴마케팅지식 정도는?						
	6. 마케팅전략전술력 정도는?						
	7. 시장정보분석 대응력 정도는?						
	8. 업무의 마케팅효율화 정도는?						
전문성력	9. 적극, 주인의식 정도는?						
	10. 사고의 합리성 정도는?						
	11. 업무자세와 방법론 정도는?						
	12. 수익성과 책임성 정도는?						
효율성력	13. 창의력과 기획력 정도는?						
	14. 신사고, 신바람력 정도는?						
	15. 팀, 조직 기여도 정도는?						
	16. 경제원칙 준수력 정도는?						
업무능력	17. 차별적 프로근성 정도는?						
	18. 업무의 신속, 정확성 정도는?						
	19. 업무의 품질력 정도는?						
	20. 매너, 유머, 친절력 정도는?						
자기관리력	21. 대인관계 비즈니스력 정도는?						
	22. 인간적인 신뢰력 정도는?						
	23. 자기계발 관리력 정도는?						
	24. 건강, 행복 종합만족도 정도는?						
	25. 미래에 대한 비전 정도는?						
총　계				（　　　）			

* 평가 : 90~100(매우 우수), 80~89(우수), 60~79(보통), 30~59(불량), 0~29(매우 불량)

ⓒ Chae Soo Myung 79

1. 마케팅에도 컨설팅이 필요하다

② 자기계발혁신 경영관리

21세기는 사람이 재산이므로 사람을 중시하여 우수한 인재를 보유하여 에너지를 극대화하는 기업이 성장하게 된다.

우수인재확보를 통해 개인의 능력을 최대한 발휘할 수 있도록 적시적소에 배치하고 팀워크를 통한 인재육성과 후생복지 등 동기부여가 필요하다.

인재(해결능력)의 결과

구 분	내	용
긍 정	人才(재주) → 人在(존재) → 人材(재목) → 人財(재산) → 성장, 발전	
부 정	人裁(마름) → 人滓(앙금) → 人裁(재판) → 人災(화마) → 분규, 퇴출	

ⓒ Chae Soo Myung 80

우수인재란 획일적인 암기도사라는 고학력의 소위 명문대학출신자가 아니라 기본정신과 창의기획성을 갖고 문제해결능력이 탁월한 프로근성으로 책임성 아래 조직과 사회발전에 기여하는 신지식의 소유자를 말한다.

즉 과거 산업사회처럼 100m달리기(단거리선수)를 중시하는 사회가 아니라 정보마케팅시대에는 42.195km 마라톤(장거리 마라톤선수)을 중시한다는 점에서 항시 조사분석하여 연구개발하는 끈기가 필요하다.

때문에 누구나 할 수 있는 고학력, 다경력, 고지위 등 얄팍한 과거지향에 만족, 자만하는 시대는 지났기 때문에 그야말로 무조건 암기하고 보자는 고학력의 실업자 나아가 명문대졸 실업자가 수없이 나오게 되는 것은 어쩌면 당연한 일인지도 모른다.

즉 오늘날 인간의 척도는 학력이 아니라 건전하고 합리적이며 가치 있

인재의 척도변화

구 분	산업사회	정보마케팅사회
시 대	후기산업시대(20세기 후반)	정보마케팅시대(21세기 초반)
핵 심	고학력, 고연령, 남성	창의력, 기획력, 추진력, 해결력
학 력	졸업자(기득권)	능력(조사분석, 기획, 해결력) 탁월자
창의개성	완전 무시(조직파괴 원인)	창의개성 존중(팀존중, 성장원인)
진 급	경력, 인맥, 관리통제력	능력, 리더십, 경영가치력
동기부여	격려, 진급, 포상	인센티브, 후생복지, 대학원 진학
자기계발	전무, 자기관리 불필요	지속 체계적 자기관리 절대 필요

ⓒ Chae Soo Myung 81

는 사고와 건전한 행동이므로 언제나 끈임없이 연구하고 자신을 계발혁신 경영관리를 통해 인생의 최후 승리자가 되기 위해 습관화되어야 한다.

　따라서 지금과 같은 인간이 아닌 신지식인, 신인류인, 신문화인으로 다시 태어나 건강, 취미, 교양, 전문성 향상 등 인생전체에 대한 마스터플랜 아래 자기계발 혁신경영관리가 요구된다.

　이를 위해서는 '나는 누구이며, 어디에서 와서, 어디로 가기 위해, 어떻게 살 것인가?' 라는 인간의 근본적인 문제에 대한 고민과 함께 철학자처럼 지혜롭고 종교인처럼 가치 있고 예술가처럼 아름답게 살기 위한 노력이 절실하다.

1. 마케팅에도 컨설팅이 필요하다

긍정적이며 적극적인 사고와 행동으로 인생과 업무 모두 만족하기 위해서는 신사고 신바람으로 보람의 일터운동을 전개하도록 모든 구성원들이 함께 과제로 삼아 합리적인 조사연구가 필요하다.

즉 신선한 창의성과 자율성으로 효율성을 높이는 신사고 아래 적극적인 참여와 성취로 얻은 대가는 신바람으로 연결되어 결국 팀 나아가 기업의 마케팅향상은 물론 개인적 인생의 환희를 만끽할 수 있게 된다.

무엇보다도 프로근성 아래 전사적인 프로마케터가 될 때 전문화, 차별화, CS화에 의한 시장경쟁력 강화는 결국 히트 · 장수상품으로 이어진다는 사실이 "성공하는 사람들의 마케팅바이블"의 키포인트이다.

2. 대박터지는 히트 · 장수상품과 실패상품의 원인분석

어떤 기업이든 간에 히트상품과 장수상품을 고대한다.

그러나 보통이 많으며 100개 중에 몇 개만이 히트 · 장수상품으로 존재하게 된다는 점은 그만큼 히트, 장수하기가 힘들다는 것이다.

히트, 장수의 원인은 철저하게 조사분석 예측하여 기술혁신과 디자인, 브랜드, 유통, 가격, 마케팅전략관리, 판촉서비스 등이 일치되어 고객들로부터 환영을 받은 결과이나 실패상품은 그와는 멀어졌기 때문이므로 이에 대한 사례를 살펴 교훈으로 삼는 것도 좋을 것이다.

1) 대박터트린 히트상품 요소와 사례 분석

① 히트안타 상품개념과 요소

그렇게도 기대되는 히트(HIT)상품의 크기를 측정하는 척도는 소비자들로부터 나오는 반응이다.

히트(HIT)의 개념

H(High : 최상 / 고품질) + I(Idea : 아이디어 / 신선) + T(Time : 시간 / 고객욕구)

© Chae Soo Myung 83

즉 모든 소비자들이 선호하는 상품이 짧은 기간 동안 상당한 매출을 올릴 때 히트상품이 되는 것이며 시장주도권을 장악하고 시장의 안정성과 성장 가능성을 고려하며 국제성 및 미래지향적인 비전을 제시하는 상품개발에 노력해야 한다.

그 조건은 시대에 맞는 인간공학적인 기술과 센스 있는 디자인은 물론 효과적인 광고 및 가격, 판촉서비스 등 마케팅력이 시대상황에 부합되었을 때 히트상품이 된다.

히트상품의 요소

구　　분	내　　　　　용
하드웨어 / 제품기술력(Product) 력	최첨단기술, 품질 / 핵심기술
소프트웨어 / 디자인(Design) 력	디자인, 포장, 색채, 재질, 인간공학 / 보조기술
휴먼웨어 / 마케팅(Marketing) 력	전략마케팅, 포지셔닝, 광고, 가격, 유통, 판촉, 이벤트, 서비스, 변수 / 경쟁기술

© Chae Soo Myung 84

　그리고 기업 내부의 전폭적인 지지를 받을 수 있고 특허청에 등록하여 상표권(Trademark)을 획득하여 법률적인 보호를 받을 수 있는 브랜드전략이 절대적으로 필요하다.

　성공상품은 매출을 올린 착상과 결단과 기술 그리고 연구개발을 통틀어 지칭하는 개념으로써 매우 시대상황적이며 품질이 우수하다는 점도 있으나 전략마케팅도 빼놓을 수 없는 비결 가운데 하나이다.

② 대박터트린 히트상품의 사례 분석

• 비트(제일제당) : 「내가 세제를 만든다면」이라는 소비자 설문조사를 통해 좋은 아이디어를 규합해 간결하고 빠르며 박진감 넘치는 율동과 강력한 느낌의 브랜드가 우수하였고 「깨끗하고 아름다운 생활을 위하여」라는 슬로건을 기초로 간결한 포장디자인, 설득력 있는 TV광고전략과 표현, 지속적인 고객관리가 히트상품을 만들었다.

• 공기방울세탁기(대우전자) : 기존 세탁방식의 차별화와 혁신화를 실현했고 브랜드가 친근감을 주었는데 「공기방울이 세탁을 한다」라는 광고 컨셉의 적중 및 시리즈 광고전략의 전개, 마케팅 전략의 우수성을 들 수 있다.

• 퍼펙트세탁기(삼성전자) : 완전용해장치의 개발로 이중세탁효과를 강조했는데 구심력 물살과 파도물살을 활용했고 사람이 세탁기 안에 들어가서 빨래하는 모습의 광고효과와 마케팅 전략이 우수했다.

• 한스푼(LG) : 「요만큼」으로 풍미한 혁신 농축세제 LG의 「한스푼」은 적게 사용해도 세탁이 깨끗하다는 점과 「요만큼」이라는 키워드를 도출해 타깃의 소구력이 강하고 개성이 풍부하면서도 친근감 있는 여성 연기자를 통해 제품인지도를 제고시킴으로써 신세대 감각을 부각시켰다.

2. 대박터지는 히트 · 장수상품과 실패상품의 원인분석

그 당시 환경오염 특히 수질오염이 사회적으로 문제가 되면서 세제를 듬뿍 넣어 때를 잘 빠지게 하는 합성세제에서 조금 사용해도 효과만점인 제품이미지와 간접적인 수질오염방지 캠페인으로 기업이미지에 대한 신뢰를 높임으로써 매출 신장은 물론 단기간에 히트상품으로 자리 잡았다.

• **기타 상품** : 큰사발면(브랜드 우수성, 농심), 종이팩소주(포장혁신, 진로), 포카리스웨트(스포츠음료, 동아식품), 누구나(브랜드 우수성, 고려화학) 등도 제품혁신과 브랜드 등의 차별화 마케팅전략으로 히트를 쳤다.

• **입체냉장고 탱크(대우전자)** : 400리터 이상의 대형냉장고 시장에서 10%에 불과하던 시장점유율을 21%로 두 배나 끌어올렸는데 연구개발비만 140억 원을 투입해 5년 만에 개발한 상품이다.

　두 개의 냉각팬을 이용하는 새로운 방식을 적용하여 냉장실 신선도를 높였고 좁은 현관문을 통과하도록 도어착탈식 설계는 물론이고 부득이 창문으로 옮겨야 할 경우 고가사다리와 특장차를 배치하는 고객서비스 전략을 실현했다.

• **그린컴퓨터(삼성전자)** : 1993년 5월 출시 이후 6개월 단위로 성능을 개선해 호평을 받아 1994년 4월 그린컴퓨터Ⅲ까지 시리즈를 내놓아 국내 퍼스널컴퓨터 시장에서 점유율 1위를 차지했었다.

• **엑센트(현대자동차)** : 신세대감각을 슬로건으로 내걸고 차체곡면을 강조하면서 볼륨감이 있는 에어로 다이내믹 스타일을 채택했을 뿐만 아니라 보라색, 연녹색 등 과감한 색을 적용하여 컬러혁명을 일으켜 젊은 층의 큰 반항을 불러일으켰다.

• **마몽드 트로픽 오렌지 캠페인(태평양)** : 트로픽 오렌지 립스틱은 시장에 선보인 지 4개월 만에 150만 개가 판매되어 단일제품으로서는 신기록을 세웠다.

초기에는 트로픽 오렌지 색상이 귀신을 쫓는 색상이라는 고정관념 때문에 대리점의 반품사태가 일어났으나 대리점 교육을 통해 밀어붙인 결과 예상을 초월한 실적을 올릴 수 있었다.

• **교직원 연금보험(대한생명)** : 교직원이라는 특정집단으로 세분화한 제품을 개발하여 틈새 시장을 뚫고 들어갔다.

• **아트비전 그린 TV(LG전자)** : 국내 최초로 브라운관을 평면화했고 화면 구석구석까지 왜곡현상 없이 선명한 화질을 개발하여 히트상품이 되었다.

• **경남관광상품** : 1994년 행정기관으로서는 국내 처음으로 경남도청이 여름 휴가철에 방송매체를 통해 관광경남이라는 TV광고를 실시한 결과 1,300만 명의 관광객을 유치하여 1993년보다 25%의 신장세를 보였다.

• **기타** : 120mm스텐컬러샤시(서울경금속), 데미소다(동아오츠카), 지하 150m의 물로 만들었다며 선풍을 일으킨 하이트맥주(조선맥주), 소나타 Ⅱ(현대자동차), 무쏘(쌍용자동차)는 히트상품이었다.

침대는 가구가 아니라 과학임을 홍보한 에이스침대, 015삐삐(제2무선호출사업자), 와이드그릴 가스레인지(동양매직), 컨셉트가구(동서가구), 고드름(롯데제과), 숙취해소를 겨냥한 컨디션(제일제당), 우리 전통음료를 대중화한 비락식혜(비락), 위니아 에어컨(만도기계)이 대히트를 기록했다.

• **아반떼(현대자동차)** : 1990년부터 5년간 2,000명의 기술 인력과 5,000억 원의 개발비를 투자하여 고성능, 저연비, 저소음의 1,500cc DOHC 알파엔진과 1,800cc DOHC 베타엔진을 실었고 최대출력 138마력, 최고속도 197㎞/h로 동급 최대성능으로 출시 후 월평균 1만 6천 대의 판매를 기록하였다.

• **조용한 청소기 싹싹이(대우전자)** : 소비자 불만요소인 소음을 세계 최

저인 55dB로 낮췄으면서도 흡인력은 국내 최대인 460W를 유지해 1994 년 7월 시판 후 대우전자 청소기의 매출을 두 배 가까이 올렸고 1995년 상반기에만 57.9%의 시장점유율을 기록했다.

• 삼보 펜티엄 멀티미디어Ⅲ (삼보컴퓨터) : 초보자도 쉽게 조작할 수 있는 홈 뱅킹, 자동전화받기, 인터넷 접속 등 통신기능과 활용성이 강화된 것이 특징으로 출시 후 상반기 펜티엄 시장의 38%를 점유하기도 하였다.

• 삼성카메라 FX-4 (삼성항공) : 세계 최초로 자체 개발한 콤팩트 4배 줌 (38~140mm) 카메라로 인체공학적인 설계와 디자인으로 사용의 편리성을 강조한 렌즈셔터방식의 상품이다.

• 복사기 NT4000시리즈 (신도리코) : 퍼지이론을 이용한 종이걸림 자동 제거기능을 탑재하여 4만 장 중 1장 정도만 종이가 걸릴 정도로 완벽한 것으로서 단일기종으로 복사기시장의 22.6%를 점유했다.

• LG아트비전골드 (LG전자) : 국내 최초로 주변환경을 감지하여 자연색을 재현해주는 아트영상기능을 갖추어 슈퍼플랫브라운, 고감도 튜너, 고출력 스피커시스템 등으로 컬러TV의 화질을 혁신하고 두께를 대폭 얇게 만들었을 뿐만 아니라 감각 있는 디자인으로 1995년 상반기 40% 이상의 시장점유율을 기록했다.

• 롯데 이브 (롯데칠성음료) : 100% 국산 사과주스로 제조되어 1995년 월평균 40만 상자의 매출을 올렸다. 건강을 중요시하는 현대인의 취향에 힘입어 히트를 쳤다.

• 제크 (롯데제과) : 신세대 여성층을 타깃으로 짭짤하면서도 질리지 않는 고소한 뒷맛과 고급스런 포장이 특징인데 월평균 35억 원 이상의 매출을 올렸다.

• 그린 행복연금보장 (삼성생명) : 연금지급방법과 각종 특약을 고객의 필

요에 따라 자유롭게 설계하고 연금 및 생활자금을 받도록 한 종합설계형 연금보험으로 1월 출시 후 9개월 만에 신계약 66만 여 건을 기록하여 월평균 7만 3천명이 가입하는 실적을 올렸다.

• 드봉 이지업(LG화학) : 20대 여성전용 화장품으로서 피부를 최적의 상태로 유지시켜주는 퍼지이론을 도입해 피부의 수분조절이나 피부분비 조절 및 피부표면의 개선효과가 탁월하고 꽃봉오리를 형상화한 단순한 디자인과 독특한 브랜드명으로 차별화에 성공했다.

• 옥소리 WS32MEF (옥소리) : 호환성이 높고 32가지 실제 악기의 음악을 연구할 수 있는 멀티미디어 사운드카드로 음성인식 기능개발의 응용화에 성공하여 월 2만 개 이상의 판매실적을 올렸다.

• 덴티큐(해태제과) : 식품 전반에 걸쳐 관심이 고조되어 있는 상황에서 「무설탕으로 충치예방기능을 강화한다」라는 구호 아래 국제치아보호협회로부터 치아에 해가 없는 제품에만 주어지는 T. S. I마크를 아시아 최초로 획득한 후 이를 적극적으로 홍보하여 출시 1년 만에 단일브랜드로 13.8%의 시장점유율을 기록했다.

• 풀무원다이어트(풀무원) : 비만으로 고민하는 여성 인구가 점점 늘어가고 있는 추세를 감안하여 바닐라맛, 코코아맛, 호박맛, 커피맛이 나면서도 아주 낮은 열량을 가진 비만방지용 다이어트식품을 개발했기 때문에 젊은 여성들에게 인기를 끌면서 월평균 30만 세트(15억 원)가 판매됐다.

• EF소나타(현대자동차) : 20세기 말 소나타의 명성을 계승하고 고풍스럽고 심플한 디자인과 우수한 성능으로 중년남성들을 유혹하여 열풍을 일으켰다.

• 김치냉장고(만도) : 주부들의 마음을 사로잡은 김치냉장고는 그야말로 대히트를 쳤다.

2. 대박터지는 히트 · 장수상품과 실패상품의 원인분석

• **콤보(삼성전자)** : DVD(디지털비디오디스크)플레이어와 VCR를 합쳐 만들어 100만 대를 판매하였으니 세계시장이 2,500만 대인 것을 감안하면 세계 1, 2위를 다투는 초히트상품으로 등극하였다.

거실공간이 좁은 상태에서 양 기기를 동시에 원하는 소비자의 욕구를 맞추면 20%나 가격이 높아도 괜찮을 것이라는 역발상의 결과 내수 불황에 시달리고 있는 가전업체들에게 경종을 울리고 있다.

• **LG전자** : 에어컨시장에서 눈에 띄게 하기 위해 노랑색, 파랑색, 초록색의 정사각 액자형 에어컨을 출시하여 1만 대만 팔려도 성공이라는 관념을 깨고 무려 3만대가 판매되었다.

• **만도공조** : 아무리 커봐야 120~130리터라는 개념을 넘어 과일과 야채까지도 저장할 수 있는 170~180리터의 초대형 김치냉장고를 출시하여 9개월 만에 10만 대를 판매하여 김치냉장고 판매량의 30%를 차지하였다.

가전시장은 거의 포화단계이므로 다양한 아이디어와 역발상제품이 아니면 신규수요를 끌어내기 어렵다는 점에서 히트상품은 히트욕구를 창출하는 마케팅력이 있어야 한다.

2) 장수상품의 비결과 단명상품의 원인

① 장수의 숨겨진 비결과 사례 분석

장수상품은 상품의 역사가 길 뿐만 아니라 시장점유율도 월등히 높아야 한다.

그 비결로는 상품의 품질과 브랜드명의 우수, 효과적인 광고전략과 고객관리, 주기적인 제품관리 등 마케팅의 능력에 달려 있는 것이다.

장수상품의 요인

구 분	내　　　　용
상품	기술혁신, 품질유지, 디자인, 포장, 가격관리
마케팅력	광고전략, 브랜드우수성, 판촉기법, 적정 가격, 제품의 라이프사이클관리

• **농심 새우깡** : 1971년 12월 첫선을 보였으니 30년이 넘어 과자류 평균 수명 6개월이라는 점에서 경이적이다.

이는 당시 인기를 누렸던 뻥튀기에서 힌트를 얻은 것으로 튀김온도, 밀가루반죽을 맞추기 위해 4.5톤 트럭 80대분의 밀가루를 투입하면서 튀김온도스낵류로는 첫제품으로써 일종의 모험이었지만 출시와 함께 인기가 폭발적이어서 첫해 20만 6천 박스에서 이듬해 20배인 4백25만 박스로 증가했다.

당시 경영위기에 몰린 롯데공업은 롯데라면을 출시했으나 90%를 장악했던 삼양라면에 밀려 고전했지만 새우깡이 나오자 1971년 41억 원에서 이듬해 86억 원으로 두 배 이상 뛰는 초고속성장에 힘입어 양파깡, 감자깡 등 일명 깡시리즈를 내놓아 스낵시장에 돌풍을 일으켰다.

1978년 농심으로 회사명을 바꾸고 농심라면, 사발면, 신라면 등을 출시하여 업계 1위를 고수하고 있는데 그동안 53억 5천만 봉지로 지구(40,075km)를 40바퀴나 돌았고 판매액 6천7백 61억 원으로 1인당 1백 20봉지를 소비했으며 꽃새우 2백 68억 마리를 사용하였다.

• **오리온 초코파이** : 남녀노소 구분 없이 누구나 좋아하는 장수상품으로 자리잡았는데 그 비결은 부담 없는 가격과 독특한 맛 그리고 한국적인

317

정이 흐르는 제품광고 때문이다.

1974년 첫출시된 이후 이미 1992년 1월 월평균 40억 원의 매출기록과 함께 중국, 일본, 러시아 등에 3~4억 원의 수출을 하였다. 이 숫자는 국민 1인당 월 1.3개를 구매하는 등 이 제품이 20년 넘게 제과업계 1위를 차지하고 있는 이유는 소비자 기호변화에 맞춘 끊임없는 제품개발과 관리 및 대처능력이 우수했기 때문이다.

원래 1974년 선진국 순회 도중 호텔 카페테리아에서 우유 한 잔에 곁들인 초콜릿을 코팅한 양과에서 아이디어를 얻어 초코파이가 탄생되었던 것이다.

과거 기호식품에서 영양보조 건강식품으로 변화함에 따라 선풍을 일으키자 롯데(코코아파이), 해태(빅파이), 크라운(오! 예스) 등 유사제품이 경쟁이나 하듯 선보이게 되었으나 타사 제품보다 특수한 재료배합과 굽는 공정을 거쳐 부드러운 비스킷 및 머시맬로를 알맞게 결합시켜 초코파이만의 독특한 맛을 내고 있는 것이다.

또한 1988년부터 〈선생님편〉, 〈할머니댁 방문편〉, 〈아파트 경비원편〉, 〈건널목 간수편〉, 〈우편배달부편〉, 〈입대하는 삼촌편〉 등 정(情)시리즈의 CF를 시도하여 각박해져가는 현대인의 휴머니즘에 호소함으로써 다양한 계층에서 큰 호응을 얻게 되었다.

이를 계기로 하여 그 수입금 일부를 1994년부터 도서벽지 초등학교의 낡은 책상과 걸상을 교체해줌으로써 공익사업을 실천하는 대표적인 사례로 기업이미지 제고와 함께 이익의 사회환원이라는 차원에서 공익기업광고로 정착되었으니 초등학생들은 물론 어른들에게까지 진한 감동을 주기에 충분했다.

• **기타** : 해태 영양갱(1945년 출시), 무궁화 세탁비누(1947년), OB맥주(1952년), 미원(1956년), 크라운산도(1961년), 로케트 배터리(1961년), 모

나미 볼펜(1963년), 삼양 라면(1963년), 해표 식용유(1966년), 농심 새우
깡(1971년), 모나리자 티슈(1989년) 등은 장수상품으로 변함이 없다.

장수상품의 비결

브랜드명	회사명	시판 연도	장수비결	
3000리호 자전거	삼천리 자전거(주)	'46. 12	기술개발로 소비자에 보답	품질주력, 판매망 확보, 오랜 브랜드 인식
칠성사이다	롯데칠성 음료	'50. 5	우리 입맛을 고정시켜놓은 음료	독특한 맛, 품질 불변, 브랜드에 충실
OB맥주	동양맥주	'53. 8	확고한 브랜드 이미지 구축	국민소득 향상에 따른 대중화, 품질관리, 브랜드 인식
럭키치약	LG화학	'54. 6	도전에 흔들리지 않는 유명상품	한국인의 생리에 맞는 치약개발, 브랜드 우수, 광고의 강점
미원	서울미원	'56. 1	식탁의 혁명을 일으킨 조미료	최초의 조미료, 상표인식 우수, 품질과 가격변동 적음
에이스 침대	에이스 침대 (주)	'63. 3	품질 위주로 상표인식 확대	질 위주 생산, 가격과 품질 변동 적음, 상표인식도 높음
박카스	동아제약	'64	오랜 브랜드 인식 드링크제로 변신 후 인기	약과 음료의 맛 함유, 가격저렴, 브랜드 관리·광고 주효, 슬로건 우수
모나미 153	모나미	'63	값싸고 실용성 우수, 오랜 브랜드 인식	품질, 가격, 실용성, 최초의 볼펜, 가격변동 적음
훼스탈	한독약품	'60년 초	브랜드 인식, 광고 효과	오랜 역사, 지속적인 브랜드 관리, 광고주력
새우깡	농심	'71. 12	담백한 맛과 독특한 브랜드명	생새우 재료, 독특한 브랜드명

출전)「월간 마케팅시대」. 1992. 3., p.41

2. 대박터지는 히트·장수상품과 실패상품의 원인분석

② **외국의 대히트상품사례**

대체적인 일본 히트상품의 공통점은 첨단기술과 특유의 디자인감각을
바탕으로 고객의 마음을 파고들어 친근감을 주므로써 삶과의 융합은 물론
환경을 선호하고 있다.

일본의 히트상품 사례

지향	상	품
마음	맥주, 이탈리아식 레스토랑, 저알코올 음료, 무연담배, 가정 꽃배달, 가족해외여행, 2500자동차	
기술	퍼지가전제품, 위성 TV수상기, 신소형카메라, CD플레이어	
시간	노트북 PC, 휴대전화, 무선전화, 휴대FAX, 속달, 뉴세차, 장기대여 비디오	
건강	무가당음료, 기능성 음료, 저칼로리 스포츠음료, 미네럴워터, 가정용 정수기, 백색화장품, 자외선 차단상품, 다기능샤워, 건강(미용) 관리소, 잡지, 간이 임신검진약	

일본에서 히트하면 2~3년 뒤에는 우리나라에 상륙하여 히트하는 것이
일반적이어서 이를 참고하여 활용하는 것이 바람직하다.

• 미국 유명브랜드들의 장수기간은 대개 50~74년(28%), 75~99년(26%),
100년 이상(10%), 25~49년(4%), 15~24년(4%), 14년 이하(3%), 기타
(25%)로서 수명이 매우 긴 것으로 나타나 제품관리에 대한 능력이 뛰어
나다는 것을 알 수 있다.

• 말보로(Marlboro)는 카우보이와 말을 부각시켜 미국과 남성을 연상케
하는데 이것은 영국에서 탄생한 여성전용 담배로 창업자인 모리스
(Phillip Morris)가 1847년 런던에 담배가게를 열고 「여성의 기호품」이란
슬로건으로 1922년 미국 뉴욕에 진출해 초기에는 고전했으나 1954년에

이르러 주고객층이 남성으로 바뀌면서 호황을 누리게 되었다.

밋밋한 담뱃갑에 뚜껑을 달고 강렬한 빨강색과 흰색을 대비시킨 디자인으로 포장을 바꾸는 한편 문신을 한 카우보이들을 광고에 등장시켰으며 배경음악으로 〈황야의 7인〉 주제곡을 사용하여 강렬한 남성이미지를 부각시켰다.

그 결과 0.25%의 시장점유율에서 1975년 미국 최대(점유율 30%)는 물론 세계 최대의 담배(점유율 20%) 업체로 올라서는 경이적인 기록을 올렸고 1955년 59억 개비(약 3억 갑)에서 1994년 3,723억 개비(약 186억 갑)로 40년 간 무려 60배나 증가했다.

• 〈파이낸셜 월드(Financial World)〉지가 1995년 조사한 결과에 의하면 상표권 가치만 계산해도 387억 달러에 이르러 코카콜라의 390억 달러와 쌍벽을 이루고 있는 장수상품이다.

③ 불운의 단명상품 원인분석

가장 불행한 단명상품은 그 원인을 외부보다도 자체에서 찾아야 한다.

대체로 시장상황이 일치하지 않거나 제품 자체의 결함 등으로 인해 출시부터 문제가 있는 경우와 한때 히트상품으로서 영광을 한 몸에 안고 있었으나 도중에 관리소홀과 매스컴 등의 영향으로 화려한 삶을 마감하는 경우가 많다.

• 흑맥주 : 당시로써는 맥주가 고급품이었고 독특한 맛이 부재한 가운데 검은 분위기가 애주가들에게 호응을 얻지 못했는데(1963~64년 초) 이는 시대상황을 읽지 못했기 때문이다.

• ET인형 : 미국에서 유행한 ET만화영화로 인해 인형이 히트를 치자 지나친 업체들의 난립과 관리소홀은 물론 인형상품의 짧은 주기와 유행으로 인해 관련업체 모두가 붕괴되고 말았는데(1982년) 시대적 상황과

2. 대박터지는 히트·장수상품과 실패상품의 원인분석

철저한 경영관리가 절실하다.

• 스카이콩콩 : 출시와 함께 어린이들에게 선풍을 일으켰으나 조직적인 상품관리의 부재와 〈뛰면 뇌에 이상이 생긴다〉라는 무책임한 매스컴의 보도로 고객들이 외면하였다(1982년). 그러나 소비자심리의 변화가 극심함을 알 수 있다는 점에서 제2의 전성시대가 올 것이라 예상된다.

제4장 마케팅 컨설팅실무

한국마케팅 연구회 안내

1. 목적(회칙 요약)

마케팅에 대한 심오한 이론연구는 물론 사례중심적인 조사분석 이외에 회원간 정보교류 및 친선도모를 통해 자기계발혁신을 위한 신지식 프로마케터로써 기업발전과 국가사회발전을 위해 기여하는 데 있다.

총회는 정기(12월), 임시(중대사항)가 있고, 선출직(회장, 감사)과 임명직(임원은 부회장의 추천으로 회장이 임명)으로 2년 임기와 모든 의결은 참석회원 과반수 의결로 하며 재정은 회비, 후원비, 사업비로 충당한다.

2. 주요사업

학술연구(학술, 실무), 조사분석평가(사례), 연구개발(사례), 연수교육, 출판(단행본), 이벤트, 기타 수익사업

3. 조직

고문, 자문위원 / 회장, 감사, 부회장, 집행부(상임이사, 총무이사, 홍보이사, 재무이사, 정보이사, 학술이사, 사업이사, 국제이사, 섭외이사, 친교이사, 전시이사, 출판이사, 무임소이사), 분과위원회(학술교육분과, 정보조사분과, 연구개발분과), 기타(시도별 지부, 후원회)

＊회장 : 채수명(21세기경영연구소 소장, 마케팅관련 저서 등 총 30여권), 감사(김옥재, 대학강사)

4. 회원

학력, 연령에 관계없이 관심이 높은 사는 가입이 가능하며 정회원(실무종사자), 법인회원(법인회사), 준회원(대학생)이 있다.

＊가입절차 : 입회카드제출 → 심의(이사회) → 회비납부

＊제명 : 본회의 이미지를 손상시킨 자

5. 연회비

정회원(3만원), 법인회원(20만원), 준회원(2만원)

국민은행(043-24-0611-951, 예금주 채수명) / 입금전후 연락 요망

6. 혜택

상담 자문, 각종 참여(프로젝트, 세미나, 심사), 단행본 출간, 애경사

7. 사무국

주소 : 서울 송파구 삼전동 132-3 대명빌딩 201호, 전화 : 02)423-0445

직통 : 회장 채수명(016-344-6089), E-mail : 21chae@hananet.net

한국마케팅 연구회 입회카드

사 진	성 명		한 문		영 문				
	출 생		취 미		특 기				
	집주소						전 화		
	휴대폰			E-mail					
직 장	주 소						직 종		
	직 위						Fax		
학 력	대 학						전 공		
	대학원						전 공		
주요경력									
특기사항									
가입 동기									
관심분야									
추 천 인									
가입 후 활동									

회 비	입회비		연회비	2002	2003	2004	2005	2006	2007	2008

기타, 애경사	

본인은 본회의 취지에 적극 동참하기 위해 입회서를 신청합니다.

200 . . .

신청인   (인)

가림출판사 · 가림M&B · 가림Let's에서 나온 책들

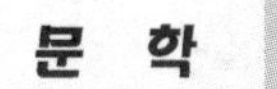

바늘구멍
켄 폴리트 지음 · 홍영의 옮김
미국 추리작가 협회의 최우수 장편상을 받은 초유의 베스트 셀러로 전쟁을 통한 두뇌싸움을 치밀하고 밀도 있게 그려낸 추리소설. 신국판 / 342쪽 / 5,300원

레베카의 열쇠
켄 폴리트 지음 · 손연숙 옮김
최고의 모험, 폭력, 음모 그리고 미국적인 열정 속에 담긴 두 남녀의 사랑이야기를 독자들의 상상을 뒤엎는 확실한 긴장감으로 마지막까지 흥미진진한 켄 폴리트의 장편 추리소설.
신국판 / 492쪽 / 6,800원

암병선
니시무라 쥬코 지음 · 홍영의 옮김
금세기 최대의 난적인 암을 퇴치하기 위해 7대양을 누빌 암병선을 무대로 인간생명의 존엄성을 지키기 위해 불의와 맞서는 시라도리 선장의 꿋꿋한 의지와 애절한 암환자들의 심리가 생생하게 묘사된 근래 보기드문 걸작. 신국판 / 300쪽 / 4,800원

첫키스한 얘기 말해도 될까
김정미 외 7명 지음
이 시대의 젊은 작가 8명이 가슴속 깊이 간직했던 나만의 소중한 이야기를 살짝 털어놓은 상큼한 비밀 이야기.
신국판 / 228쪽 / 4,000원

사미인곡 上 · 中 · 下
김충호 지음
파란만장한 일생을 보낸 정철의 생애를 통해 난세를 살아가는 우리에게 삶의 지혜와 기쁨을 선사하는 대하 역사 소설.
신국판 / 각 권 5,000원

이내의 끝자리
박수완 스님 지음
앞만 보고 살아가는 우리에게 자신을 뒤돌아볼 수 있는 여유를 갖게 해주는 승려시인의 가슴을 울리는 주옥 같은 시집.
국판변형 / 132쪽 / 3,000원

너는 왜 나에게 다가서야 했는지
김충호 지음
세상에 대한 사랑의 아픔, 그리움, 영혼에 대한 고뇌를 달래야 했던 시인이 살아 있는 영혼을 지닌 이들에게 전하는 사랑의 메시지. 국판변형 / 124쪽 / 3,000원

세계의 명언
편집부 엮음
위인이나 유명인들의 글, 연설문 혹은 각 나라에서 전해져 오는 속담을 통하여 지난날을 되새겨보는 백과전서로서, 오늘을 반성하는 교과서로서, 그리고 미래를 설계하는 참고서로서 역할을 해줄 것이다. 신국판 / 322쪽 / 5,000원

여자가 알아야 할 101가지 지혜
제인 아서 엮음 · 지창국 옮김
남녀가 함께 살면서 경험으로 터득한 의미심장하면서도 재미있는 조언들을 발췌한 내용으로 독신의 삶을 청산하려는 이들이 알아야 할 유용하고 상상력 풍부한 힌트로 가득찬 감동의 메시지이다. 4 · 6판 / 132쪽 / 5,000원

현명한 사람이 읽는 지혜로운 이야기
이정민 엮음
현대를 살아가는 우리들에게 삶의 가치를 부여해주고 자기 성찰의 기회를 갖게 해준다. 신국판 / 236쪽 / 6,500원

성공적인 표정이 당신을 바꾼다
마츠오 도오루 지음 · 홍영의 옮김
고통스러울 때, 괴로울 때, '그럼에도 불구하고'의 스마일을 통해 자신뿐만 아니라 주위 사람들의 마이너스 사고를 플러스 사고로 바꾸어서 사람의 마음을 움직이며, 그리고 사람의 마음에 남는 최고의 웃는 얼굴을 만드는 비법 총망라!
신국판 / 240쪽 / 7,500원

태양의 법
오오카와 류우호오 지음 · 민병수 옮김
불법 진리 사상의 윤곽과 그 목적 · 사명을 명백히 함으로써 한 사람 한사람의 인간이 깨달음을 추구하고 영적으로 깨우치기 위한 명확한 방향을 제시하였다. 신국판 / 246쪽 / 8,500원

영원의 법
오오카와 류우호오 지음 · 민병수 옮김
일찍이 설파되었던 적도 없고 앞으로도 설해지지 않을 구원의 진리를 한 권의 책에 이론적 형태로 응축한 기본 삼법의 완결편.
신국판 / 240쪽 / 8,000원

옛 사람들의 재치와 웃음
강형중 · 김경익 편저
옛 사람들의 재치와 해학을 통해 한문의 묘미를 터득하고 한자를 재미있게 배우며 유머감각까지 높일 수 있는 일석삼조의 효과 만점. 신국판 / 316쪽 / 8,000원

지혜의 쉼터
쇼펜하우어 지음 · 김충호 엮음
쇼펜하우어의 철학체계를 통하여 풍요로운 삶의 지혜를 얻고 기쁨을 얻을 수 있도록 꾸며 놓은 철학이야기.
4 · 6판 양장본 / 160쪽 / 4,300원

헤세가 너에게
헤르만 헤세 지음 · 홍영의 엮음
순수한 애정과 자유를 갈구하는 헤세의 아름다운 세상을 통한 깨끗한 정신세계를 공유할 수 있는 기회를 제공.
4 · 6판 양장본 / 144쪽 / 4,500원

사랑보다 소중한 삶의 의미
크리슈나무르티 지음 · 최윤영 엮음
금세기 최고의 사상가이자 철학자인 크리슈나무르티가 인간의 정신적 사고의 구조와 본질을 규명하여 인간의 삶에 대한 가장 완벽한 해답을 제시. 신국판 / 180쪽 / 4,000원

장자-어찌하여 알 속에 털이 있다 하는가
홍영의 엮음
동양 사상의 저변에 흐르고 있는 자연에의 경외감을 유감없이 표현한 장자를 통하여 인간 본연의 자세로 돌아가 나를 돌아보는 계기를 만들어 주는 책. 4 · 6판 / 180쪽 / 4,000원

논어-배우고 때로 익히면 즐겁지 아니한가
신도희 엮음
인간에게 필요불가결한 윤리와 도덕생활의 교훈들을 평이한 문

체로 광범위하게 집약한 논어의 모든 것!!
4·6판 / 180쪽 / 4,000원

맹자-가까이 있는데 어찌 먼 데서 구하려 하는가
홍영의 엮음
반성과 자책을 통해 잃어버린 양심을 수습하고 선으로 복귀할
것을 천명하는 맹자 사상의 집대성!!   4·6판 / 180쪽 / 4,000원

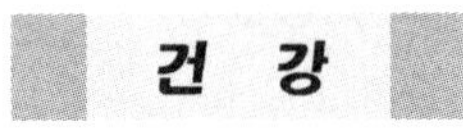

건 강

식초건강요법
건강식품연구회 엮음 · 신재용(해성한의원 원장) 감수
가장 쉽게 구할 수 있고 경제적인 식품이면서 상상할 수 없을
정도로 뛰어난 약효를 지닌 식초의 모든 것을 담은 건강지침서!
신국판 / 224쪽 / 6,000원

아름다운 피부미용법
이순희(한독피부미용학원 원장) 지음
피부조직에 대한 기초 이론과 우리 몸의 생리를 알려줌으로써
아름다운 피부, 젊은 피부를 오래 유지할 수 있는 비결 제시!
신국판 / 296쪽 / 6,000원

버섯건강요법
김병각 외 6명 지음
종양 억제율 100%에 가까운 96.7%를 나타내는 기적의 약용버
섯 등 신비의 버섯을 통하여 암을 치료하고 비만, 당뇨, 고혈압,
동맥경화 등 각종 성인병 예방을 위한 생활 건강 지침서!
신국판 / 286쪽 / 8,000원

성인병과 암을 정복하는 유기게르마늄
이상현 편저 · 민형기 감수
최근 들어 각광을 받고 있는 새로운 치료제인 유기게르마늄을
통한 성인병, 각종 암의 치료에 대해 상세히 소개.
신국판 / 304쪽 / 7,000원

난치성 피부병
생약효소연구원 지음
현대의학으로도 치유불가능했던 난치성 피부병인 건선 · 아토
피(태열)의 완치요법이 수록된 건강 지침서.
신국판 / 232쪽 / 7,500원

新 방약합편
정도명 편역
약물의 성질과 효능을 쉽게 꾸며 놓아 자신의 병을 알고 증세에
맞춰 스스로 처방을 할 수 있는 가정 한방 주치의 역할을 해준
다. 증상과 처방에 따라 가정에서 조제할 수 있는 보약 506가지
수록.   신국판 / 416쪽 / 15,000원

자연치료의학
오홍근(신경정신과 의학박사 · 자연의학박사) 지음
대한민국 최초의 자연의학박사가 밝힌 신비의 자연치료의학으
로 자연산물을 이용하여 부작용 없이 치료하는 건강 생활 비법
공개!!   신국판 / 472쪽 / 15,000원

약초의 활용과 가정한방
이인성 지음
현대과학이 밝혀낸 약초의 신비와 활용방법을 수록하여 가정에
서도 주변의 흔한 식물과 약초를 활용하여 각종 질병을 간편하
게 예방 · 치료할 수 있는 비법제시.   신국판 / 384쪽 / 8,500원

역전의학
이시하라 유미 지음 · 유태종 감수
일반상식으로 알고 있는 건강상식에 대해 전혀 새로운 관점에

서 비판하고 아울러 새로운 방법들을 제시한 건강 혁명 서적!!
신국판 / 286쪽 / 8,500원

이순희식 순수피부미용법
이순희(한독피부미용학원 원장) 지음
자신의 피부에 맞는 관리법으로 스스로 피부관리를 할 수 있는
방법을 제시하고 책 속 부록으로 천연팩 재료 사전과 피부 타입
별 팩 고르기.   신국판 / 304쪽 / 7,000원

21세기 당뇨병 예방과 치료법
이현철(연세대 의대 내과 교수) 지음
세계 최초 유전자 치료법을 개발한 저자가 당뇨병과 대항하여
가장 확실하게 이길 수 있는 당뇨병에 대한 올바른 이론과 발병
시 대처 방법을 알기 쉽게 상세히 수록!
신국판 / 360쪽 / 9,500원

신재용의 민의학 동의보감
신재용(해성한의원 원장) 지음
주변의 흔한 먹거리를 이용하여 신비의 명약이나 보약으로 활
용할 수 있는 건강 지침서로서 저자가 TV나 라디오에서 다 밝
히지 못한 한방 및 민간요법까지 상세히 수록!!
신국판 / 476쪽 / 10,000원

치매 알면 치매 이긴다
배오성(백상한방병원 원장) 지음
자연의 생기를 빨아들이면서 마음을 다스리는 B.O.S.요법으로
뇌세포의 기능을 활성화시키고 엔돌핀의 분비효과를 극대화시
켜 증상에 맞는 한약 처방을 병행하여 치매를 치유하는 획기적
인 치유법을 한의학 가문의 비방을 3대째 이어오고 있는 저자가
이해하기 쉽게 제시하였다.   신국판 / 312쪽 / 10,000원

21세기 건강혁명 밥상 위의 보약 생식
최경순 지음
항암식품으로, 아름다운 몸매를 유지하면서 할 수 있는 다이어
트식으로, 젊고 탄력적인 피부를 유지할 수 있게 해주는 자연식
으로의 생식을 소개하여 현대인들의 건강 길라잡이가 되도록
하였다.   신국판 / 348쪽 / 9,800원

기치유와 기공수련
윤한홍(기치유 연구회 회장) 지음
기 수련을 통해 길러지는 기치유는 누구나 노력만 하면 개발할
수 있고 활용할 수 있는 능력임을 강조하는 저자가 기 수련 방
법과 기치유 개발 방법을 자세하게 소개하고 있다.
신국판 / 340쪽 / 12,000원

만병의 근원 스트레스 원인과 퇴치
김지혁(김지혁한의원 원장) 지음
현대를 살아가는 사람들에게 스트레스는 피할 수 없는 존재. 만
병의 근원인 스트레스를 속속들이 파헤치고 예방법까지 속시원
하게 제시!!   신국판 / 324쪽 / 9,500원

김종성 박사의 뇌졸중 119
김종성 지음
우리나라 사망원인 1위. 뇌졸중 분야의 최고 권위자인 저자가
뇌졸중의 예방에서 치료법까지 상세하게 제시한 건강서. 일상
생활에서의 건강관리부터 환자간호에 이르기까지 뇌졸중의 모
든 것을 수록. 신국판 / 356쪽 / 값 12,000원

탈모 예방과 모발 클리닉
장정훈 · 전재홍 지음
미용적인 측면과 우리가 일상적으로 고민하고 궁금해 하는 털
에 관한 내용들을 피부과 전문의인 저자들의 치료 경험을 토대
로 다양하고 재미있게 예들을 들어가면서 흥미롭게 구성. 저자
들의 글을 풀어가는 입담을 느낄 수 있는 편집도 이 책의 또다
른 특징. 신국판 / 290쪽 / 값 8,000원

구태규의 100% 성공 다이어트

구태규 지음

하이틴 영화배우의 다이어트 체험서.
저자만의 다이어트법을 제시하면서 바람직한 다이어트에 대해서도 알려준다. 건강하게 날씬해지고 싶은 사람들을 위한 필독서! 4·6배판 변형 / 240쪽 / 값 9,900원

암 예방과 치료법

이춘기 지음

현재 미국 암센터에서 활동하고 있는 저자가 암환자와 가족들을 위해서 암을 쉽게 해설해 놓은 책.
암의 치료방법에서부터 합병증의 예방 및 암이 생기기 전에 알 수 있는 방법에 이르기까지 상세하게 해설해 놓았다.
신국판 / 296쪽 / 값 11,000원

알기 쉬운 위장병 예방과 치료법

민영일 지음

소화기관인 위와 관련 기관들의 여러 질환을 발병 원인, 증상, 치료법을 중심으로 알기 쉽게 해설해 놓은 건강서.
속이 쓰리거나 음식을 삼킬 때 가슴이 막히는 증상 때문에 걱정이 되는 독자들은 이 책으로 근심을 한 방에 날려버릴 수 있다.
신국판 / 328쪽 / 값 9,900원

성장클리닉 (배오성)	사혈요법 (정지천)
홍채학 (김성훈)	항암식품 (신재용)
발건강학 (최미희)	카이로프랙틱 (이승원)
간클리닉 (전재웅)	녹차와 건강 (석자연스님)
자연피부미용 (이순희)	생활인의 선체조 (혜원스님)
고혈압 (이정균)	

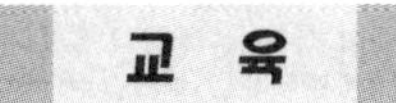

우리 교육의 창조적 백색혁명

원상기 지음

자라나는 새싹들이 기본적인 지식과 사고를 종합적·창조적으로 발전시켜 창조적인 사고능력을 배양할 수 있도록 한 교육지침서. 신국판 / 206쪽 / 6,000원

육아아이디어 263

생활컨설턴트그룹 엮음 · 한양심 옮김

세상에서 가장 예쁘고 소중한 우리 아기에게 언제나 여유로우면서도 무슨 일이든 척척 처리하는 현명한 신세대 엄마가 되기 위한 최신 육아 정보 수록! 신국판 / 318쪽 / 6,000원

현대생활과 체육

조창남 외 5명 공저

현 체육대학 체육과 교수들이 저술한 생활체육의 모든 것으로 건강의 개념 및 체력의 개요를 비롯한 각종 현대병의 원인과 예방 및 운동요법에 대한 이론과 요즘 각광받는 골프·스키·볼링 등의 레저스포츠 분야로 나눠 체육학을 전공하는 학생들 및 일반인들이 관심 있는 부분까지 총망라!!
신국판 / 340쪽 / 10,000원

퍼펙트 MBA

IAE유학네트 지음

기존의 관련 도서들과는 달리 Top MBA로 가는 길을 상세하고 완벽하게 수록하였으며, 또 톱 비즈니스 스쿨 지원자들에게 있어 가장 큰 애로사항 가운데 하나인 에세이를 쉽게 작성할 수 있는 작성법과, 톱 비즈니스 스쿨에 합격한 학생들의 원문도 수록하여 톱 MBA를 꿈꾸는 지원자들에게 가장 완벽하고 충실한 최신의 정보를 제공해 줄 것이다. 신국판 / 400쪽 / 12,000원

유학길라잡이 I - 미국편

IAE유학네트 지음

미국으로의 유학·연수준비생을 위한 알짜배기 최신정보서!!
미국의 교육제도 및 유학을 가기 위해서 준비해야 할 절차, 미국 현지 생활 정보, 최신 비자정보 등을 한 눈에 볼 수 있는 유학길잡이. 4·6배판 / 372쪽 / 13,900원

유학길라잡이 II - 4개국편

IAE유학네트 지음

영어권 국가로의 유학·연수준비생을 위한 알짜배기 최신정보 수록!! 영국·캐나다·호주·뉴질랜드의 현지 정보·교육제도 및 각 국가별 학교의 특화된 교육내용 완전 수록!!
4·6배판 / 348쪽 / 13,900원

조기유학길라잡이.com

IAE유학네트 지음

영어권으로 나이 어린 자녀를 유학보내기 위해 준비중인 학부모 및 준비생들이 반드시 읽어야 할 필독서!!
영어권 나라의 교육제도 및 학교별 데이터를 완벽하게 수록하여 유학정보서의 질을 한 단계 상승시킨 결정판!!
4·6배판 / 428쪽 / 15,000원

김진국과 같이 배우는 와인의 세계

김진국 지음

포도주 역사에서 분류, 원료 포도의 종류와 재배, 양조·숙성·저장, 시음법, 어울리는 요리에 이르기까지 일반인의 관심사와 함께 와인의 유통과 소비, 와인 시장의 현황과 전망 등 산업적 부분까지 다루었다.
특히 와인소매점과 레스토랑 종사자들을 겨냥, 와인 판매 요령, 와인의 보관과 재고의 회전뿐만 아니라 고객에게 와인을 권하고 추천할 수 있는 능력, '와인 양조 비밀의 모든 것'을 동영상으로 제작한 CD까지, 와인의 모든 것이 담긴 종합학습서.
국배판 변형양장본(올 컬러판) / 208쪽 / 30,000원

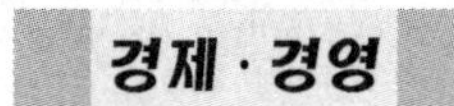

CEO가 될 수 있는 성공법칙 101가지

김승룡 편역

21세기를 맞이하면서 새롭게 떠오르는 분야가 바로 'CEO'의 탄생이다. 냉혹한 기업 세계의 현실에서 높은 성장과 수익을 달성하기 위해서는 최고 경영자로서의 자질을 갖춰야 한다.
이 책은 미래의 CEO를 위한 획기적인 경영실용서로서 또 한 번의 경제위기를 겪고 있는 우리의 현실을 극복하고 일어설 수 있는 리더로서의 역할과 책임에 대한 명확한 해답을 제시해줄 것이다. 신국판 / 320쪽 / 9,500원

정보소프트

김승룡 지음

홍수처럼 쏟아지는 정보를 수집·분석하여 효과적으로 활용하는 방법을 총망라한 정보 전략 완벽 가이드!!
신국판 / 324쪽 / 6,000원

기획대사전
高橋憲行 지음 · 홍영의 옮김
무한경쟁시대 창업 전문가의 시대에서 성공할 수 있는 것은 완벽한 기획에서만 가능하다. 저자가 신사업 기획안과 지역 활성화의 프로젝트맨으로 수십 년간 활약하면서 얻은 경험과 체험을 토대로 엮은 완전 실용판 기획지침서로서 히트상품의 개발, 창업의 성공, 업무의 효율화, 성공적인 마케팅전략, 인재조직의 활용, 비용절감 등 기획에 관련된 모든 사항을 실례와 도표를 통하여 초보자에서 프로기획맨에 이르기까지 효율적으로 활용할 수 있도록 체계적으로 총망라하였다.
신국판 / 540쪽 / 16,500원

맨손창업 · 맞춤창업 BEST 74
양혜숙 지음
창업대행 현장 전문가가 추천하는 유망업종을 7가지 주제별로 나누어 수록한 맞춤창업서로 창업예비자들에게 창업의 길을 밝혀줄 발로 뛰면서 만든 실무 지침서!!
신국판 / 416쪽 / 12,000원

무자본, 무점포 창업! FAX 한 대면 성공한다
다카시로 고시 지음 · 홍영의 옮김
완벽한 FAX 활용법을 제시하여 가장 적은 자본으로 창업하려는 예비자들에게 큰 투자를 필요로 하지 않으면서 성공을 이끌어주는 길라잡이가 되는 실무 지침서. 신국판 / 226쪽 / 7,500원

성공하는 기업의 인간경영
중소기업 노무 연구회 편저 · 홍영의 옮김
무한경쟁시대에서 각 기업들의 다양한 경영 실태 속에서 인사 · 노무 관리 개선에 있어서 기업의 효율을 높이고 발전을 이룰 수 있는 원칙을 제시하고 있다.
아울러 인간경영에 관한 이론적 바탕과 실천적 내용이 잘 조화를 이루어 급변하는 21세기에 살아남을 수 있는 획기적인 이정표를 제시해줄 것이다. 신국판 / 368쪽 / 11,000원

21세기 IT가 세계를 지배한다
김광희 지음
21세기 화두로 떠오른 IT혁명의 경쟁력에 대해서 일반인들도 쉽게 이해할 수 있도록 전문가의 논리적이고 철저한 해설과 더불어 매장 끝까지 실제 사례를 곁들여 이 책을 통해 21세기 최정상에 오르는 방편을 터득하게 해줄 것이다.
신국판 / 380쪽 / 12,000원

경제기사로 부자아빠 만들기
김기태 · 신현태 · 박근수 공저
날마다 배달되는 경제기사를 꼼꼼히 챙겨보는 사람만이 현대생활에서 부자가 될 수 있다. 언론인의 현장감각과 학자의 전문성을 접목시킨 것이 이 책의 특성! 누구나 이 책을 읽고 경제원리를 체득, 경제예측을 할 수 있게 준비된 생활경제서적.
신국판 / 388쪽 / 12,000원

포스트 PC의 주역 정보가전과 무선인터넷
김광희 지음
이제 포스트 PC시대를 준비하자.
이 책은 포스트 PC의 주역으로 급부상하고 있는 정보가전과 무선인터넷 그리고 이를 구현하기 위한 관련 테크놀러지를 체계적으로 소개한 21세기의 현자(賢者)가 되기 위한 지침서이다.
신국판 / 356쪽 / 12,000원

성공하는 사람들의 마케팅 바이블
채수명 지음
마케팅의 A에서 Z까지 마케팅 박사가 최근의 이론을 보완하여 내놓은 마케팅 관련 실무서. 마케팅의 정보전략, 핵심요소, 컨설팅실무까지 저자의 노하우와 창의적인 이론이 결합된 마케팅서. 신국판 / 328쪽 / 12,000원

부동산 재테크(이원제)　　　　**슬로 비즈니스**(번역서)
재테크 경제학(박근수)

개미군단 대박맞이 주식투자
홍성걸(한양증권 투자분석팀 팀장) 지음
초보에서 인터넷을 활용한 주식투자까지 필자의 현장에서의 경험을 바탕으로 한 주식 성공전략의 모든 정보 수록.
신국판 / 310쪽 / 9,500원

미국 · 일본 · 한국시장의 **정공법@주식투자분석**
이길영 외 2명 공저
일본과 미국의 주식시장을 철저한 분석과 데이터화를 통해 한국 주식시장의 투자의 흐름을 파악함으로써 한국 주식시장에서의 확실한 성공전략 제시!! 신국판 / 384쪽 / 11,500원

항상 당하기만 하는 개미들의 매도 · 매수타이밍 **999% 적중 노하우**
강경무 지음
승부사를 꿈꾸며 와신상담하는 모든 이들에게 희망의 등불이 될 것을 확신하는 Jusicman이 주식시장에서 돈벌고 성공할 수 있는 비결 전격공개!! 신국판 / 336쪽 / 12,000원

부자 만들기 주식성공클리닉
이창회 지음
주식투자에 성공하기 위해서는 자신만의 투자철학을 가지고 적기투자를 해야만 한다. 저자의 경험담을 섞어서 주식이란 무엇인가를 풀어서 써놓은 주식입문서. 초보자와 자신을 성찰해볼 기회를 가지려는 기존의 투자자를 위해 태어났다.
신국판 / 372쪽 / 11,500원

선물 · 옵션 이론과 실전매매
이창회 지음
철저한 정글의 법칙이 적용되는 선물과 옵션시장에서 일반인들이 실패하는 원인을 분석하고, 반드시 지켜야 할 투자원칙에 따라 유형별로 실전 매매 테크닉을 터득함으로써 투자를 성공적으로 할 수 있게 한 지침서!!
실패를 딛고 일어선 저자의 생생한 실전 노하우를 수록.
신국판 / 372쪽 / 12,000원

역리종합 만세력
정도명 편저
피흉취길해 나갈 수 있는 생활의 지침서!!
현존하는 만세력 중 최장 기간을 수록하였으며 누구나 이 책을 보고 자신의 사주를 쉽게 찾아보고 맞춰 볼 수 있게 하였다.
신국판 / 532쪽 / 10,500원

작명대전
정보국 지음
좋은 이름 짓는 원리를 체계적으로 공식화한 "쉽게 짓는 작명법"으로 독자들 스스로 작명할 수 있도록 한글 소리 발음에 입각한 작명의 원리를 밝힌 길라잡이이다.
저자와 1:1 운세 상담 전화
휴대폰도 지역번호없이 **0600-0116**
신국판 / 460쪽 / 12,000원

하락이수 해설
이천교 편저
점서학인 하락이수를 직역으로 풀어 놓아 원작자의 깊은 뜻을

원형 그대로 전달하고 원문을 공부하려는 사람들에게 도움이 되는 해설서이다. 신국판 / 620쪽 / 27,000원

현대인의 창조적 **관상과 수상**
백운산 지음
관상에는 그 사람의 평생 운명이 담겨져 있다. 관상을 보면 그 사람의 성격 및 운세, 미래의 성공 여부도 예측할 수 있다. 관상학을 터득하여 적절히 운명에 대처해 나감으로써 어느 분야에서든지 성공적인 삶을 누릴 수 있는 비법을 전해줄 것이다.
신국판 / 344쪽 / 9,000원

대운용신영부적
정재원 지음
운명을 새롭게 변화시켜주는 신비의 영부적!!
수많은 역사와 신비로운 영험을 지닌 1,000여 종의 부적과 저자가 수십 년간 연구·개발한 200여 종의 부적들을 집대성한 국내 최대의 영부적이다. 신국판 양장본 / 750쪽 / 39,000원

사주비결활용법
이세진 지음
컴퓨터와 역학의 만남!! 왕초보자도 한글만 알면 신녹현사주 방정식을 실전에 응용할 수 있다. 운명의 숨겨진 비밀을 꿰뚫어 보는 신녹현사주 방정식의 모든 것을 수록하였다.
신국판 / 392쪽 / 12,000원

컴퓨터세대를 위한 新 **성명학대전**
박용찬 지음
이름 속에 운명을 바꾸는 비결이 있다. 태어난 아기 이름은 물론 개명·상호·아호 짓는 법까지 사람이 살아가면서 필요한 모든 이름 짓기가 총망라되어 각자의 개성과 사주에 맞게 이름을 지음으로써 본인의 삶에 이름값을 할 수 있도록 누구나 쉽게 짓는 작명비법을 수록하였다. 신국판 / 388쪽 / 11,000원

길흉화복 꿈풀이 비법
백운산 지음
김일성 사망과 올림픽 유치, 월드컵 공동 개최를 예언하는 등 국내의 큰 예언을 꿈풀이를 통해서 정확히 맞춰온. 30년이 넘는 세월을 역학에 몸담으면서 터득한 꿈과 관련된 해몽들이 상세하게 수록되어 있고 길몽과 흉몽을 구분하여 그림과 함께 보기 쉽게 엮었으며, 특히 요즘 신세대 엄마들에게 관심이 많은 태몽이 여러 가지로 자세하게 풀이되어 있다.
신국판 / 410쪽 / 12,000원

새천년 작명컨설팅
정재원 지음
오랜 세월 철학원을 운영한 저자의 경험을 바탕으로 일반인들도 '참 쉽다' 라는 표현이 저절로 나올 수 있도록 쓰여졌다. 독학으로 풍수지리학, 사주추명학 및 성명학을 섭렵한 저자의 경험을 되살려, 혼자 배워야 하는 독자들도 정말 이해하기 쉽도록 구성된 신세대 부모를 위한 쉽고 좋은 아기 이름만들기의 결정판이다. 더불어 개명·상호명·회사명·상품명까지 체계적으로 원리화하여 손쉽게 지을 수 있는 작명비법을 제시한다.
신국판 / 470쪽 / 13,000원

백운산의 **신세대 궁합**
백운산 지음
인간의 운명을 예언하는 역리학의 대가이며, 매스컴을 통하여 잘 알려진 백운산 선생이 남녀궁합 보는 법뿐만 아니라 인간관계, 출세, 재물, 자손문제, 건강문제, 성격, 길흉관계 등을 미리 규명할 수 있도록 쉽게 풀어놓았다. 신국판 / 304쪽 / 9,500원

동자삼 작명학
남시모 지음
한글 성명만으로 사람의 운세를 예측할 수 있다. 최초의 한글 성명학으로 한글의 독창성·우수성·과학성을 운명철학 차원에서 검증한, 한국사람에게 알맞은 건물명·상호·물건명 등의 이름을 자신에게 맞는 한글이름으로 지을 수 있는 작명비법을

제시한다. 신국판 / 496쪽 / 15,000원

구성학의 기초
문길여 지음
좋지 않은 운(運)을 길운(吉運)으로 바꾸어 운명을 새롭게 변화시키는 방위학의 모든 것을 통하여 개인의 일생운·결혼운·사고운·가정운·부부운·자식운·출세운을 성공적으로 이끄는 비법 공개. 신국판 / 412쪽 / 12,000원

여성을 위한 **성범죄 법률상식**
조명원(변호사) 지음
성희롱에서 성폭력범죄까지 여성이었기 때문에 특히 말 못하고 당해야만 했던 이 땅의 여성들을 위한 성범죄 법률상식서. 사례별 법적 대응방법 제시. 신국판 / 248쪽 / 8,000원

아파트 난방비 75% 절감방법
고영근 지음
예비역 공군소장이 잘못 부과된 아파트 난방비를 최고 75%까지 줄일 수 있는 방법을 구체적인 법적 근거를 토대로 작성한 아파트 난방비 절감방법 제시. 신국판 / 238쪽 / 8,000원

일반인이 꼭 알아야 할 절세전략 173선
최성호(공인회계사) 지음
세법을 제대로 알면 돈이 보인다.
현직 공인중계사가 알려주는 합법적으로 세금을 덜 내고 돈을 버는 절세전략의 모든 것! 신국판 / 392쪽 / 12,000원

변호사와 함께하는 **부동산 경매 닷컴**
최환주(변호사) 지음
경매재테크의 성공을 위한 입찰준비에서 낙찰까지의 경매 입찰 테크닉을 경매 전문 변호사가 명쾌하게 해설한 실전 경매 완벽 가이드서. 신국판 / 364쪽 / 11,000원

혼자서 쉽고 빠르게 할 수 있는 **소액재판**
김재용·김종철 공저
소액재판·지급명령·민사소송제노는 변호사의 도움 없이노나 혼자서 간단하고 빠르게 해결할 수 있는 법정분쟁해결방법이다. 나홀로 소액재판을 할 수 있도록 소장작성에서 판결까지의 실제 재판과정을 상세하게 수록하여 이 책 한 권이면 모든 것을 완벽하게 해결할 수 있다. 신국판 / 312쪽 / 9,500원

"술 한 잔 사겠다"는 말에서 찾아보는 **채권·채무**
변환철 지음
현대인들의 삶은 채권·채무라는 법률영역으로부터 벗어나서 살 수 없기 때문에 채권·채무 관련 분쟁이 끊임없이 발생하고 있다. 이러한 사실에 착안하여 전문 변호사가 속시원하게 구수한 문장력으로 해설해주는 일반인들이 꼭 알아야 할 채권·채무에 관한 법률 사항을 빠짐없이 수록했다.
신국판 / 408쪽 / 13,000원

알기쉬운 **부동산 세무 길라잡이**
이건우 지음
부동산을 사거나 팔 경우, 상속을 받을 경우, 또는 부동산을 소유하고 있을 경우에 세금을 내야 한다는 사실을 모르는 사람은 없을 것이다. 이 책에서는 부동산에 관련된 모든 세금을 알기 쉽게 단계별로 해설하고 있다. 합리적이고 탈세가 아닌 적법한 절세법 제시. 신국판 / 400쪽 / 13,000원

생활법률

부동산 생활법률의 기본지식
대한법률연구회 지음 · 김원중 감수
부동산관련 기초지식과 분쟁해결을 위한 노하우, 테크닉을 제시하고 권두 특집으로 주택건설종합계획과 부동산 관련 정부 주요 시책을 소개하였다.　신국판 / 480쪽 / 12,000원

고소장 · 내용증명 생활법률의 기본지식
하태웅 지음
독자들이 고소 · 고발의 법적 의미를 정확히 이해하고 스스로 고소 · 고발장을 작성할 수 있도록 예문과 서식을 함께 소개하여 문제 해결에 대응할 수 있도록 하였다. 또 민사소송에 대해서도 자세하게 설명하였으며 부록에는 형법과 형사소송법의 원문을 게재하여 법전 역할까지 할 수 있도록 하였다.
신국판 / 440쪽 / 12,000원

노동 관련 생활법률의 기본지식
남동희 지음
인터넷 노무 상담실을 운영하며 4만여 건 이상의 무료 상담을 계속하고 있는 저자의 상담 사례를 통해 문답식으로 속시원하게 풀어나가는 노동 관련 생활법률 해설의 최신 결정판이다. 아울러 취업규칙 · 단체협약 · 고용보험 관련 여러 가지 서류 및 직장 내 성희롱 예방 지도 지침 등과 같은 노동 관련 양식도 곁들였다.　신국판 / 528쪽 / 14,000원

외국인 근로자 생활법률의 기본지식
남동희 지음
외국인 연수협력단의 자문위원으로 오랜 시간 실무를 접했던 저자의 경험을 바탕으로 외국인 근로자의 체류자격 및 취업자격 등 법적 문제와 법률적 지위를 상세하게 다루었다.
신국판 / 400쪽 / 12,000원

계약작성 생활법률의 기본지식
이상도 지음
법을 전공하지 않은 사람이라도 국민생활과 직결된 계약법의 기초를 이루는 핵심 기본지식을 체계적으로 쉽게 이해할 수 있도록 했으며, 간단명료한 해설과 더불어 이와 관련된 계약서 작성 예문을 상세하게 예시함으로써 실제 상황에 활용가능하게 하였다.　신국판 / 560쪽 / 14,500원

지적재산 생활법률의 기본지식
이상도 · 조의제 공저
현대 산업사회에서 중요시되고 있는 특허, 실용신안, 의장, 상표, 저작권, 컴퓨터프로그램저작권 등 지적재산의 모든 것을 체계화하여 한 권으로 요약하였다. 아울러 지적재산 전체를 통틀어 다루되 상호 연관적으로 해설하여 실무에 직접 활용할 수 있도록 하였다.　신국판 / 496쪽 / 14,000원

부당노동행위와 부당해고 생활법률의 기본지식
박영수 지음
노사관계 이슈 중에서 주요 핵심사항인 부당노동행위와 정리해고 · 징계해고를 중심으로 간단 명료한 해설과 더불어 대법원 판례, 노동위원회에 의한 구제절차, 소송절차 및 노동부 업무처리지침을 소개하여 실질적인 도움이 되도록 하였다.
신국판 / 432쪽 / 14,000원

주택 · 상가임대차 생활법률의 기본지식
김운용 지음
전세업자들이 보증금 반환소송이나 민사소송, 경매절차까지의 모든 기본적인 흐름을 알 수 있도록 인터넷을 통한 실제 법률 상담을 전격 수록하였다. 이 책을 통하여 사전 분쟁을 막고 많은 시간과 비용 및 정신적 고통까지 당하는 소송이나 강제집행의 단계에 이르지 않고 문제 해결을 할 수 있도록 하였다.
신국판 / 480쪽 / 14,000원

하도급거래 생활법률의 기본지식
김진홍 지음
경제적 약자인 하도급업자를 위하여 하도급거래 관련 필수적인 법률사안들을 쉽게 해설함과 동시에 실무에 필요한 12가지 하도급표준계약서를 소개하여 공정한 하도급거래의 법률자문역할을 할 수 있도록 하였다.
신국판 / 440쪽 / 14,000원

이혼소송과 재산분할 생활법률의 기본지식
박동섭 지음
이혼과 관련하여 해결해야 할 법률문제들을 저자의 실무경험을 바탕으로 명쾌하게 해설하였다. 아울러 약혼이나 사실혼파기로 인한 위자료문제도 함께 다루어 가정문제로 고민하는 사람들에게 길잡이가 되도록 하였다.　신국판 / 460쪽 / 14,000원

부동산등기 생활법률의 기본지식
정상태 지음
등기를 하지 않으면 어떤 위험이 따르고, 등기를 하면 어떤 효력이 생기는가! 등기신청은 어떻게 하며, 필요한 서류는 무엇이고, 등기종류에는 어떤 것들이 있는가 등 부동산등기 전반에 걸쳐 일반인이 꼭 알아야 할 법률상식을 간추려 간단, 명료하게 해설하였다.　신국판 / 456쪽 / 14,000원

기업경영 생활법률의 기본지식
안동섭 지음
사업을 구상하고 있는 사람이나 현재 경영하고 있는 사람 및 관리실무자에게 필요한 법률을 체계적으로 알려줌으로써 성공적인 기업 경영자의 비전을 제시해준다. 또한 관련 법률서식과 서식작성 예문도 함께 소개하였다.　신국판 / 466쪽 / 14,000원

교통사고 생활법률의 기본지식
박정무 · 전병찬 공저
교통사고 관련 법률문제를 몰라 당황한 나머지 억울하게 피해를 보는 사람들이 많은 점을 고려하여 사고당사자가 쉽게 응용할 수 있도록 단계별 해결책을 제시함과 동시에 사고유형별 Q&A를 통하여 상세한 법률자문 역할을 하였다.
신국판 / 480쪽 / 14,000원

소송서식 생활법률의 기본지식
김대환 지음
일상생활과 밀접한 소송서식을 중심으로 소장작성부터 판결을 받을 때까지 그 절차마다 법원에 제출하는 순위에 따라 그 서식 작성요령을 서식마다 항목별로 자세하게 설명하였다. 실제 "소장 작성례"를 예시하고 주요 항목마다 번호를 붙여 그에 따른 작성요령을 소장말미에 기재함으로써 독자 스스로 소송을 하는 데 실질적인 도움이 되도록 하였다.
신국판 / 480쪽 / 14,000원

호적 · 가사소송 생활법률의 기본지식
정주수 지음
모든 국민은 호적신고에 따라 그 신분관계의 발생 · 변경 · 소멸의 효력이 발생한다. 이 책은 개명, 성 · 본 창설, 취적절차 및 법원의 허가 및 판결에 의한 호적정정절차, 친권 · 후견절차, 실종선고 · 부재선고절차에 이르기까지 상세한 해설과 함께 신고서식 작성요령과 구비할 서류 및 재판절차에 대하여 자세히 설명하였다.　신국판 / 516쪽 / 14,000원

재산상속 생활법률의 기본지식(박동섭)

성공하는 사람들의
마케팅 바이블

2002년 2월 20일 제1판 1쇄 인쇄
2002년 2월 28일 제1판 1쇄 발행

지은이/채수명
펴낸이/강선희
펴낸곳/가림출판사
기획위원/강경무 · 김충호 · 석종복 · 이창석 · 지창영
기획 · 편집/장연수 · 이선희 · 김진호 · 홍경숙 · 손일호 · 이정아
홍보/한국종
마케팅/강명회 · 김진욱

등록/1992. 10. 6. 제4-191호
주소/서울시 광진구 구의동 57-71 부원빌딩 4층
대표전화/458-6451   팩스/458-6450
홈페이지 http://www.galim.co.kr
e-mail galim@galim.co.kr

ⓒ 채수명, 2002

값 12,000원

ISBN 89-7895-103-1 13320

가림출판사 · 가림M&B · 가림Let's 의 홈페이지(http://www.galim.co.kr)에 들어오시면 가림출판사 · 가림M&B · 가림Let's 의 신간도서 및 출간 예정 도서를 포함한 모든 책들을 만나실 수 있습니다.
온라인 서점을 통하여 직접 도서 구입도 하실 수 있으며 가림 홈페이지 내에서 전국 대형 서점들의 사이트에 링크하시어 종합 신간 안내 및 각종 도서 정보, 책과 관련된 문화 정보를 받아보실 수 있습니다.
또한 홈페이지 방문시 회원으로 가입하시면 신간 안내 자료를 보내드립니다.